HEYNE <

MARKUS HENRIK

DR. POPS MUSIKALISCHE SPRECHSTUNDE

Warum Musik uns attraktiver macht,
Konzertbesucher länger leben und
Ohrwürmer besser sind als ihr Ruf

WILHELM HEYNE VERLAG
MÜNCHEN

FSC www.fsc.org MIX Papier | Fördert gute Waldnutzung FSC® C014496

Penguin Random House Verlagsgruppe FSC® N001967

4. Auflage
Originalausgabe 07/2021

Neumarkter Straße 28, 81673 München
produktsicherheit@penguinrandomhouse.de
(Vorstehende Angaben sind zugleich
Pflichtinformationen nach GPSR.)

Redaktion: Nina Lieke
Umschlaggestaltung: Hauptmann & Kompanie Werbeagentur, Zürich,
nach einem Entwurf von Oliver Behrendt, SW MEDIA GmbH,
unter Verwendung eines Fotos von Christopher Schmidt und einer
Illustration von Adobe Stock / veekicl
Bildteil (Layout und Satz): Oliver Behrendt, SW MEDIA GmbH
Satz: Satzwerk Huber, Germering
Bildredaktion: Tanja Zielezniak
Druck: GGP Media GmbH, Pößneck
Printed in Germany
ISBN: 978-3-453-60578-7

www.heyne.de

Für alle,
die Musik lieben
oder noch damit anfangen wollen.

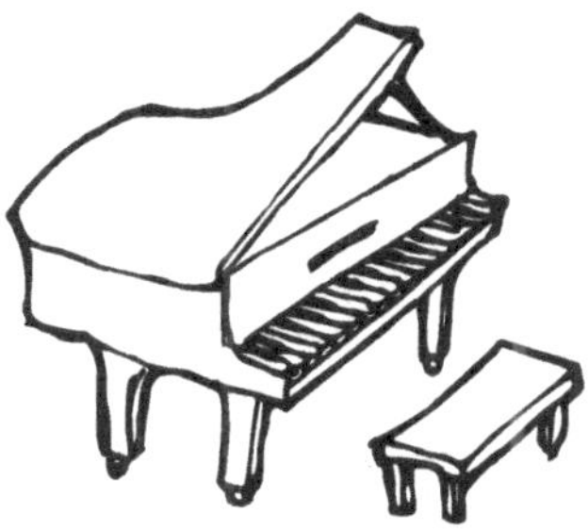

Inhalt

»Der weiß was und der ist witzig.
Ich bin seit Jahren bei Dr. Pop in Behandlung.
Mir geht es schon viel besser, aber das sage ich nicht,
sonst darf ich nicht mehr hin.«

Frank Goosen

**1966*

Man in the mirror

Vorwort

Für mich war Musik schon immer ein Kraftspender. Ich war acht Jahre alt und hörte im Wohnzimmer meiner Eltern »Man in the mirror«. In Dauerschleife. Die 5 Minuten 19 Spiellänge auf der digitalen Anzeige des CD-Players haben sich bei mir genauso eingeprägt wie das Symbol der Repeat-Taste, die ich nach Einlegen der CD betätigte.

Auf dem beige-braunen Wollteppich von Karstadt tanzte ich dann also zur Musik von Michael Jackson und sprang abwechselnd nach links und rechts zur Seite. Denn in dem Moment war ich nicht nur Jacko, sondern gleichzeitig auch Bodo Illgner, der im WM-Halbfinale 1990 gegen England einen Elfmeter parierte.

Dieser Spagat zwischen Popstar und Profitorwart, der mir als berufliche Perspektive realistisch erschien, wurde in Gedanken durch die emphatisch aufsteigende Melodie von »Man in the mirror« ermöglicht.

Irgendwann tanzte ich dann zu »Schatten an der Wand« – ein Nummer-1-Hit von Julia Neigel aus den späten 80er-Jahren. Dabei rutschte ich auf dem Teppich aus und schlug mir am Couchtisch die Lippe auf. Julia Neigels musikalischen Werdegang habe ich daraufhin nicht weiter verfolgt.

Viele von uns prägt die erste Erfahrung mit Musik. Je nach Generation erinnert man sich an die erste Langspielplatte, Kassette oder CD; 90er-Jahrgänge werden ganz wehmütig beim Gedanken an ihr erstes geklautes MP3. Ich selber vermisse den Moment, als ich mit dem Bleistift die Kassette wieder aufdrehte, um den Bandsalat zu reparieren. Und wenn es dann klappte, fühlte ich mich wie MacGyver.

Mit der Musik ist es wie mit der Liebe. Sie kann Emotionen hervorrufen, die uns verändern. Eine Milliarden-Industrie lebt von ihr. Die Wissenschaft beißt sich zum Teil die Zähne an ihr aus. Sie kann zum Wegmarker entscheidender Lebenssituationen werden.

Für mich ist Musik eine Brücke zwischen Kopf und Bauch. Wenn ich mal wieder zu viel nachdenke, erinnert mich Musik daran, die emotionalen Anteile in mir verstärkt wahrzunehmen.

Sie bietet die Chance, die eigene emotionale Intuition anzuregen. Sie kann die guten Anteile in uns verstärken, uns empathischer, wacher und klüger machen. Der Reim »Wo man singt, da lasse dich ruhig nieder, böse Menschen haben keine Lieder« hat einen wahren Kern. Auch wenn Musik in der Geschichte immer wieder für agitatorische Zwecke missbraucht wurde, ist ihr humanitärer Anteil so groß wie bei kaum einer anderen Kulturtechnik.

Und weil ich mehr über Musik wissen und nachdenken wollte, habe ich irgendwann Musik studiert. Genauer gesagt Popmusik. Das Ganze ging auch ganz flott: insgesamt zehn Jahre lang. Erst mal in den vier großen Popmusik-Metropolen: Liverpool, Manchester, Paderborn und Detmold. Für die Doktorarbeit verschlug es mich dann nach Berlin. Unser Musikwissenschaftliches Institut stand sogar unter Polizeischutz. Ich dachte zunächst, wegen der Sprengkraft meiner Thesen, aber es lag daran, dass Angela Merkel Tür an Tür mit uns residierte. Übers Radio führte mich mein weiterer Weg auf die Bühne. Und dort werde ich immer wieder mit neuen Fragen zur Musik konfrontiert. In meinen Liveshows haben die Zuschauer die Gelegenheit, Frage-Kärtchen auszufüllen, die ich dann spontan beantworte.

Allen Zuschauerinnen und Zuschauern möchte ich für die Anregungen danken, die Anteil an dieser Buchidee hatten. Einige Fragen musste ich allerdings aussortieren, zum Beispiel: »Warum war Modern Talking so erfolgreich?« oder »Warum steckt in dem Wort Lispeln ein s?«. Da fehlte mir schlicht der Musikbezug – in beiden Fällen.

Die Fragen habe ich thematisch sortiert, einige Themen ergänzt, und daraus sind nun vierzehn Buchkapitel geworden. Sie werden sehen, mir ist es wichtig, die positiven Seiten von Musik herauszustellen. Und da gibt es einige: Am Anfang des Lebens zeigen Kinder deutlich mehr Empathie, wenn sie früh mit Musik in Kontakt kommen. Sie unterstützt alle wichtigen Entwicklungsbereiche: von der Kognition und Sprache über die emotionale Intelligenz bis hin zur Motorik. Im fortgeschrittenen Alter kann Musik bei Demenzerkrankungen helfen und, wie Angehörige berichten, wahre Wunder bewirken. Und wer regelmäßig Konzerte besucht, scheint sein Leben zu verlängern.

In diesem Buch ist aber auch Platz für Kurioses. Man erfährt, warum sich der Komponist Franz Liszt einen zotteligen Hund angeschafft haben soll, um seine Fans glücklich zu machen, oder dass es eine offizielle Gedenkmünze vom Schlagerduo Die Amigos gibt. Sie merken schon, auch Schattenseiten rund um das Thema Musik werden nicht ausgespart. Erfreulicherweise überwiegt die positive Dimension des Themas sehr deutlich. Mit Musik lassen sich persönliche Ziele besser erreichen, sie hilft beim Sport, beim Abnehmen, beim Aufstehen, beim Einschlafen, bei der Konzentration, beim Kreativsein und in der Liebe.

Wenn Sie nach der Lektüre ein Konzert mehr als sonst besuchen wollen, freut mich das. Ebenso, wenn Sie sich oder Ihrem Kind ein Instrument schenken mögen oder Lust bekommen, mit dem Singen anzufangen: in der Dusche, in einem Chor, im Büro …

Sie können das Buch von vorne bis hinten, die Kapitel aber auch kreuz und quer lesen. Und zwischendurch gerne in die eine oder andere Musikanregung reinhören. Denn das verbindet den Kopf so schön mit dem Bauch.

Ihr Dr. Pop

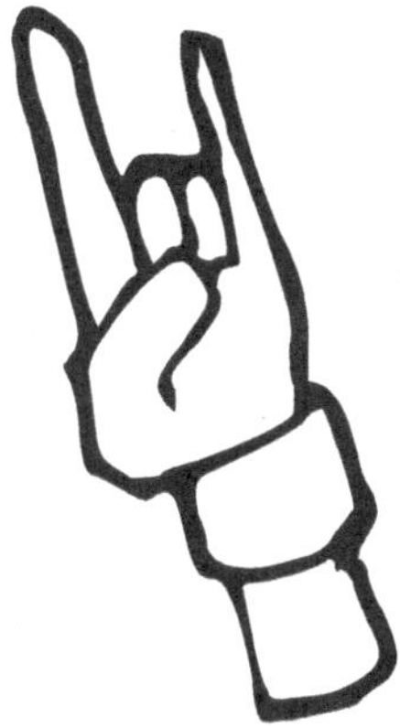

Ich betrachte die Musik als Wurzel
aller übrigen Künste.
Heinrich von Kleist
1777–1811

1

Eternal flame

Evolution

Können Sie sich ein Leben ohne Musik vorstellen? Falls nein, die Evolutionslehre auch nicht. Es gibt verschiedene koexistierende Erklärungen, wie es mit der Musik auf diesem Planeten angefangen hat. Was war das erste Melodieinstrument? Warum tanzt der Mensch? Was war der erste Hit der Menschheit? Kapitel 1 trägt Antworten auf ganz grundlegende Fragen zusammen.

Warum gibt es überhaupt Musik?

Die Theorien dazu lassen sich in sechs Kategorien unterteilen:

1. Musik ist wie Käsekuchen

Musik sei eine Art *auditory cheesecake*, Käsekuchen für die Ohren. Ganz lecker, aber zum Überleben keineswegs notwendig. Der Mensch habe die Musik irgendwann als netten Ohrenkitzel dazugewonnen, sei aber vorher ganz gut ohne sie ausgekommen. Diese provokante These stammt vom Harvard-Professor Steven Pinker. Diesem Ansatz wird vehement widersprochen. Vor allem von Forscherinnen und Forschern, die folgende Theorie vertreten:

2. Wiegenlieder und die Mutter-Kind-Beziehung

Lieder, um den Nachwuchs zu beruhigen, seien der Ursprung jeglicher Musikalität auf der Erde. Schon vor Hunderttausenden Jahren haben Mütter ihren Kindern zum Einschlafen einfache Melodien vorgetragen. Erst kürzlich wurde festgestellt, dass damit eine überlebenswichtige Hormonproduktion beim Nachwuchs in Gang gesetzt wird. In Zeiten hoher Kindersterblichkeit sei das für das Überleben besonders wichtig gewesen. Der Gesang kompensiere zudem fehlende Berührungen. Eine vertraute Stimme kann dem Nachwuchs über eine gewisse Distanz hinweg ein Gefühl von Sicherheit vermitteln. Das ist heutzutage immer noch nützlich, zum Beispiel, wenn man beide Hände in der Wäsche hat.

Manche wissenschaftlichen Abhandlungen kommen zu dem Ergebnis, dass unter anderem Wiegenlieder den Verbleib der Menschheit auf dem Planeten gesichert hätten und dass im Grunde genommen die Erfindung der Musik auf Frauen zurückgehe. (Mehr dazu unten im Kapitel »Die Magie von Wiegenliedern«.)

3. Genetische Selektion und Paarung

Charles Darwin kommt in seinen evolutionstheoretischen Schriften zu dem Ergebnis, Musik habe beim Menschen eine ähnliche Funktion wie im Tierreich. Konkret wie bei den Vögeln. Wer laut und kräftig singt, mache auf sich aufmerksam und würde seine guten Gene unter Beweis stellen. Singen konnten einige Vorfahren des Homo sapiens übrigens schon, bevor sie in der Lage waren zu sprechen. Physiologisch sind unsere Stimmbänder auf einen viel größeren Ambitus (Tonumfang) ausgerichtet, als wir ihn für das Sprechen benötigen.

Möglicherweise wurde mit Gesang eine gewisse Form von Souveränität zum Ausdruck gebracht. Wer in der Steinzeit, wo es die meiste Zeit ums nackte Überleben ging, sang, der zeigte: Ich habe nur ein Fell um die Hüften und einen Stein in der Hand, bin aber trotzdem gut drauf!

Dass Kulturtechniken interessanter sein können als die reine Muskelmasse und das Äußere eines Menschen, zeigt sich bis heute bei Künstlern, die auf den ersten Blick kein Schönheitsideal verkörpern, aber trotzdem Tausende Fans anlocken. Den Rekord für den größten Ticketumsatz aller Zeiten (736,7 Millionen US-Dollar) mit nur einer Tournee hält übrigens Ed Sheeran.

4. Soziale Interaktion und Gruppenstärkung

Musik kann ein Gruppenbewusstsein erzeugen. Jeder braucht seine Momente für sich und ist gerne mal allein, evolutionär betrachtet ist der Mensch jedoch ein

Herdentier. Gesänge und Musikrituale sind der Kitt für einen Gruppenverbund. Gemeinsame Lieder stehen für geteilte »Kultur«. Gut zu beobachten ist das im Fußballstadion – die Fangesänge sollen Spieler auf dem Platz zu mehr Leistung animieren, aber vor allem eine Gruppenzugehörigkeit klarmachen und die Grenzen zu einem feindlichen Gegenüber ziehen. Und dadurch werden Kräfte freigesetzt, die früher überlebenswichtig waren. Zum Beispiel, um einem Mammut die Stirn bieten zu können. Stress und Angst werden durch Gesang und Gemeinschaftsgefühl reduziert. Ein Säbelzahntiger lässt sich mit dem richtigen Lied auf den Lippen besser bekämpfen – zu empfehlen ist hier »What's new pussycat?« von Tom Jones.

5. Survival of the friendliest

Neuere anthropologische Forschungen versuchen, die darwinsche Vorstellung von »Survival of the fittest« ein wenig herauszufordern. Nicht das am besten angepasste Lebewesen habe evolutionär die besten Karten, sondern das freundlichste. Es gebe auch eine Selektion gegen Aggression. Kann ja kein Zufall sein, dass der Säbelzahntiger mittlerweile ausgestorben ist, das Meerschweinchen aber seit Tausenden von Jahren ganz entspannt vor sich hin lebt. Im ersten Augenblick mag diese These im Hinblick auf den Menschen verwirren, denkt man an die vielen kriegerischen Auseinandersetzungen seit Bestehen dieser Spezies. Aber der Mensch hat auch ziemlich gern seine Ruhe: daheim sein, Heizung an, Lieferdienst, Laptop, Netflix.

Neben dem Homo sapiens sei der Hund das erfolgreichste Wesen auf dem Planeten. Wegen seiner freundlichen Beziehung zum Menschen.

Musik steht fast immer für unsere positiven, freundlichen Seiten. Sie ist eine Kulturtechnik, bei der die Gesichtszüge und die Körpersprache überwiegend Entspannung und keine Aggression ausstrahlen. Mit Ausnahme vom gutturalen Gesang beim Death Metal vielleicht. Dabei sind Fans und Ausübende von Metal-Musik häufig sehr freundlich.

6. Musik zum Durchhalten

Die Kraft für langfristige Anstrengungen, die man aus der Musik ziehen kann, spielt bei der sechsten Theorie eine Rolle. Was sind wir früher viel gelaufen! Vor etwa vier Millionen Jahren ging es los mit dem Aufrechtgehen. Die vielen Vorfahren des Homo sapiens und auch er selbst haben früher enorm lange Wegstrecken zurückgelegt. Immer auf der Suche nach besseren Lebensbedingungen. Das Vor-sich-hin-Singen und -Summen soll die Strapazen leichter erträglich gemacht haben. Ein Mittel zur Ertüchtigung und zum Durchhalten. Vor ca. 2.000 Jahren – also nur einen Wimpernschlag in der Geschichte des Menschen zurückliegend – musste ein römischer Legionär etwa 33 Kilometer am Tag Fußmarsch auf sich nehmen. Mit dabei ein Gepäck von 47 Kilogramm. Heutzutage ist der Mensch bereit, nur noch durchschnittlich zehn Minuten Fußweg, beziehungsweise einen knappen Kilometer, hinter sich zu bringen, bevor er ein Verkehrsmittel zur weiteren Fortbewegung wählt. Reise- und Wanderlieder stammen aus einer Zeit, als es noch keine E-Scooter und kein Uber gab. Praktisch sind sie kaum noch in Gebrauch. Erhalten hat sich allerdings für viele das Ritual, sich bei der körperlichen Bewegung von Musik begleiten zu lassen – zum Beispiel beim Joggen mit Kopfhörern. Das ist gar nicht so weit weg von dem, wie unsere Vorfahren vor ein paar Millionen Jahren mit der körperlichen Anstrengung umgegangen sind: ebenfalls mit Musik, nur ohne Navi-App und Funktionsjacke.

Aus meiner Sicht können die Theorien 4 bis 6 sehr gut mit der wichtigen Wiegenlied-Hypothese koexistieren. Diese Kombination hat für mich die Nase vorn. Die Theorie von Charles Darwin zur Musik, wohlgemerkt aus dem 19. Jahrhundert stammend, gilt in der Wissenschaft mittlerweile als zu unvollständig. Trotzdem enthält sie einige valide Punkte. An den Käsekuchen als Erklärungsmodell glaube ich nicht.

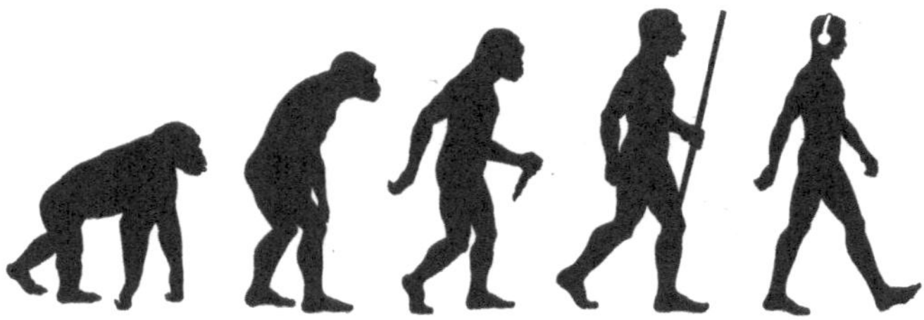

Die Entwicklung des Menschen. Mit Musik ging es eiligen Schrittes voran.

Interessanterweise gibt es Kulturen, die das Wort Musikerin oder Musiker nicht kennen, aber nur, weil es vollkommen selbstverständlich ist, dass der Mensch Musik macht. Bei den Mafa in Afrika ist das zum Beispiel der Fall.

Es gibt fundamentale religiöse Bestrebungen, die Musik verbieten und ausmerzen wollen. Aber das funktioniert nicht so recht. Musikmachen ist ein zutiefst menschliches Bedürfnis. Zu allen Zeiten der Geschichte wurde gehopst, gesungen, gesprungen und mit Klangerzeugern hantiert. Und das ist auch gut so.

Warum berührt uns Musik so sehr?

Sie erreicht uns ungefiltert! So wie Gerüche trifft sie uns unmittelbar. Sie geht durch alle Gehirnregionen. Das hat evolutionäre Gründe. Unser Kopf musste früher in Bruchteilen von Sekunden unterscheiden können: War das ein Windstoß, der das Gras zum Rascheln bringt, oder haut uns gleich ein Bär die Tatze über die Rübe?

In sehr kurzer Zeit verspüren wir Argwohn, wenn wir einen »falschen« Song erkennen. Das geht uns durch Mark und Bein. Es gibt Leute, die rennen sofort zum DJ, wenn er sich ihrer Meinung nach in der Playlist verklickt hat. Das ist affektiv schon verständlich. Modern Talking bei einer 80er-Jahre-Party zum Beispiel. Dann doch lieber eine Bärentatze über die Rübe.

Die Ohren haben sich, wenn es um Sicherheit geht, evolutionär bewährt. Deshalb funktioniert Filmmusik bei uns auch so gut. Tiefe, grummelige Klänge sagen uns: Hui, da kommt was auf mich zu, ich nehme mich mal lieber in Acht … Leichte, weiche, eher hohe Töne bedeuten Entspannung: Hier fühle ich mich sicher. Wenn die Vögelchen so fröhlich zwitschern, dürften frisches Wasser und Nahrung nicht weit sein.

Seit wann tanzt der Mensch und warum?

Die Forschung geht davon aus, dass der Mensch schon getanzt hat, bevor er überhaupt sprechen konnte. Vor vielen Hunderttausend Jahren. Und das hat ihm evolutionäre Vorteile gebracht, denn:

- ♪ Gemeinsame Tanzrituale schweißen Gruppen zusammen. Als eingeschworene Einheit konnte man sich besser gegen gefährliche Tiere und andere Widrigkeiten durchsetzen. Ferner ließen sich böse Geister vertreiben. Sehr praktisch. Die Geister blieben größtenteils weg und man hatte auch noch Spaß dabei.
- ♪ Tanzen macht größer. Wenn eine Gruppe im Kreis oder in einer anderen Formation große Bewegungen macht, dann kann das abschreckend wirken. Ein Raubtier lugt durch den Busch und sagt sich: Nee, da gehe ich mal lieber nicht hin … Würde ein Mensch alleine vor seiner Nase herumlaufen, sähe das schon anders aus.
- ♪ Tanzen flößt anderen Menschen Respekt ein und übt Faszination aus. Wenn wir Cheerleader-Gruppen oder

andere Formationen beim Tanzen sehen, schauen wir alle hin. Die gemeinschaftliche Bewegung größerer Gruppen finden wir interessant und anziehend. Ein Teil von uns versucht unbewusst, die Schritte nachzuvollziehen, und imaginiert sich manchmal in die Gruppe hinein. Das steckt tief in unserer DNA. Dass wir bei Konzerten gemeinschaftlich mitklatschen und uns bewegen, schöpft sich aus einem ähnlichen archaischen Quell.

Archäologische Funde, die das Tanzen unserer Vorfahren bildlich wiedergeben, sind ein paar Tausend Jahre alt. Es gibt Tonkrüge, auf denen Tanz-Moves eingeritzt sind. Aus der Zeit des Neolithikums, 9.000 bis 5.000 v. Chr. Im spannenden Buch *Dancing at the Dawn of Agriculture* vom Archäologen Yosef Garfinkel findet man 400 Abbildungen. Nach eingehender Betrachtung bereits des Buchcovers kann man sich sicher sein. Sie muss ein paar Tausend Jahre alt sein, die Choreografie der Village People von »YMCA«. Auf der ersten Seite des farbigen Bildteils, in der Mitte dieses Buches, können Sie sich einen Eindruck davon machen.

Heute wie damals gilt:

- Die Fähigkeit zu tanzen ist angeboren. Schon Neugeborene zeigen sehr schnell Reaktionen auf rhythmische Patterns.
- Tanzen hält fit. Es trainiert die Balance, die Muskeln und die Körperkoordination. Es bringt auch die Hormon-

produktion in Gang. Cortisol und Oxytocin werden ausgeschüttet. Man weiß, dass Tanzen Depressionen lindern kann und die Gedächtnisleistung unterstützt. Alleine tanzen ist gesund, partnerschaftlich tanzen noch gesünder. Bei Untersuchungen konnte man hierbei eine signifikant höhere Produktion der wohltuenden Hormone feststellen.

- Tanzen ist eine Möglichkeit zur Kommunikation. Man kann damit Befindlichkeiten zum Ausdruck bringen. Es ist eine Sprache, die überall auf der Welt verstanden wird.
- Über Tanz erfolgt die Partnerwahl. Früher in vielen Fällen rituell, heute, um zu schauen, ob man mit einem potenziellen Partner im Takt ist. Tanzen verführt, verbindet und kann so einiges in Wallung bringen. Es festigt auch die bestehende Partnerschaft.

Die Forschung zum Thema Tanz steckt im Vergleich zu anderen Aktivitäten rund um das Thema Musik noch in den Kinderschuhen. Das ansonsten hervorragende *Handbuch Musikpsychologie* ist 800 Seiten stark, bietet aber nur 2 Seiten zu dem wichtigen Gegenstand. Der Kognitionsbiologe Andrea Ravignani äußerte sich in einem SPIEGEL-Interview, man wisse noch viel zu wenig. Man müsse herausfinden, wie tief verankert der Tanz im Hirn ist. Was ist genetisch und was ist kulturell bedingt? Bislang habe man sechs universelle Rhythmusmuster festgestellt, die Menschen kulturübergreifend gefallen. An der Universität von Kalifornien machte der Neurowissenschaftler Petr Janata eine

Versuchsreihe, um in Erfahrung zu bringen, welche Songs am besten zum Tanzen animieren. »Groove Project« wurde das Unterfangen getauft. Auf Platz 1 landete »Superstition« von Stevie Wonder. Für mich sehr gut nachvollziehbar.

Wenn Sie mögen, hören Sie doch genau jetzt in diesen Song rein. Fangen Sie an zu tanzen. Das bringt die Hormone in Wallung. Wenn Sie es besonders exzessiv machen, hält das sogar Raubtiere ab.

Was ist das erste Instrument der Menschheit?

Die Stimme. Wir kommen mit ihr auf die Welt und bringen sie lautstark zum Einsatz. Babys können schreien wie die Weltmeister und werden praktisch nie heiser. Das liegt daran, dass die Stimmbänder noch ziemlich gut belastbar sind und Säuglinge perfekt die Bauch-Brust-Atmung beherrschen. Das Zwerchfell kommt optimal zum Einsatz, was schonend für den Hals ist. Eine Technik, die Sänger*innen mühsam mit den Jahren im Unterricht (wieder-) erlernen müssen. Wie Babys genau schreien, ist ziemlich gut erforscht. Die medizinische Anthropologin Kathleen Wermke, Professorin an der Universität Würzburg, ist fasziniert von Schrei-, Wein- und Babbelgeräuschen. In ihrer Datenbank finden sich mehr als 500.000 internationale Klangproben. Sie und ihr Team stellten fest, dass Babys nicht nur von Kontinent zu Kontinent unterschiedlich schreien, sondern auch von Land zu Land. Ein französisches Baby erzeugt andere Töne als ein deutsches. Das liegt unter anderem an melodischen Elementen der Muttersprache, die der Nachwuchs schon im Bauch mitbekommt. (Mehr dazu unten im Kapitel »Was hören wir im Mutterbauch?«.) Babys aus China weinen übrigens melodischer.

Neben dem Gebrauch körpereigener Instrumente (man kann sich auch schön auf die Oberschenkel klopfen, nicht nur Menschen, die den Schuhplattler beherrschen, wissen das) ist davon auszugehen, dass unsere Vorfahren schon früh auf Dingen herumgekloppt haben. Auf einem hohlen Baumstamm zum Beispiel. Oder auf einem Schädel. Rasseln, hergestellt aus Muscheln und Knochen, gab es auf diesem Planeten bereits im Paläolithikum, der Altsteinzeit. Die ältesten handgefertigten Trommeln, die wir kennen, stammen aus neolithischen Kulturen in China und haben etwa 7.000 Jahre auf dem Buckel. Die schwingende Membran bestand aus Krokodilhaut.

Das älteste teilerhaltene Melodieinstrument der Welt könnte eine ca. 50.000 Jahre alte Flöte sein. Gefunden in einer Höhle in Slowenien. Hergestellt aus dem Knochen eines Bären. Es gibt einen anhaltenden wissenschaftlichen Streit darüber, ob die Löcher durch einen Neandertaler oder zufällig durch Tierfraß entstanden sind. So einen kreisrunden Tierfraß habe ich aber sonst noch nie gesehen. Wenn Sie mal schauen wollen, auf der ersten Seite des Bildteils findet sich eine Fotografie des archäologischen Fundes.

Wenn es Tierfraß war, dann sollte das älteste Instrument von der Schwäbischen Alb stammen. Dort fand man eine *Vogel*knochenflöte, ca. 43.000 Jahre alt.

Wissenschaft bedeutet auch, dass es nicht immer eindeutige Antworten gibt.

Krokodile, Muscheln, Bären, Vögel ... Sicher ist nur, dass viele frühe Instrumente nichts für Veganer sind. Das trifft allerdings auch bei weitaus jüngeren Instrumenten zu. Geigenbögen werden bis heute aus Rosshaar hergestellt, Klaviertasten wurden sehr lange aus Elfenbein gefertigt, in der Bretagne nahm man für Dudelsäcke Hundefell und in Südamerika verwendete man für Charangos (ein kleines gitarrenähnliches Zupfinstrument) als Resonanzkörper ausgehöhlte Gürteltiere.

Dass Flöten für Kinder meist aus Holz sind, sollte man als zivilisatorischen Fortschritt betrachten.

Ist unser Musiksystem naturgegeben?

Man ist so sehr an gewisse Klänge gewöhnt, dass man meinen könnte, unser westliches, »abendländisches« Musiksystem sei naturgegeben. Manche Tonkombinationen bezeichnen wir als konsonant, weil sie für uns harmonisch und stimmig klingen, und andere als dissonant, weil sie gegenteilige Gefühle auslösen. Da zucken wir förmlich zusammen. Nur ist das nicht vom Himmel gefallen. Untersuchungen haben gezeigt, dass Menschen, die außerhalb unseres Tonsystems groß geworden sind, unsere Empfindungen nicht teilen. Demnach haben Dissonanz und Konsonanz keinen universellen Charakter.

Jedes Klavier oder Keyboard hat zwölf verschiedene Tasten, die sich wiederholen, und zwar in Oktavabständen.[1] Das veranschaulicht unser Tonsystem ganz gut. In anderen Kulturen gibt es zum Teil komplexere Tonsysteme mit »Mikrointervallen«, wie man sie aus »westlicher« Sicht identifizieren würde. Das sind Töne, die zwischen einem Halbtonabstand liegen und die man auf einem Klavier gar nicht spielen könnte. Dafür fehlt die Taste. Bis vor Kurzem war man davon ausgegangen, dass zumindest die Oktave etwas Universelles sei, weil sie in vielen Tonsystemen identifiziert werden konnte. Untersuchungen im bolivianischen Regenwald im Jahre 2019 beim Stamm Tsimane zeigten jedoch, dass der Oktavabstand hier keine Rolle spielt. Damit war eine letzte Bastion gefallen. Die musikalische Wahrnehmung hängt schlussendlich immer von der Kultur ab, in der man aufwächst. Das gilt auch für Dur und Moll. Die Unterscheidung hat sich etwa seit 1600 schrittweise in der europäischen Kunst-, Volks- und Popmusik etabliert. Gemeinhin heißt es: Dur ist fröhlich und Moll eher traurig. Nur wird man überrascht sein, welche Songs sich bei der einen oder anderen Tonart bedient haben: Der 90er-Jahre-gute-Laune-Hit »Coco Jambo« von Mr. President steht in cis-Moll; »Tears in Heaven« von Eric

---

1 Eine Oktave ist ein Intervall, bestehend aus zwei Tönen. Der höhere Ton ist doppelt so hoch wie der tiefere Ton. Wenn Mann und Frau zusammen *einstimmig* singen, dann ist der Gesang der Frau häufig oktaviert. Ihre Stimmbänder schwingen dann doppelt so schnell wie die des Mannes.

Clapton, eine der bewegendsten, schön-traurigen Balladen der Popmusikgeschichte, in A-Dur.

Dur kommt vom lateinischen Begriff »durus«, was »hart« bedeutet. Moll hat seinen Ursprung in dem Wort »mollis«, was »weich« meint. Da macht schon die Wortherkunft deutlich, dass die Aufteilung in fröhlich und traurig mit den Jahren dazugekommen sein muss. Es sind mehr Spielweisen, Sounds und Gesangsinterpretationen, die global und kulturübergreifend als fröhlich oder traurig empfunden werden. Die meisten Lieder des Schlagerduos Die Amigos stehen übrigens in Dur und die finde ich allesamt ziemlich traurig.

Was war der erste Hit überhaupt?

Eines der ältesten überlieferten Lieder, das im wahrsten Sinne des Wortes ausgebuddelt wurde, stammt aus dem 14. Jahrhundert v. Chr. Es trägt den Namen »Hurritische Hymne Nummer 6«. Jemand hat sich die Noten auf den Grabstein meißeln lassen. Es könnte ein Hit zu jener Zeit gewesen sein. Warum macht man das sonst?

Im Netz kann man sich einige Einspielungen des Liedes anhören. Die Melodie mag für unsere heutigen Hörgewohnheiten leicht schwebend und kreisend klingen. Nicht ganz so prägnant und catchy, wie man es von den meisten Hits von Max Martin kennt, dem erfolgreichsten Songwriter der letzten 30 Jahre. »...baby one more time« von Britney Spears, »I kissed a girl« von Katy Perry oder »Blinding lights« von The Weeknd stammen aus seiner Feder, um nur einige zu nennen.

Man geht davon aus, dass die ältesten Hits auf unserem Planeten Wiegenlieder waren. Durch ihre Melodiestrukturen sind sie meist sehr eingängig. Und klar, ein ruhiges, einschläferndes Lied, das den Nachwuchs liebevoll zur Ruhe bringen kann, hat für viele Eltern Hitcharakter. Sehr alte Überlieferungen gibt es da allerdings nicht.

Der weltweite Erfolg eines Schlafliedes lässt sich erst im 19. Jahrhundert nachweisen. Die Rede ist von »Guten Abend, gut' Nacht« von Johannes Brahms (1833–1897).

Und wie bei so vielen erfolgreichen Kulturproduktionen ranken sich einige Kontroversen um das Lied. Denn wenn man genau hinschaut, könnte man sagen, das Lied ist geklaut. Oder der Komponist hat sich zumindest tüchtig inspirieren lassen:

Die Melodie ist einem österreichischen Volkslied entlehnt und den Text hat Brahms einfach abgeschrieben. Aus dem Gedichtband *Des Knaben Wunderhorn.*

Johannes Brahms war auf jeden Fall ein Schlitzohr. Von ihm stammt das berühmte Zitat:

Es ist nicht schwer zu komponieren.
Aber es ist fabelhaft schwer, die überflüssigen Noten
unter den Tisch fallen zu lassen.

Doch was macht »Guten Abend, gut' Nacht« zum Hit? Es ist die geniale Kombination aus Rhythmus, Melodie und Text. Der Song steht in einem 3/4-Takt. Also ein kreisender

Wiege-Groove. Die Gesangsmelodie hat einen hübsch-überschaubaren Tonumfang. Auch ohne Gesangsausbildung kann sie jeder singen. Das ist quasi bei jedem Ohrwurm-Welthit der Fall. Der Anfang des Liedes (»Guten Abend, gut' Nacht«) ist besonders einprägsam: Nur zwei unterschiedliche Töne. Rhythmisch minimal variiert.

Und auch der Text hat es in sich:

Guten Abend, gut' Nacht,
Mit Rosen bedacht,
Mit Näglein besteckt,
Schlupf' unter die Deck'.
Morgen früh, wenn Gott will,
wirst du wieder geweckt.

»Näglein«, das altdeutsche Wort für Gewürznelken – diese waren an der Wiege angebracht, um Ungeziefer fernzuhalten. »Morgen früh, wenn Gott will, wirst du wieder geweckt.« Und wenn er nicht will? Das Kind muss beim Text an Ungeziefer denken, und wenn es Pech hat, überlebt es die Nacht nicht. Na dann, gut' Nacht.

Doch wie bei so vielen Hits, nimmt man die nähere Bedeutung eines Liedtextes gar nicht wahr. Die Zeilen können mehrschichtig sein und etwas andeuten, worüber dann lebhaft diskutiert werden kann.

Und wie wurde das Werk international bekannt? Die deutschen Kriegs- und Wirtschaftsflüchtlinge verließen ab der zweiten Hälfte des 19. Jahrhunderts millionenfach Europa und verbreiteten das Liedgut in aller Welt. In den

USA zählt die Melodie zu einer der bekanntesten überhaupt. Dort kennt man sie auch unter der Bezeichnung »lullaby« und »cradle song«. Viele US-Stars haben sie eingesungen. Die Version von Frank Sinatra ist besonders schön.

Es ist sehr wahrscheinlich, dass die Melodie noch viele Hundert Jahre überdauern wird. Vielleicht mag sie ja mal jemand zur Sicherheit auf einen Grabstein packen.

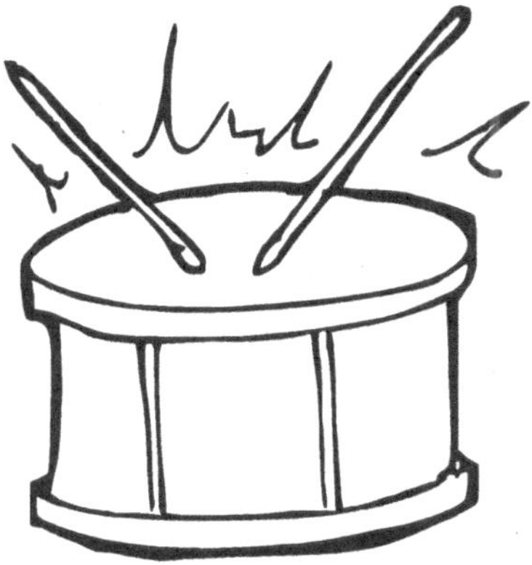

Alles, was man tun muss, ist,
die richtige Taste zum richtigen Zeitpunkt zu treffen.
Johann Sebastian Bach
1685–1750

2

Lullabye

Erziehung & Intelligenz

Bereits vor der Geburt beginnt unsere Musikwahrnehmung. Ganz schön laut ist es unten im Mutterbauch. Die Forschung hält sensationelle Erkenntnisse bereit, wie Musik die Entwicklung von Säuglingen und Kindern unterstützt. Und als Erwachsener profitieren Sie auch – Musik fördert Intelligenz und Kreativität.

Was hören wir im Mutterbauch?

Bereits bevor wir auf die Welt kommen, geht es los. Ab dem fünften Schwangerschaftsmonat kann der Mensch im Zustand eines Fötus hören. Die Soundqualität kennen wir aus dem Schwimmbad oder der Badewanne. Wir tauchen unter und alles um uns herum klingt ein wenig dumpfer. Trotzdem können Sprache und Musik gut zum Fötus vordringen. Und laut ist es da drinnen! Im Mutterbauch haben wir alle einmal Magen- und Darmgeräusche gehört, die bis zu 95 Dezibel erreichen können. Das ist kurz vor Kreissäge. Wir werden also schon vor der Geburt langsam an die Lautstärke eines Techno-Schuppens herangeführt. Je nach DJ können sich die aufgelegten Platten und die Magen-Darm-Geräusche erstaunlich ähneln.

Der erste Beat, den wir im Leben hören, ist der Herzschlag unserer Mutter. Er prägt uns für das ganze Leben. Im Ruhezustand liegt dieser bei etwa 60 bis 80 Schlägen pro Minute. So schnell wie eine Musikballade. Neben dem Klanglichen und Textlichen ist das mit ein Grund, warum uns Balladen so gut beruhigen können: Sie erinnern uns an den Urzustand im Mutterbauch. Es sei denn, unsere Mutter war häufiger joggen.

TIPP: Die Verknüpfung des Grundschlags von Musik mit dem Herzschlag lässt sich gut im Alltag nutzen. Wenn man sich aktivieren möchte (zum Sport oder zum Putzen), hört man am besten Musik, die ein leicht höheres Tempo als die angestrebte Tätigkeit hat. Beim Joggen wäre Musik mit einer Geschwindigkeit von 130 bis 140 bpm ratsam. Wer sich beruhigen, herunterfahren mag, kann dies am besten in Form einer Achtsamkeitsübung machen. Hand aufs Herz, Augen schließen und eine Ballade zwischen 60 und 80 bpm hören. Mindestens einmal pro Woche. Das spart mittelfristig ein teures Meditations-Retreat auf den Malediven.

Wie nimmt ein Säugling Musik wahr?

Kommt ein Baby auf die Welt, hat es direkt ein paar akustische Vorlieben. Richtig gut findet es die Stimme der Mutter. Die zieht es klar der Stimme des Vaters oder anderen Klangquellen vor. Davon hat es während der Schwangerschaft am meisten mitbekommen. Was die Forschung auch herausfand: Babys können sich an Musik erinnern, die sie im Mutterbauch gehört hatten. Aber nur drei Wochen lang. Das heißt, wenn Sie während der Schwangerschaft keine gute Musik gehört haben ... nicht so schlimm. Der Säugling muss in seiner Entwicklung erst mal andere Prioritäten setzen: Nuckeln, Lächeln, Greifen – solche Sachen. Schon mit zwei bis vier Monaten entwickeln sich bei Babys allerdings bereits musikalische Präferenzen. Sie bevorzugen eindeutig angenehm konsonante Melodien im Gegensatz zu dissonanten Tonabfolgen. Das konnten Forscher mit sogenannten Head-Turn-Experimenten herausfinden. Die Babys hatten viel lieber den Kopf zu der Box gedreht, aus der die schönen Klänge kamen. Verständlich. Weitere Methoden, um Reaktionen von Säuglingen zu erforschen, sind übrigens das Messen von Augenbewegungen, des Herzschlags und der Schnuller-Saugfrequenz. Süß, oder?

Im Alter von fünf Monaten lassen sich beim Säugling erste Sprachkompetenzen nachweisen. Sie können Dialekte unterscheiden – kaum zu glauben, aber wahr. Forscher haben das anhand von britischem und amerikanischem Englisch eindeutig nachweisen können. Erneut mit Kopf-Reaktionen. Ich bin sicher, hierzulande wäre es ähnlich. Ein Baby in Dresden oder Flensburg würde bestimmt komisch gucken, wenn jemand plötzlich sagt: »Griaß di Gott, mogst a püriertes Fleischpflanzerl?«

Die sprachliche Entwicklung eines Säuglings wird von musikalischen Eindrücken sehr gefördert. Es lernt sowohl Rhythmik als auch Lautbildung im Hinblick auf Tonhöhen- und Lautstärkenunterschiede. Das Babygebrabbel klingt ja auch manchmal wie ein Singsang. Das Beste, was Sie Ihrem Kind musikalisch bieten können, ist Livemusik. Von Ihnen dargeboten! Manche Menschen denken, sie können nicht singen, und halten sich dann lieber zurück. Aber keine falsche Scheu. Es sollte nicht zu laut und kräftig sein, ansonsten können Sie nichts falsch machen. Intuitiv macht der Mensch da schon viel richtig. Wer einem Baby begegnet, spricht automatisch heller und leichter als sonst. Das überträgt sich auch auf den Gesang. Singen Sie von Herzen, und die Schnuller-Saugfrequenz wird sich optimal einpendeln.

Die Magie von Wiegenliedern

Wiegenlieder haben das Überleben auf dem Planeten gesichert. In der Wissenschaft wurden sensationelle Erkenntnisse darüber gewonnen. So hat man festgestellt, dass sich nach einer Schlaflied-Performance die Cortisolproduktion von Säuglingen verändert. Das konnte man im Speichel messen. Viele Eltern wissen, Babys produzieren zum Glück genug Speichel. Jedenfalls hat das Hormon Cortisol nach dem Schlaflied lethargische Kinder aktiviert und zu aufgedrehte beruhigt. Kinder, die das eine oder andere Extrem an den Tag legen, haben Entwicklungsschwierigkeiten. Schlaflieder können das ausgleichen. Man geht in der Evolutionstheorie davon aus, dass Babys mit singenden Eltern deutlich höhere Überlebenschancen hatten.

Zudem sind Wiegenlieder essenziell für die Bindung zwischen Mutter und Kind beziehungsweise Vater und Kind. Seit Tausenden Jahren kommen sie zum Einsatz. Sie weisen in verschiedenen Kulturen sehr ähnliche Merkmale auf: Der Melodieverlauf geht meist angenehm nach unten, die Tonabstände sind nicht zu groß (auch ungeübte Sänger und Sängerinnen kommen damit gut zurecht), und sie lassen sich wunderbar in Dauerschleife singen. Wieder und wieder. Und wieder. Und auf Wunsch noch einmal. Kinder drücken gern den Repeat-Schalter beim Unterhaltungsprogramm.

Ein paar Beispiele aus dem deutschen Sprachraum:

- »Schlaf, Kindlein, Schlaf«
- »Der Mond ist aufgegangen«
- »Guten Abend, gut' Nacht«
- »La-le-lu, nur der Mann im Mond schaut zu«
- »Heidschi bumbeidschi«

Sie kennen die Hits. Aber selbstverständlich können Sie sich auch ein eigenes Repertoire aufbauen.

Ich erinnere mich gut, dass mir meine Mutter regelmäßig eine schöne, weiche Ballade vorsang. Wie sich später herausstellte, handelte es sich um das Lied »Killing me softly«. Allerdings nicht auf Englisch oder Deutsch vorgetragen, sondern in ihrer Muttersprache Polnisch. Die Originalversion von Lori Lieberman aus dem Jahre 1972 wurde im Laufe der Jahre in verschiedene Sprachen übersetzt. Als Mitte der 90er-Jahre die Hip-Hop-Gruppe Fugees mit Lauryn Hill das Lied coverte und einen Welthit hinlegte, war ich kurz empört: Wie können die bloß so dreist beim polnischen Liedgut klauen? Die Geschichte klärte sich dann aber rasch auf.

Etwa 25 Jahre später war ich selber an der Reihe und bekam die vortragende Rolle. Die deutschen Schlaflieder waren irgendwann durchgesungen und ich begann zu grübeln. Ich ging im Kopf berühmte Kinderfilme durch: *Das Dschungelbuch, König der Löwen, Tarzan* … Treffer! Mir fiel das Lied »Dir gehört mein Herz« ein. Gesungen von Phil Collins auf Deutsch. Ich intonierte es, so gut mir die Textzeilen einfielen, selbstverständlich auch mit dem charmanten englischen Akzent, den Phil Collins vorgelegt hatte – ich konnte nicht anders. Das Publikum in der Wiege schaute zunächst skeptisch, schien aber dann mit der Performance doch recht zufrieden. Einige Tage später war ich beim normalen Popmusik-Repertoire angelangt. »Fields of gold« kam mir in den Sinn, der Sting-Klassiker, allerdings in der noch ruhigeren Eva-Cassidy-Version. Der Nachwuchs schlummerte zufrieden ein und es gab vorher keine kritische Kopfreaktion. Glück gehabt.

Man kann sich sicher sein: Babys und kleine Kinder finden Wiegenlieder super. In einer anderen Untersuchung (ganz ohne Speichel) hat man Säuglingen Videos der eigenen Mutter vorgespielt. Wenn die Mutter einen Text sprach, war das okay. Wenn die Mutter allerdings sang, war das kaum zu toppen. Die Konzentration und Aufmerksamkeitsspanne erhöhten sich, das Lächeln wurde häufiger. Die Forscher hatten eine Art MTV für Babys eingerichtet.

Hier weitere Vorteile, warum Sie Ihrem Kind vorsingen sollten:

- ♪ Es ist ein analoges, nicht digitales Unterhaltungsprogramm.
- ♪ Es fördert die Sprachentwicklung (siehe oben).
- ♪ Sie regen damit mehr Gehirnareale des Säuglings an, als das beim bloßen Sprechen der Fall ist.
- ♪ Wiegenlieder, Einschlafrituale helfen bei der Tagesstruktur.
- ♪ Es stärkt nicht nur die Bindung zwischen Ihnen und Ihrem Kind. Wenn Sie zusammen mit Ihrem Partner oder Ihrer Partnerin etwas vorsingen, kann das auch die Beziehung stärken.
- ♪ Sie tun sich damit etwas Gutes. Die positive Wirkung des Singens entspannt Sie, setzt Glückshormone frei und das überträgt sich wiederum aufs Kind. Sie werden außerdem nie wieder ein so unkritisches Publikum vorfinden. Wenn mal ein schiefer Ton dabei ist, kein Problem. Immer noch besser als Gangster-Rap, dem Ihr Kind irgendwann ausgesetzt sein wird. Vor allem wird man es nicht beschützen können.

- Und, ganz wichtig: Sie legen damit die Basis für die weitere musikalische Entwicklung Ihres Kindes, die beim Aufwachsen viele Vorteile und Chancen bietet.

Was bewirkt Musik bei älteren Babys und Kleinkindern?

Mit zwölf Monaten können Babys schon differenzierter Musik hören. Sie können Tonart-Veränderungen wahrnehmen. Beim Abspielen einfacher Volkslieder hat man festgestellt, dass Babys eine signifikante Reaktion zeigen, wenn der Melodieverlauf plötzlich transponiert wird. Das bedeutet, die Melodie blieb weiterhin angenehm konsonant, nur verlief sie mit einem Mal auf einer anderen Tonstufe. Jetzt mag der ein oder andere Erwachsene denken: Das merk' ja nicht mal ich … Aber da kann ich Sie beruhigen. Sie bemerken das, wenn auch unbewusst. Das Prinzip ist nämlich in Abertausenden Popsongs vorhanden. Mit einem Male gibt es eine sogenannte Rückung. Meistens zum Ende eines Liedes, wenn der Refrain wiederholt wird. Das tonale Zentrum wird dabei um einen Halb- oder Ganzton nach oben geschoben. Kritische Stimmen sagen, das macht man beim Komponieren nur, wenn einem nichts mehr einfällt. Es täuscht Neuartigkeit an. Doch das Prinzip funktioniert. Wie kleine Babys hören wir bei so etwas hin.

Im Alter von 14 Monaten kann das Musikerleben zu positiven Reaktionen führen. In einer Studie stellte man fest, wenn Babys im Takt von Musik bewegt werden, entwickeln sie Empathie. Eine Person ließ beim Versuchsaufbau Babys rhythmisch hopsen, und wenn ihr ein Stift runterfiel, wollten die kleinen Wesen beim Aufheben helfen. Wenn der Hopsvorgang mit der Person allerdings unrhythmisch war, geschah das nicht.

Sobald Kleinkinder untereinander agieren, zeigt sich auch hier der positive Einfluss von Musik. In einer Studie waren Kinder in der Gruppe nach dem Hören von Liedern deutlich hilfsbereiter als im selben Versuchsaufbau ohne die musikalische Berieselung.

Neben den vielen Vorteilen für die individuelle geistige und motorische Entwicklung macht uns Musik also zu sozialeren Wesen.

Warum Kinder aktiv Musik machen sollten

Eine meiner frühesten Kindheitserinnerungen ist, wie ich das Schlagzeugspielen lernte. Auf zwei Kissen im Wohnzimmer. Mein Vater brachte mir den Grundschlag bei. Rechts zählten und klopften wir 1-2-3-4 und links war die Hand auf der 2 und der 4 mit dabei. Irgendwann schulte ich von Kissen auf Kochtöpfe um. Ich liebte das Scheppern der Topfdeckel, die mir als Crash-Becken dienten. Man musste sie nur umgedreht auf den Boden legen und mit zwei Kochlöffeln tüchtig bearbeiten, ganz einfach. Der große Schnellkochtopf wurde als Tomtom umfunktioniert, die mittlere Pfanne als Snare. Als Kind kam ich gut an den unteren Küchenschrank heran und konnte mir mein Drumset in

Eigenregie zusammenbauen. Einmal war das Tomtom leider in Gebrauch, doch das hinderte mich nicht, es mit zwei ausgestreckten Armen vom Herd zu nehmen. Heiß war der Topf nicht mehr, aber voll. Die Spaghetti mit Tomatensoße klatschten auf den Boden. Meine Mutter kam vom Wohnzimmer in die Küche gerannt und betrachtete die splatterfilmartige Szene. Der ganze Boden war rot gefärbt. Wenig später wurde mir eine Blockflöte gekauft.

Ob Schlagzeug, Blockflöte, Gitarre, Geige, Klavier – statistisch gesehen sind das die beliebtesten Instrumente für den Einstieg –, Kinder in Kontakt mit Instrumenten zu bringen, ist immer eine gute Idee. Die sogenannten Transfereffekte, wie es in der Wissenschaft heißt, sind enorm:

♪ Kognitiv

»Musik macht schlau«, heißt es in einigen musikpädagogischen Artikeln. Und da ist schon was dran. In Kanada gingen 67 Kinder wöchentlich über drei Jahre hinweg zum Klavierunterricht. Nach der Zeit schnitten sie bei Intelligenztests[2] deutlich besser ab als Kinder, die in dem Zeit-

2 IQ-Tests sind nicht unumstritten. Je nach Tagesform können Ergebnisse ganz unterschiedlich ausfallen. Einige Forscher vertreten die These, dass nach einem schönen dreiwöchigen Faulenzer-Strand-Urlaub der IQ-Wert um 20 Punkte einbrechen kann. Weil alles mal runterfährt. Da mag man gar nicht dran denken, was passiert, wenn man den Strandurlaub am Ballermann oder Goldstrand verlebt. Dass Musikmachen aber eine Art Gehirnjogging darstellt, lässt sich neurowissenschaftlich belegen. Sowohl

raum keinen Musikunterricht bekamen. Bei ähnlichen Untersuchungen bestätigte sich das Ergebnis. Zudem erhöht das Erlernen eines Instruments das Fokussierungs- und Aufmerksamkeitsvermögen. Die Gedächtnisleistung nimmt zu und die Informationsverarbeitung wird besser. In der Forschung spricht man auch von einer Steigerung der »kognitiven Selbstregulation«.

♪ Emotional

Das Erlernen eines Instruments trägt zum Aufbau des Selbstvertrauens bei. Es wird durch Erfolgserlebnisse genährt, die Kinder im Instrumentalunterricht unbedingt wahrnehmen müssen. Ihnen wird außerdem eine Möglichkeit gegeben, Emotionen zu kanalisieren und zu verarbeiten. Musikmachen im Kindesalter hilft bei der Stressreduktion und beim Aggressionsabbau. Bitte zeigen Sie ihnen aber nicht zu früh Aufnahmen von Jimi Hendrix, wie er auf dem Monterey Pop Festival die Gitarre anzündet und zertrümmert. Das hat Zeit bis zur Pubertät.

♪ Sprachlich

Auch im Kindergarten und in der Schule fördert Musik die Sprachentwicklung. Eine Grundlage kann mithilfe von Melodien vermittelt werden, was die Memorierbarkeit von Worten und Sprachregeln erhöht. Das Alphabet klingt

---

durch Messungen von Gehirnaktivitäten mittels eines Elektro-Enzephalogramms (EEG) als auch durch Langzeituntersuchungen mit Magnetresonanztomografien (MRT).

gesungen viel schöner, als wenn man die Buchstaben trocken aufzählt. Bei YouTube hat »Das ABC-Lied« schon über zehn Millionen Aufrufe erreicht. Mehr als die letzte Single von Pietro Lombardi. Sehr beruhigend.

♪ Identitär

Musizieren hilft bei der Persönlichkeitsentwicklung. Wer fleißig an einem Stück übt, schult seine Zielstrebigkeit. Kinder erleben ein Gefühl von Kompetenz, wenn sie ein Instrument beherrschen. Die Erfolgserlebnisse mögen auch dazu verhelfen, in anderen Bereichen am Ball zu bleiben. Wer einen musischen Hintergrund hat, kann sich später häufig über bessere Berufschancen freuen (siehe unten).

Kinder entwickeln mit den Jahren einen Musikgeschmack und natürlich auch eine eigene Identität. Identität entsteht durch Rollenbilder und »Angebote« von außen. Vielleicht will der Nachwuchs zunächst so sein wie Mozart, dann wie Till Lindemann von Rammstein und schließlich wie Billie Eilish. Wenn sich Ihre Kinder an Andrea Berg oder den Flippers orientieren, suchen Sie bitte einen Kinderpsychologen auf.

♪ Kreativ

Musikmachen regt die Gehirnaktivität an. In einigen Quellen ist davon zu lesen, dass der Einsatz der linken und rechten Hand beide Gehirnhälften miteinander verknüpft, was auch die Kreativität anregen soll. Neurowissenschaftlich ist das umstritten. Die beiden Gehirnhälften arbeiten ohnehin viel mehr zusammen, als man das früher in der Gehirnforschung noch dachte. An der Universität Bochum konnte man zeigen, dass der Verbindungstrakt zwischen den Gehirnhälften bei den untersuchten Schlagzeugern dicker ausgeprägt war als bei Menschen, die keine Musik machen. Ein Rückschluss auf die Kreativität lässt das aber nicht zu. Musik an sich, also bereits das Hören, soll indes kreativ machen. Dies kam bei Untersuchungen an den Universitäten Sydney, Radboud und Bergen heraus. Fröhlich müsse die Musik allerdings sein. Nach dem Hören von Vivaldis »Vier Jahreszeiten« ergaben sich bei den Probanden auffällig gute Lösungsergebnisse von Kreativaufgaben.

♪ Motorisch

Das Erlernen eines Instruments kann die Geschicklichkeit fördern. Das ist günstig für andere handwerkliche Tätigkeiten. Durch die Nutzung von Smartphones haben sich bei uns allen in den letzten Jahren die Muskeln um die Daumen herum stärker ausgebildet. Kein Scherz. Bei gleichzeitiger Reduktion der Aufmerksamkeitsspanne. Damit sich die anderen Finger nicht vernachlässigt fühlen, sollte man mit Klavierspiel gegensteuern. Davon profitiert auch die Aufmerksamkeitsfähigkeit.

♪ Sozial

Das Erleben von Musik sorgt nicht nur bei Babys und Kleinkindern für ein sozialeres Verhalten, auch bei Schulkindern ist das zu beobachten. Das gemeinsame Musizieren kann diesen Effekt noch stärker herauskitzeln: Man muss aufeinander Rücksicht nehmen, im Takt bleiben, hören, was der andere tut. Man kann Emotionen und Fortschritte gemeinsam durchleben, Erfahrung darin sammeln, mit Feedback und Kritik umzugehen, und beim Einstudieren eines Stücks gemeinsam an einem Ziel wachsen.

Darüber hinaus weckt Musik en passant das Interesse an anderen Kulturen. Man wird offener, was sich positiv auf die Mitmenschlichkeit und den Umgang mit anderen Kulturkreisen auswirkt. Gleichzeitig bietet Musik einem die Möglichkeit, darüber zu reflektieren, was man als die eigene Kultur wahrnimmt.

♪ Bildend

Eine musische Ausbildung stärkt die Allgemeinbildung. Man lernt etwas über Epochen, Genres und Biografien berühmter Persönlichkeiten. Das gilt sowohl für die Klassik als auch den Popbereich. Geschichtliche Zusammenhänge werden hörbar gemacht. Sei es mit Beethovens »Eroica« von 1803 und den Streiflichtern auf die Französische Revolution oder mit »Say it loud – I'm black & I'm proud« von James Brown, die Hymne der Black-Power-Bewegung der 60er-Jahre.

Bei all diesen schönen Effekten darf nicht außer Acht gelassen werden, dass Musikmachen an sich einen Wert hat. Ästhetischer und persönlicher Natur. Es kann Kunst entstehen oder es ergibt sich einfach nur Freude am Spiel – und das ist gerade bei Kindern das Wichtigste. Eine glückliche Kindheit verleben zu können, ist von vielen sozialen, schulischen und familiären Faktoren abhängig. Der Zugang zu einem Instrument und einem guten Musikunterricht können einen Teil dazu beitragen.

Wann ist es zu spät, ein Instrument zu erlernen?

Nie.

Aus pädagogischer und entwicklungspsychologischer Sicht scheint ein Alter von sechs bis sieben Jahren geeignet, um ein Instrument in die Hand zu nehmen. Vorher wird es auch mit den kleinen Fingerchen schwer.

Dieser Zeitpunkt entspricht dem Gefühl, das viele Menschen haben, wenn sie an das Erlernen eines Instruments denken. Allerdings ergibt sich dadurch auch der Irrglaube, man könne irgendwann zu alt dafür sein.

Wes Montgomery (1923–1968) begann »erst« mit 19 Jahren, Gitarre zu spielen. Und er revolutionierte trotzdem die Musikwelt. Er entwickelte einen eigenen Stil, indem er anstelle eines Plektrums seinen Daumen nahm, um die Saiten anzuschlagen, was einen sehr weichen Klang zur Folge hatte. Auf die Idee kam er, weil seiner Frau im ehelichen Haus das Gitarrenspiel einfach zu laut war. Er gilt als einer der einflussreichsten Jazzgitarristen der Musikgeschichte.

Früh loszulegen, geht aber auch. Bei Mozart begann die Ausbildung mit vier Jahren. Wir wollen die Messlatte aber nicht zu hoch legen.

Wer im fortgeschrittenen Alter mit dem Musizieren beginnen möchte, nur zu … die Einstiegsbarrieren waren noch nie so gering. Für jedes Instrument gibt es hervorragende Anfänger-Tutorials im Netz. Für Klavier und Gitarre sowieso, aber auch für Tuba, Theremin oder Triangel. Mit Sicherheit lässt sich auch jemand im Haus finden, der sich über die Lautstärke des Spielens beschwert. Und ehe man sich's versieht, ist eine stilistische Weltneuheit erfunden.

TIPP: Kaufen Sie bei Instrumenten keinen Ramsch. Sei es für Sie selber oder Ihre Kinder. Natürlich, gute Instrumente sind kostspielig. Man hat vielleicht die Sorge, dass die Lust am Spiel rasch verloren geht und man unnötig viel Geld ausgegeben hat. Aber: Die Wahrscheinlichkeit, an einem schlecht verarbeiteten Instrument die Lust zu verlieren, ist weitaus höher als an einem guten Exemplar. Das Spielgefühl, der Klang müssen ansprechend und inspirierend sein.

Hochwertige Instrumente lassen sich kostenbewusst secondhand erstehen. Zur Not kann man sie dem Gebrauchtmarkt wieder zuführen. Produkte namhafter Hersteller sind recht stabil im Preis.

Der Musikhandel bietet in einigen Fällen an, Instrumente zunächst nur zu leihen. Sie entrichten eine monatliche Gebühr, und sollten Sie das Instrument behalten wollen, zahlen Sie den Restbetrag. Fair und clever für beide Seiten.

Das Erlernen neuer Fertigkeiten ist nicht auf die Kindheit oder Jugend beschränkt. In einer Forschungsgruppe an der Harvard Medical School wurde im Jahr 2003 Menschen im fortgeschrittenen Alter (ca. 60 Jahre) das Jonglieren beigebracht. Keiner der Probanden hatte Vorerfahrungen. Bereits nach drei Monaten verbesserte sich signifikant die Funktion der Hirnregion, die für visuell-räumliche Informationen zuständig ist. Das hilft spitze beim Rückwärtseinparken.

Der Neurowissenschaftler und Psychologe Stefan Kölsch arbeitete zu diesem Zeitpunkt an der Harvard Medical School und stellte sich selbst für eine Untersuchung zur Verfügung. Nach einigen Jahren Spielpause nahm er seine Geige zur Hand, übte wieder regelmäßig und ließ von seinen Kollegen Gehirnscans anfertigen. Auch hier ein spannender Befund: Nach einigen Monaten hatte insbesondere sein Motorkortex an Größe zugenommen, also die Region im Hirn, die für bewusste Bewegungen zuständig ist.[3]

Das Lernen oder Wiedererlernen führt dazu, dass neue Verbindungen zwischen unseren Nervenzellen entstehen.

3 Mehr dazu im hervorragenden Buch *Good Vibrations* von Prof. Stefan Kölsch, das viele medizinische Aspekte zum Thema Musik abdeckt.

Neue Synapsen und Dornenfortsätze werden gebildet. Aber die wollen auch gepflegt werden, sonst bilden sie sich wieder zurück.

Der Musikkabarettist Andreas Gundlach kann übrigens mit der linken Hand Klavier spielen, mit den Füßen Percussion-Instrumente bedienen, mit dem Mund melodiös in ein Saxofon-Kazoo blasen und mit der freien rechten Hand Bälle jonglieren. Wohlgemerkt, alles gleichzeitig.

In Harvard hätte man sicher Freude daran, sein Gehirn zu scannen.

Was ist dran am »Mozart-Effekt«?

Um den Mozart-Effekt ranken sich einige Mythen. Man müsse einfach nur eine CD mit der »Kleinen Nachtmusik« auflegen und, zack, wird man schlauer. Frei Haus. Ganz so einfach ist es nicht. Die Legende hat ihren Ursprung im Jahr 1993. An der Universität von Kalifornien, Irvine wurde 36 Studierenden zehn Minuten lang der erste Satz einer Sonate von Wolfgang Amadeus Mozart vorgespielt. Genauer gesagt die Sonate für zwei Klaviere in D-Dur (KV 448), falls Sie mal reinhören möchten. Im Anschluss mussten die Testpersonen eine knifflige räumlich-logische Aufgabe lösen. Durch den Einfluss von Mozart sei ihnen das deutlich besser gelungen als beim gleichen Versuchsaufbau vorher, bei dem sie zehn Minuten lang Entspannungsmusik oder Stille gehört hatten. So das Ergebnis der Studie. Das Ganze wurde in der renommierten

Fachzeitschrift *Nature* publiziert und die Presse stürzte sich darauf. Aus dem Haupttitel der Untersuchung »*Music and Spatial Task Performance*« (Musik und räumliche Aufgabenlösung) wurde in den Gazetten knackiger: »Der Mozart-Effekt«. Das schlug hohe Wellen. Immer mehr Medien verbreiteten stark verkürzt das wundersame Forschungsergebnis. Im US-Bundesstaat Georgia wurde jeder Mutter nach der Geburt eines Kindes eine CD mit Mozart-Musik geschenkt. 105.000 Dollar wurden dafür aus Steuergeldern aufgewendet. Im Staat Tennessee ordnete man an, dass im Kindergarten täglich eine Stunde Mozart-Musik laufen sollte.

Nachfolgende Studien an anderen Instituten konnten den Mozart-Effekt nicht bestätigen. Außerdem wurden der ursprünglichen Untersuchung methodische Schwächen angekreidet. Etwa die Tatsache, dass eine Gruppe von 36 Menschen weit davon entfernt ist, belastbare repräsentative Ergebnisse zu liefern.

Doch das Forscherteam unter der Leitung von Frances Rauscher ließ sich davon nicht beirren. Gemeinsam mit ihrem Kollegen Gordon Shaw brachte sie zahlreiche vermarktbare Produkte wie CDs, Bücher und Software-Programme auf den Weg. Sie gründeten ein Institut mit dem Werbeversprechen »*Mozart makes you smarter*«. Gänzlich unseriös wurde das Unterfangen, als Rauscher zeigen wollte, dass selbst Ratten unter dem Einfluss von Mozart schlauer werden. Sie beschallte die kleinen Nager und ließ sie durch ein Labyrinth laufen. Auch hier wieder ein sensationelles Ergebnis – die Ratten hätten durch die

Mozart-Musik viel schneller ins Ziel gefunden. Allerdings wurden bei dem Versuch junge Ratten genommen. Neugeborene Ratten sind kurz nach der Geburt taub. Kritische Wissenschaftler fanden heraus, dass die Ratten in dem Versuchsaufbau in einem Alter waren, in dem sie maximal 31 Prozent der Frequenzen der Musik hören konnten. Wenn überhaupt. Damit fiel ganz schön viel Mozart-Musik unter den Labor-Tisch.

Der Mythos Mozart-Effekt hält sich trotz alledem wacker und bis heute wird global viel Geld mit ihm verdient. Eckart Altenmüller, Professor an der Hochschule für Musik, Theater und Medien Hannover, argumentiert, dass der Einfluss von Musik bei Menschen zu einer Verstärkung der Durchblutung der rechten Großhirnhälfte führen kann. Das erzeugt eine positive Stimmung, die sich wiederum förderlich auf die räumlich-zeitliche Denkleistung auswirken kann. Das Phänomen sei aber nicht auf die Musik von Mozart beschränkt. Die Musik anderer Komponisten und auch das Vorlesen von Kurzgeschichten hätten bei Kindern ähnliche Resultate gezeigt.

Im Ergebnis lässt sich sagen: Man kann Mozart (wie auch andere Musik) im Vorfeld einer konzentrierten Tätigkeit nutzen, um sich geistig anzuspornen. Schaden bringt das auf keinen Fall. Es schadet höchstens dem Portemonnaie, überteuerte Produkte zu kaufen, die mehr versprechen, als sie halten können.

Macht Musik schlau?

Wir müssen unterscheiden zwischen passivem Musikhören und aktivem Musizieren:

Passives Musikhören

Die Vorstellung, dass man zehn Minuten die richtige Musik hört und dadurch zehn IQ-Punkte langfristig gewinnt, muss begraben werden. Solche Wunder gibt es nicht. Man kann sich allerdings mit Musik stimulieren und damit kurzfristig die Kreativität und Konzentrationsfähigkeit steigern. Zudem reduziert Musik nachweislich Stress, was uns zusätzlich helfen kann, einen kühlen Kopf zu bewahren und fokussiert zu bleiben.

Vor einigen Jahren kursierten Meldungen in der Presse, die sinngemäß sagten: Beyoncé, Lil Wayne und Reggaeton-Musik machen dumm, Bob Dylan, Beethoven und anspruchsvolle Rockmusik à la Radiohead machen dahingegen schlau. Die Quellen beriefen sich auf die Auswertung eines App-Herstellers. Der hatte im Grunde genommen nur Daten aufbereitet, die einen Zusammenhang zwischen Schulnoten und Musikvorlieben wiedergaben. Das Ganze ist nicht frei von Ironie, da das Projekt »Music That Makes You Dumb« (Musik, die dich dumm macht) getauft wurde. Man könnte spaßig antworten, hier wurden Ursache und Wirkung verwechselt. Bekannt ist das Phänomen als *Swimmer's Body Illusion*. Es besagt, dass Weltklasse-Schwimmer*innen nicht primär durch das harte Training so erfolgreich werden. Ihre genetische, körperliche Konstitution sei die Grundvoraussetzung. Andere könnten so hart trainieren, wie sie wollten, für Olympia würde es nicht reichen. Auf die Studie angewendet, hieße das: Man wird nicht schlau, weil man Bob Dylan hört, sondern man ist schlau und hört deswegen Bob Dylan. Und wer Beyoncé favorisiert, bei dem war vorher schon Hopfen und Malz verloren.

Es finden sich allerdings zahlreiche Beispiele dafür, dass Menschen, die eher »leichtere Musik« spannend finden, auch sehr schlau sein können:

Mein Professor für Musikgeschichte an der Hochschule für Musik in Detmold berichtete im Rahmen einer Vorlesung, er habe noch Adorno in Frankfurt a. M. erlebt. Den Theodor W. Adorno, einen der bedeutendsten deutschen Intellektuellen des 20. Jahrhunderts. Adorno war Mitverfasser des philosophischen Standardwerks *Dialektik der Aufklärung*. Für die Musikwissenschaft entwickelte er eine bahnbrechende Hörtypologie, auf deren Grundlage sich zahlreiche Forschungsaktivitäten zum Thema Musikrezeption auftaten. Ich war beeindruckt. Auch wenn Adorno dafür berüchtigt war, Popmusik jeglichen ästhetischen Wert abzusprechen (Jazz bezeichnete er als »falsche Liquidation der Kunst«), so war sein Schaffen für uns alle im Studium herausfordernd und prägend. Und dann erzählte der Professor, wobei man Adorno in den Pausen zwischen den Vorlesungen beobachten konnte: Er habe am Flügel gesessen und die neusten Schlager-Hits aus dem Radio nachgespielt. Fröhlich vor sich hin summend. Er habe es geliebt. Ich war doppelt beeindruckt.

Wenn bei Menschen dauernd der Kopf raucht, ist es schon nachvollziehbar, wenn sie sich zwischendurch nach vermeintlich leichter Unterhaltung sehnen.

Aktives Musizieren

Das aktive Musizieren scheint beim Schlauerwerden schon deutlich mehr zu unterstützen. Die Transfereffekte sind enorm. Was bei Kindern gut ist, kann bei Erwachsenen nicht schlecht sein. Musikmachen bedeutet in jedem Altersabschnitt Gehirnjogging.

Im *Journal of Educational Psychology* wurde 2019 eine Studie veröffentlicht, bei der die Daten von sage und schreibe 112.916 kanadischen Schüler*innen ausgewertet wurden. Mehr als zehn Prozent waren musikalisch aktiv. Und genau das waren die Kinder und Jugendlichen mit den besten schulischen Leistungen. Es ist nicht auszuschließen, dass hier wieder das *Swimmer's Body Illusion*-Prinzip greift. Kids, die beste Voraussetzungen von zu Hause mitbringen und ohnehin schon clever sind, machen dann auch noch Musik. Das könnte schon sein. Ein Argument gegen die Sinnhaftigkeit des Musizierens ist es trotzdem nicht. Die aktive Förderung von Musik, gerade in benachteiligten Schichten, ist in jedem Fall eine schlaue Idee.

TIPP: Wenn Sie selber (noch) nicht musizieren, lässt sich das passive Hören zumindest aktiver gestalten. Damit steigern Sie die stimulierenden Effekte. Und zwar so:
Beschäftigen Sie sich bewusst mit einem Lied. Suchen Sie den Liedtext im Netz heraus. Drucken Sie sich ihn vielleicht sogar aus. Wählen Sie einen Song, der Ihnen gefällt, den Sie aber noch nicht in- und auswendig kennen. Gut möglich, dass Sie etwas entdecken, worauf Sie vorher noch nicht geachtet haben.
Und jetzt kommt das Entscheidende: Klopfen und singen Sie mit. So gut Sie können. Einfach drauflos. Keine Scheu. Aber bleiben Sie den ganzen Song dabei. Wenn es Ihnen Spaß gemacht hat, beginnen Sie noch mal von vorn oder nehmen sich ein weiteres Lied vor. Sie werden für anschließende Tätigkeiten fokussierter sein.
Ich habe diese aktivierende Achtsamkeitsübung mit »Miami 2017« von Billy Joel ausprobiert. Das Lied hat einen schönen, klaren, aber nicht zu monotonen Melodieverlauf. Hinten raus gibt es eine Dynamiksteigerung. Im besten Fall ist man durch Lieder dieser Art für anstehende Tätigkeiten nicht nur fokussierter, sondern auch motivierter.

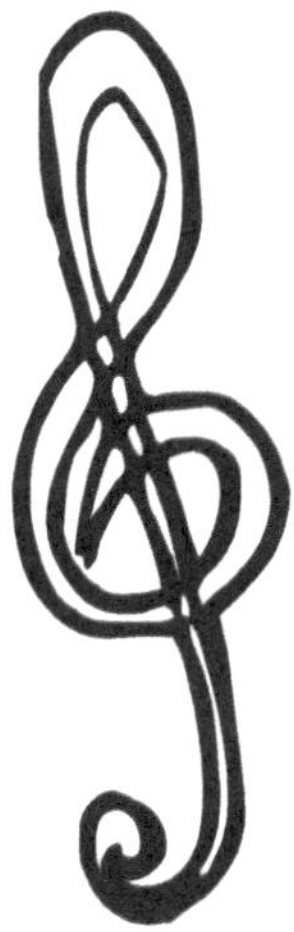

Die Musik ist imstande,
bei Unglück in der Liebe zu trösten.
Diogenes von Sinope
ca. 413–323 v. Chr.

3

Love is in the air

Liebe

In der Liebe ist Musik ein Full-Service-Anbieter. Sie steht uns in allen entscheidenden Phasen zur Seite. Beim Flirten und Kennenlernen, beim Date, dann, wenn es knistert, und natürlich auch, wenn die Hochzeitsglocken läuten. Forscherteams aus Frankreich haben ziemlich verblüffende Erkenntnisse darüber gewonnen, wie Musik unsere Empfindungen beim Verlieben steuert. Und sollte mal etwas schiefgehen – bei Herzschmerz und Trennung können die richtigen Songs als Therapeutikum verabreicht werden.

Attraktivitätssteigerung durch Musik

Parfüm, Sport, schicke Kleidung, ein frischer Haarschnitt – alles ambitionierte Versuche, um attraktiv zu wirken. Doch der Königsweg führt über die Musik. Zumindest bei Männern. Ein Forschungsteam der Universitäten Wien und

Innsbruck fand heraus, dass die Frauen Männer als attraktiver einstuften, nachdem ihnen Musik vorgespielt wurde. Umgekehrt stellte sich der Effekt nicht ein. Männer schienen immun gegen die musikalische Einflussnahme.

Die Forscher vermuten, dass Frauen die ansprechende Musik mit den Männern in Verbindung brachten und ihnen unterbewusst gute Gene unterstellten. Sie sind damit ganz nah an Charles Darwins Theorie zur Entstehung der Musik, die besagt, dass Musikalität einen evolutionären Vorteil bringt. Untermauert wird die Annahme dadurch, dass man feststellte: Je komplexer die Musik, desto größer die Anziehung.

Ich vermute, eine Überkomplexität kann auch nach hinten losgehen. 12-Ton-Musik zum Beispiel, hochartifiziell, häufig mit Dissonanzen angereichert, macht nicht automatisch aus jedem Mann einen George Clooney. (Oder vielleicht doch, wenn Sie den jetzt gänzlich unattraktiv finden.)

Umgekehrt, wenn die Musik zu platt ist, kann das schon ein Abturner sein, klar. Stellen Sie sich vor, Sie sitzen im Café, warten auf Ihr Date und sind etwas nervös. Durch die Nervosität nehmen Sie nicht bewusst wahr, dass im Hintergrund »Schni-schna-schnappi« läuft. Gut möglich, dass Ihr Date dann erst mal schlechte Karten hat. Aber das Café sollten Sie fürs nächste Date dann bitte auch besser aussuchen.

Tatsächlich bietet Musik die Möglichkeit, sich ein besseres Bild vom Gegenüber zu machen. Früher ist man häufig ans

Bücherregal gegangen und hat sich die kleine Bibliothek des anderen angeschaut (das finde ich immer noch toll). In Zeiten wie diesen kann schnell mal das Thema Playlist auf den Tisch kommen. Die Plattensammlung des 21. Jahrhunderts. *Zeige mir deine Playlist und ich sage dir, wer du bist.* Genau wie früher enden auch heutzutage Dates mal recht schnell, wenn die Musik nicht passt. Und das ergibt schon Sinn. Wenn man bei der Musik nicht auf einer Frequenzwellenlänge ist, kann es auch bei anderen Dingen schwierig werden.

Was ist die beste Musik beim ersten Date?

Ich rate dringend von allem ab, was zu klischeebehaftet ist. Sosehr ich Barry Whites Stimme und Musik liebe, wenn Sie das ironiefrei auflegen, hat Ihr Date vermutlich plötzlich einen ganz dringenden Termin und verlässt fluchtartig die Wohnung. Als eines der erotischsten Lieder aller Zeiten gilt übrigens »Love to love you, baby« von Donna Summer. Das kam in verschiedenen, nicht mehr ganz so aktuellen Umfragen heraus. Es gibt eine 17-Minuten-Version von dem Lied, die hauptsächlich aus Stöhnlauten besteht. Bitte spielen Sie auch das nicht. Wenn es zufällig auf die Playlist rutscht, können Sie aber eine coole Anekdote zum Besten geben. Was glauben Sie, in welchem Epizentrum der Erotik dieses Lied komponiert und aufgenommen wurde? In Paris vielleicht? Nein, in Bayern. Genauer gesagt in München in den Musicland Studios. Das erotischste

Lied der Welt kommt aus Bayern, wenn das kein Party-Wissen ist.

TIPP: Spielen Sie bei einem Date Musik, mit der Sie sich wirklich identifizieren können. Bei Musik sollte man sich nicht verbiegen. Sollte Ihre Auswahl dem Gegenüber gar nicht gefallen, sagt das etwas über die weiteren Chancen der Beziehung aus. Umgekehrt, wenn sie der anderen Person gefällt, umso schöner. Eine andere Option ist, eine recht neutrale Playlist zu wählen, die eine ruhige, angenehme Stimmung schafft. Zum Beispiel »Acoustic Pop Cover Songs«. Da ist dann viel Klavier und Gitarre drin, und man wird vom Sänger oder der Sängerin nicht angeschrien. Außerdem laufen dann im Hintergrund vertraute Melodien. Und das Vertraute kann sich auf die (Gesprächs-)Atmosphäre zwischen Ihnen beiden übertragen. Egal welcher Popsong kommt, als Acoustic-Cover klingt alles schön. Das ist wie Sahne beim Kochen. Damit kriegt man alles lecker, sogar ein Sofa, wie Tim Mälzer sagt.

Die Königsdisziplin beim Date wäre natürlich, wenn Sie selber Musik machen. Klavier, Gitarre … Schlagzeug eher weniger. Das dürfte noch cooler sein, als selber zu kochen, oder? Meine persönliche Hoffnung wäre es schon. Ich hätte aber auch Sahne im Kühlschrank.

Erhöht Musik die Chancen auf ein Date?

Französische Forscher wollten mal wieder etwas in Bezug auf die Liebe wissen. (Ich denke mir das wirklich nicht aus, dass die ganzen Studien ausgerechnet aus Frankreich kommen.) Diesmal interessierte man sich dafür, ob die Chancen auf ein Date besser stehen, wenn einmal mehr Musik Einfluss nimmt.

Man bat Frauen, in einem Wartebereich Platz zu nehmen. Dort wurden als Hintergrundberieselung Lieder eingespielt. Anschließend wurden die Probandinnen einzeln in einen anderen Raum gebeten, wo sie mit einem Mann ihres Alters über zwei verschiedene Nahrungsmittel diskutieren sollten. Unter Anwesenheit einer Kontrollperson. Sobald die Kontrollperson den Raum verlassen hatte, fragte der Mann höflich nach der Telefonnummer der Frau und einem Treffen. Bei weiblichen Testpersonen, die im Wartebereich zuvor ein explizit romantisches Lied zu hören bekommen hatten, war das Ersuchen um 52 Prozent erfolgreicher als bei jenen, die Musik ohne romantischen Inhalt gelauscht hatten. Die Untersuchung wurde im Fachmagazin *Psychology of Music* unter folgendem Titel veröffentlicht: »*Love is in the air: Effects of songs with romantic lyrics on compliance with a courtship request*«. »Love is in the Forschungsinstitut« hätte auch ganz gut gepasst.

Komisch, dass es kein Szenario gab, bei dem Männer im Wartebereich saßen. Auch Frauen fragen gerne mal nach einer Telefonnummer. Es folgt ein kleiner Appell in Richtung Frankreich:

Veuillez également faire l'expérience d'un point de vue féminin. Merci beaucoup!

(Bitte machen Sie die Versuchsanordnung auch aus weiblicher Perspektive. Danke schön!)

Attraktiv durch Instrumente

Ein Monsieur aus dieser Forschungsgruppe muss Langzeitsingle gewesen sein. Denn er initiierte gleich den nächsten Versuch. Diesmal ging es um die Frage, ob die Gegenwart eines Instruments die Flirt-Chancen erhöht. Ein junger Mann wurde dafür auf einen Marktplatz in Südfrankreich geschickt. Er sagte sinngemäß immer denselben Satz: »Hallo, ich bin Antoine, ich find dich nett, hab jetzt aber keine Zeit. Kann ich deine Telefonnummer haben?« Dies äußerte er insgesamt gegenüber 300 Frauen. Nicht gleichzeitig, sondern nacheinander. Auf mehrere Tage verteilt. In 100 Fällen trug er einen Gitarrenkoffer in der Hand, in 100 weiteren Fällen eine Sporttasche und weitere 100 Frauen sprach er mit leeren Händen an. Ohne Requisite war das Ergebnis mit 14 Nummern mager. Mithilfe der Sporttasche gab es 21 Telefonnummern und die Gitarre bescherte die höchste Anzahl von 33 Telefonnummern!

WICHTIGE DURCHSAGE:

Musiker wirken attraktiver als Sportler!
Bitte weitersagen!

Wenn sich das herumspricht, beenden Tausende ihre Mitgliedschaft im Fitnessstudio und melden sich dafür bei der örtlichen Musikschule an. Da viele Menschen gewohnt sind, den Beitrag zu entrichten, aber nie hinzugehen, wäre das ein tolles Subventionsprogramm für die Musikschulen. Die können das Geld auch richtig gut gebrauchen.

Die Forscher interpretierten das Ergebnis erneut in Richtung eines evolutionären Vorteils, der musikalischen Männern unterbewusst zugesprochen wird. Doch vermutlich schwingt noch viel mehr mit: Jemand, der ein Instrument spielt, muss romantisch sein, kreativ, geheimnisvoll, unterhaltsam. Obendrein hat er vielleicht geschickte Hände. Oh, là, là.

Offengelassen wurde bei der Studie, ob in dem Koffer überhaupt eine Gitarre drin war. Das schien nicht wichtig zu sein. Wer die Ergebnisse der Untersuchung verifizieren möchte, kann das gern am nächstgelegenen Marktplatz ausprobieren. Ist keine Gitarre oder kein Instrumentenkoffer zur Hand, tut es vielleicht auch eine Triangel.

Wie überwindet man Liebeskummer?

Wenn wir Kummer haben, ist der beste Trost, dass uns jemand versteht. Und da springt Musik an unsere Seite. Dafür wurde sie ein Leben lang ausgebildet. Es ist quantitativ gesehen ohnehin ihr größtes Thema: Liebe und die ganzen Probleme, die sie mit sich bringt. Die schönen Dinge zum Glück auch. Musik kann uns in jeder Phase Songs an die Seite stellen, die uns den Eindruck vermitteln, jemand anderes hat den ganzen Murks auch schon einmal erlebt.

Bei Liebeskummer gibt es folgende Kategorien von Songs:

1. Trauer & Niedergeschlagenheit
2. Verdrängung & Ablenkung
3. Einsicht & Akzeptanz
4. Neuer Mut & Weitermachen

Musik hilft uns hier so gut, weil sie uns gegenüber nicht nur mit ihren Liedtexten Empathie zeigt, sondern auch klanglich etwas zum Ausdruck bringt, für das es keine Worte gibt. Liebeskummer markiert übrigens die Phasen im Leben, in denen Menschen besonders offen für neue Musik sind. In einer Studie traf das für fast 70 Prozent der Befragten zu. Man ist suchend: nach Halt und Erklärungen. Und plötzlich hat man eine tolle neue Singer-Songwriterin oder einen einfühlsamen Schmusebarden entdeckt.

Bei der Liedauswahl kann man kaum etwas falsch machen. Musik mit etwas mehr Dynamik bringt einen sanft nach vorn, und selbst sehr langsame, ruhige Musik hat immer etwas Aktivierendes. Das Wichtigste bei Liebeskummer ist, aus der Passivität herauszukommen. Und da ist das Einschalten von Musik schon ein Schritt. Im Schnitt dauert es etwa elf Minuten, bis die positive Wirkung von Musik in einer Liebeskummerphase einsetzt und man sich besser fühlt. Dass sich im Schnitt angeblich auch alle elf Minuten ein Single über eine bestimmte Dating-Plattform verliebt, ist ein statistischer Zufall.

Reden Sie mit Freunden, schreiben Sie Dinge auf, kümmern Sie sich um sich selbst, und hören Sie Musik, was das Zeug hält. Wenn sich das nächste Mal eine blöde bis schmerzhafte Entwicklung in der Liebe anbahnt, dann können Sie sich sagen: Wenigstens lerne ich jetzt wieder neue, gute Musik kennen.

Liebesgarant Musik

Musik war schon immer so eine Art Wingman. Ein Medium, das Matches produziert hat, lange bevor es Tinder gab. Sei es bei Konzerten, in Clubs, beim Tanzen auf Partys – Millionen Paare haben sich kennengelernt, als Musik lief. Was das Thema Dating anbelangt, ist die Gesellschaft aktuell in einer Art Pattsituation: Einerseits ist die Nutzung von Dating-Apps zwar weiterhin massiv auf dem Vormarsch, doch tief im Herzen findet man das unromantisch. »Wir können ja sagen, wir haben uns im Supermarkt kennengelernt«, haben einige im Profil stehen. Andererseits wird es gerade dadurch immer ungewöhnlicher, jemanden direkt anzusprechen. Das kann richtig creepy rüberkommen – vor allem dann, wenn man es creepy macht. Statistisch gesehen lernen sich die meisten Menschen immer noch über die Arbeit kennen, die liegt auf Platz 1. (Aber vielleicht ist die Statistik auch verfälscht, weil viele nicht zugeben wollen, dass sie sich »im Supermarkt« kennengelernt haben.) Auf Platz 2 werden gemeinsame Freunde angegeben, über die man dem Partner oder der Partnerin erstmalig begegnete.

Wenn man sich vorsichtig kennenlernen und nichts überstürzen will, kann über Musik eine behutsame Annäherung erfolgen. Warum nicht mal wieder ein Mix-Tape für den Schwarm zusammenstellen? Also richtig auf Kassette. Ein Abspielgerät müssten Sie aber vermutlich auch stellen. Digital als Playlist wäre ebenso eine Option.

Einige Musiker*innen haben sich übrigens bei der Arbeit verliebt, und zwar in Fans. Mariah Carey kam mit Nick Cannon zusammen – er war damals Stand-up-Comedian und nicht annährend so bekannt wie seine Frau. Der Drummer der Beatles, Ringo Starr, lernte bei einem Konzert einen kreischenden Fan der Fab Four kennen, Maureen Cox. Die Ehe hielt zehn Jahre. Billie Joe Armstrong, der Frontmann von Green Day, traf backstage (wo sonst) auf Adrienne Nesser, die damals als Kellnerin arbeitete. Die beiden heirateten, bekamen zwei Kinder und sind heute noch ein Paar. Sie feierten bereits Silberhochzeit.

Sie sind Single? Dann besuchen Sie Konzerte!

Liebe in Zeiten von Dating-Apps

Wer dann doch Dating-Apps nutzt, kann sich vielleicht mit dem Text identifizieren, den ich im Rahmen einer Klavierballade für die Bühne geschrieben habe. Er geht wie folgt:

Sei mein Grund, nicht mehr hier zu sein
Schriebst Du in Dein Profil hinein
Du suchst die große Liebe und willst auch mal Kinder
Doch was zum Teufel machst Du dann bei Tinder

Ich bin noch neu bei dieser App
Ich suche nur was Ernstes, bin auch sonst kein Depp
Gut, das war gelogen, ich bin seit 6 Jahren hier
Und wenn Du Sex willst, frag ich nur
zu Dir oder mir?

Jetzt sehen wir uns zum ersten Mal
Es ist dunkel und auch spät
Unsere Fotos sehen ganz anders aus als in der Realität
Doch es gibt da eine Sache, die uns beide eint
Wir sind zu zweit, in der Tinder-Einsamkeit

Du gehst gern auf Reisen
Machst den Sonnengruß
Du kochst Pasta ohne Sahne
Du nimmst Kokosmus
Doch eigentlich magst Du Schnitzel und Döner mit viel Sauce
Du schaust so gerne Netflix, in deiner Lieblingsjogginghose

Nein, ich hab kein Boot, ich hab nicht mal ein Floß
Und wenn man genau hinschaut, bin ich keine 1,90 groß
Oh, bitte sei Dir sicher, dass es nicht nur an Dir liegt
Denn ich bin kein Arzt
Ich bin Doktor für Popmusik

Musik bei der Hochzeit

Sobald die Hochzeitsglocken läuten, spielt Musik eine nicht wegzudenkende Rolle. Wer sich ein emanzipiertes klassisches Musikstück für den Einzug bei der Trauung wünscht, könnte bei Fanny Hensel (1805–1847) fündig werden. Sie war die älteste Schwester von Felix Mendelssohn Bartholdy. Im Hinblick auf Hochzeiten ist ihm viel Ruhm zuteilgeworden, schließlich komponierte er den »Hochzeitsmarsch« aus *Ein Sommernachtstraum, op. 61*. Unzählbar, wie viele Ehen damit eingeleitet wurden. Aber er hat richtig Mist gebaut. Er hatte seiner Schwester versprochen, für ihre Hochzeit ein Lied zu schreiben. Aber das kam nicht. Zu allem Überfluss kündigte er sein Fernbleiben bei der Trauung aufgrund einer Knieverletzung an. Unmittelbar in der Nacht vor der Hochzeit setzte sich Fanny Hensel kurzerhand selber an die Orgel und komponierte das feierliche »Prélude für Orgel in F-Dur«. Dass Fanny Hensel als Frau komponierte, war in der Familie nicht gern gesehen. Es wurde unterdrückt. Trotzdem komponierte sie in ihrem Leben etwa 500 Werke. Darunter Kantaten, Klavierstücke, Kammermusik und Oratorien.

Hier noch ein paar weitere klassische Empfehlungen für die Hochzeit:

- »Kanon und Gigue in D-Dur« von Pachelbel
- »Solo-Suite Nr. 1 für Violoncello in G-Dur« von Bach
- »Rondeau« aus der ersten *Suite de Symphonies* von Mouret (da sollten Sie aber bei der Trauung eine Krone tragen, so wie das klingt)

- ♪ »Romantische Stücke für Violine und Klavier, op. 75« von Dvořák

Und wenn Sie das Gefühl haben, diese Ehe wird turbulent, aber wir machen es trotzdem, dann ziehen Sie folgendes wunderschönes Stück in Betracht:

- ♪ »La Cetra, Violin Concerto in a-Moll, op. 9« von Vivaldi

Die Pop- und Rockmusik lässt Sie natürlich auch nicht im Stich. Wie wäre es denn damit:

- ♪ »You and I« von Wilco
- ♪ »Better together« von Jack Johnson
- ♪ »Wedding ring« von Glen Hansard
  oder auch
- ♪ »I'm a believer« von The Monkees

Aber bitte auf keinen Fall »I still haven't found what I'm looking for« von U2. Das könnte Ärger geben.

Beyond a certain point,
the music isn't mine anymore,
it's yours.
Phil Collins
**1951*

4
Always on my mind

Musikpsychologie

Es ist ein verbreitetes Problem, das Trude Herr oder Laing so schön besangen: »Morgens bin ich immer müde, aber abends bin ich wach.« Mit der richtigen Playlist kommt man dagegen an. Man kann sich akustisch in den Schlaf wiegen und morgens aus dem Bett kicken. Welche Art von Songs dafür am besten geeignet ist, wurde in Melbourne erforscht. In diesem Kapitel geht es außerdem darum, wie wir unser Selbstbewusstsein mit Gesang unter der Dusche stärken können und weshalb wir unsere eigene Stimme aufgenommen erst mal gar nicht mögen. Zum Schluss dreht sich alles um den Ohrwurm. Ein sehr wichtiges, aber vom Aussterben bedrohtes Tierchen. Ohrwürmer kennen Sie sicher, zum Beispiel: »Morgens bin ich immer müde …«

Die beste Musik zum Einschlafen

Musik hilft beim Einschlafen. Da können Sie viele Babys fragen. Aber auch die medizinische Forschung. Bei Patient*innen mit starken Schlafstörungen wird Musik erfolgreich als Therapeutikum eingesetzt. Und das ohne Nebenwirkungen. Man wirft keine Pillen ein, sondern höchstens eine CD. Die Erkenntnisse zur richtigen Musik lassen sich auf alle Menschen übertragen, zumindest wenn man keine chronischen Probleme hat, sondern nur etwas besser einschlafen will.

Natürlich sollte die Musik ruhig sein. Auf die Idee, »Rock around the clock« vor dem Schlafengehen zu hören, käme kaum jemand. Gut, vielleicht nach einem Rave zum Runterkommen. Die Musik sollte keine wilden Tempowechsel, Lautstärkenunterschiede oder aufschreckende Überraschungen haben, rät Professor Stefan Kölsch. Man könnte hier an John Miles' »Music (was my first love)« denken. Allerdings nur an die ersten 52 Sekunden. Danach wird das Lied zu wild.

Kölsch gibt außerdem den Tipp, die Einschlaf-Playlist oder *ein* bestimmtes Lied zum Einschlafen nur für diesen Zweck zu verwenden. Dann wird das Stück im Gehirn zum »konditionierten Stimulus« und kann eine Einschlafreaktion auslösen. Aber Vorsicht! Sollte man das Lied aus Versehen im Bus hören, lernt man die Endhaltestelle kennen. Ich persönlich liebe das Lied »Lullabye (goodnight, my angel)«. Es ist 1997 auf dem Album *River of Dreams* von Billy Joel erschienen. Komponiert für seine Tochter Alexa.

Billy Joel singt und spielt Piano, begleitet wird er von Streichern. Der Text, die Anmut, wundervoll. Aber wenn ich es abends höre, berührt es mich so sehr, dass es mich aktiviert und ich es am Klavier nachspielen möchte. Bei musizierenden Menschen gibt es häufiger das Problem, dass beim Hören der Kopf rattert. Die Musik wird analysiert. Das mag interessant sein, aber nicht richtig entspannend. Aus der Neurowissenschaft kommt daher der Tipp, an eine Partitur zu denken und sich jede Note hintereinander vorzustellen. Wenn das nicht hilft, schlage ich vor, aus den Noten Schäfchen zu machen und sie zu zählen.

Die richtige Schlaf-Playlist

Es ist paradox: Einerseits gehen immer mehr Menschen mit dem Smartphone zu Bett, um dort noch ein Video zu schauen, etwas zu lesen oder mit Menschen zu schreiben, was aufgrund des Lichts und der teilweise triggernden Inhalte einem guten Schlaf abträglich ist. Andererseits suchen sie genau dort nach Einschlafhilfen. Schlaf-Playlists sind gegenwärtig die am stärksten wachsende Kategorie bei Streaminganbietern. Für eine Untersuchung hatte man ratzfatz 20.000 Schlaf-Playlists beisammen. Ergebnis: Lieder in C-Dur sind zum Einschlafen beliebter als Songs in D-Dur. Tatsächlich kann der Klang von D-Dur minimal aktivierender sein. Zudem spielen sich die Tonarten am Klavier unterschiedlich. Bei D-Dur haut man durchs Fis etwas wilder in die Tasten, was natürlich Einfluss beim

Komponieren hat. Eine ruhige Ballade entsteht dann eher in C- als in D-Dur. Ed Sheeran ist mit seinen Balladen auf den Listen omnipräsent. Das bedeutet nicht, dass seine Lieder per se zum Einschlafen sind, sondern dass viele Menschen ein angenehmes Gefühl mit ihnen verbinden.

Doch wie findet man die richtige Schlaf-Playlist für sich? Meine Empfehlung lautet, nicht einfach eine Playlist anzuklicken und sie abends laufen zu lassen. Zu groß ist die Gefahr, dass plötzlich ein Song dabei ist, der einen aufschreckt. Gehen Sie lieber wie folgt vor:

TIPP: Erstellen Sie sich selber eine Schlaf-Playlist. So wie früher beim Mix-Tape. Es gibt Indizien dafür, dass Instrumentallieder besser beim Einschlafen helfen als gesungene Songs – auch wenn Ed Sheeran davon sicher nichts wissen will. Der Komponist Max Richter hat ein ganzes Album vorgelegt, das einen mit klassischen Instrumenten in den Schlaf wiegen soll: *Sleep* heißt es, nicht ganz so überraschend. Aber wir haben ja gelernt, Überraschungen sind vor dem Schlafengehen nicht gut. Besonders schön finde ich »Dream 13 (minus seven)« von der Platte. Wer dann noch ein paar flauschige Noten-Schäfchen zählt, landet sanft im »River of dreams«.

Warum man sich von Musik wecken lassen sollte

Klassische Wecker sind gemein. Sie bimmeln einen wirsch von der Seite an. Der Klang ist schnell negativ assoziiert. Er will einem sagen: *Die Erholung ist vorbei, egal wie kuschelig das Bett gerade ist, raus mit dir!* Meistens müssen wir ihm dann eins auf den Deckel geben, was noch lange nicht heißt, dass Ruhe ist.

In Melbourne hat sich ein Forscherteam mit 50 Testpersonen mit der Frage auseinandergesetzt, ob klassische *alarm tones* (und hier wäre die wörtliche Übersetzung »Alarmtöne« wirklich angebracht) eine gute Strategie sind, in den Tag zu starten. Nein, sind sie nicht. So das Studienergebnis. »Wir glauben, dass ein harsches Piiiep-piiiep-piiiep in unserem Gehirn für Konfusion sorgt, während ein eher melodischer Klang wie ›Good vibrations‹ von den Beach Boys oder The Cures ›Close to me‹ uns dabei helfen, effektiver in den Wachzustand zu kommen«, so Adrian Dyer, ein Autor der Studie, in einer Publikation der australischen RMIT University.

Ein schlechter Start könne einem den ganzen Tag verhageln und Einfluss auf die berufliche und soziale Perfomance nehmen, argumentieren die Forscher.

Der Psychologe David M. Greenberg von der Universität Cambridge empfiehlt Songs zwischen 100 und 130 bpm mit einem Grundschlag auf 2 und 4. Nun gut, das dürfte auf mehr als die Hälfte aller jemals geschriebenen Popsongs zutreffen. Für einen großen Streaminganbieter erstellte Greenberg eine Playlist mit 20 Aufwachsongs. Darunter »Lovely day« von Bill Withers – eine gute Idee, da textlich passende Assoziationen den Tagesstart begünstigen. Oder »Viva la vida« von Coldplay. Da bimmelt es so schön in dem Song. Passt!

Wenn man Coldplay nicht ausstehen kann (bei Bill Withers möchte ich das bitte generell ausschließen), wird man damit sicher nicht froh. Nichts ist so entscheidend wie die persönliche Präferenz bei der Musikwahl. Gerade am Morgen. Ein sehr guter Freund, der Kabarettist Chin Meyer, erzählte mir, dass er seit Jahren zu »Space oddity« von David Bowie aufwacht. Eine gute Entscheidung: Denn das Lied beginnt ruhig mit einem Gitarren-Intro und steigert sich langsam, bis es innerhalb von fünf Minuten komplett abhebt. Und selbiges fällt einem dann auch leichter.

Tanzen am Morgen

Wenn Sie das volle Potenzial der Musik für einen guten Tagesstart ausschöpfen wollen, dann tanzen Sie. Und wenn es nur ein paar Bewegungen morgens zur Musik sind, bei denen sich Umstehende fragen würden: Zumba, Aerobic oder doch auf einen Legostein getreten? Wenn Sie ein Morgenmuffel sind und morgens noch nicht so viel sprechen mögen, dann sind Sie ganz nah bei unseren Vorfahren. Die hatten es ja drauf zu tanzen, bevor sie überhaupt sprechen konnten. Sie tun sich und dem ganzen Körper etwas Gutes. Zwei, drei Minuten reichen schon.

Vielleicht wird es ja so natürlich wie morgendliches Zähneputzen. Tanzen hält Geist und Körper jung und fördert günstige biochemische Prozesse im Körper. Langfristig kann das einen hohen gesundheitlichen Nutzen haben.

Singen in der Dusche stärkt das Selbstbewusstsein

In der Dusche tanzen sollten Sie nicht. Zu groß ist die Verletzungsgefahr. Singen ist an diesem Ort aber eine besonders gute Idee. Studien zufolge scheinen die positiven Effekte vom Singen in der Dusche verstärkt zu werden. Aus diesen Gründen:

1. Erhöhter Entspannungsfaktor

Singen ist gesund, wenn es entspannt erfolgt. Im Hals sollte nicht gepresst werden. Die Atmung sollte übers Zwerchfell im Bauch und nicht über harschen Druck im Brustkorb stattfinden. Manche bekommen das ganz natürlich hin, andere müssen diese Technik (im Gesangsunterricht) erlernen. Das angenehme Duschwasser und die Gesamtatmosphäre helfen uns dabei. Wir lassen mehr los, haben aber trotzdem ausreichend Körperspannung beim Einseifen und Shampoonieren, sodass unser Stimmorgan gut arbeiten kann. (Viele Kreative berichten übrigens davon, dass ihnen die besten Einfälle unter der Dusche gekommen sind. Gute Ideen entstehen häufig übers Loslassen. Das passiert auch beim Joggen, Spazierengehen,

Aus-dem-Fenster-Gucken.) Singen fördert durch die biochemischen Prozesse prinzipiell das Selbstbewusstsein, und wenn es unter der Dusche noch unverkrampfter gelingt – Jackpot.

2. Starke Selbstwahrnehmung

In der Dusche haben wir unsere Ruhe. Keiner nervt, und wenn jemand klopft, kann man so tun, als ob man nichts hört. Das fließende Wasser ist ein super Alibi. Wir werden von der Temperatur und vom Rauschen eingenommen. Wir sind nah bei uns. Wenn wir jetzt noch singen, spüren wir einen weiteren, wesentlichen Teil von uns: die eigene Stimme. Mehr Selbstwahrnehmung (weniger Abspaltung) führt zu einem höheren Selbstbewusstsein.

3. Akustische Vorteile

Der Sound in der Dusche ist meistens hervorragend. Die Kacheln erzeugen einen schönen Hall. Viele Sänger*innen lieben es, im Tonstudio viel Hall auf ihrer Stimme zu hören – beim Einsingen und hinterher bei der finalen Produktion. Für unsere Hörgewohnheiten wirkt das voluminöser, zugleich weicher und damit angenehmer. Wenn wir uns selber singen hören und es nicht klein und mickrig, sondern groß und kräftig klingt, dann macht uns das ziemlich froh. Die Wahrnehmung der ausgedehnten Stimme verbessert das Selbstbild.

Warum viele Menschen ihre eigene Stimme nicht mögen

»Ach du Schreck, so hör ich mich an?« Viele Menschen sind schockiert, wenn sie ihre eigene Stimme »auf Band« hören. So sehr, dass sie dann nie wieder eine Aufnahme von sich machen lassen wollen. Ein Effekt, der beim Wendler leider noch nicht eingetreten ist.

Für diejenigen, die es noch nicht wissen, jetzt kommt die Hiobsbotschaft: Das, was für unsereins grauslich klingen mag, ist für unsere Umwelt der Normalzustand. Wie wir uns live hören, so hört uns niemand. Den Klang haben wir exklusiv. Schuld daran ist dieser Kopf, den wir im Bestfalle immer mit uns tragen. Denn er fungiert wie eine Bose-Box, die ein paar Frequenzen verstärkt oder verändert.[4] Mundhöhle, Nasenhöhle, Rachen – alles nimmt Einfluss auf den Klang. Die Schallwellen kommen nicht nur von *außen* in unserem Gehörgang an, auch von *innen* werden wir beschallt. Die Mischung macht's. Und daran sind wir gewöhnt.

Das Phänomen, von der eigenen aufgenommenen Stimme enttäuscht zu sein, wird in der Psychologie *Voice Confrontation* genannt. Vor mehr als 50 Jahren wurden dazu

---

4 Es gibt natürlich noch andere Anbieter außer Bose. Zum Beispiel Teufel, Sonor oder Bang & Olufsen. Häufig verkaufen sich Bluetooth-Boxen darüber, dass sie Bass-Frequenzen von Songs erheblich verstärken. Das wirkt bei Gerätpräsentationen kraftvoll und überzeugend. Damit werden allerdings Abmischungen von Songs häufig verzerrt und nicht optimal wiedergegeben.

bereits zahlreiche Untersuchungen durchgeführt. Bei einer Studie im Jahre 1967 waren 62 Prozent der Befragten nicht in der Lage, ihre eigene Stimme auf Anhieb zu erkennen. Nur bei 38 Prozent hieß es direkt: Ah, den kenn ich ... Mittlerweile dürfte die Selbsterkennung deutlich höher ausfallen. Diktiergeräte, Kassettenrekorder, Anrufbeantworter des 20. Jahrhunderts und Sprachnachrichten des 21. Jahrhunderts haben hier zur Aufklärungsarbeit beigetragen. Und auch zu einer erhöhten Gewöhnung, die eigene Stimme nicht mehr völlig als Affront zu empfinden.

Und es soll ja Leute geben, die sich ihre eigenen Sprachnachrichten häufig selber noch mal anhören. Das ist dann so, als wenn man an keinem Spiegel vorbeigehen kann, ohne die Frisur zu checken. Wir suchen Sicherheit bei uns selbst. Wenn man es nicht übertreibt, ist das sicher besser als nur im Äußeren.

Aber die eigene Stimme lässt sich optimieren, was wundersame Folgen haben kann.

Wie man seine Stimme optimiert

Es gibt Stimmen, die empfinden wir als angenehm und authentisch. Wir bauen unmittelbar Vertrauen auf. Auf andere reagieren wir abwehrend; unser ganzer Körper wendet sich förmlich ab. Das geschieht ganz unbewusst. Gegebenenfalls hat unser Gegenüber nölig, kratzig, in jedem Fall unsympathisch für unser Empfinden gesprochen. Die Stimme scheint nicht im richtigen Stimmsitz zu sein, wie man es in der Logopädie oder beim Gesangsunterricht ausdrücken würde.

Unangenehme Stimmen entstehen, wenn jemand zu viel »presst«, das Stimmorgan also nicht entspannt ist. Heisere, kratzige Klangfarben assoziieren wir mit Krankheiten. Davon halten wir uns evolutionär bedingt lieber fern.

Bei Aufregung wird unsere Atmung automatisch höher und die Stimme gleich mit. Deshalb empfiehlt es sich, vor Vorträgen, Bewerbungsgesprächen oder wichtigen Videokonferenzen, bei denen man angespannt ist, einige Entspannungs- und Stimmübungen zu machen. Denn: Eine gute Stimme ist immer überzeugender.

TIPP:

- Legen Sie die Hand auf Ihr Zwerchfell und versuchen Sie, tief in den Bauch zu atmen.
- Massieren Sie Ihren Kiefer und machen Sie Summgeräusche. Das entspannt das ganze Stimmorgan.
- Nehmen Sie einen Korken in den Mund und sprechen Sie ein paar Sätze (zum Beispiel Ihres Vortrages). Dann nehmen Sie den Korken aus dem Mund und sagen Sie die Sätze noch mal. Wiederholen Sie die Übung. Ihr Sprachapparat weitet sich und Sie bekommen einen besseren Sound.

In der Biologie und Psychologie spricht man übrigens von einem sogenannten Barry-White-Effekt. Man hat festgestellt, dass Männer mit tiefen Stimmen mehr Kinder zeugen. Eine tiefe Stimme scheint attraktiver zu sein. Auch in Verhandlungen oder Verkaufsgesprächen hat man damit bessere Karten. Das gilt übrigens gleichermaßen für Frauen. Untersuchungen mit Testpersonen haben gezeigt, dass eine tiefere Stimme wirkungsvoller ist als eine hohe.

Trotzdem ist gänzlich davon abzuraten, sie künstlich nach unten zu pressen oder sie mit Alkohol und Zigaretten in diese Richtung lenken zu wollen. Eine tiefe Stimme entsteht durch den Einfluss der Rauschmittel übrigens deswegen, weil sich ein Entzündungssekret auf die Stimmbänder legt. Lecker. Darum klingt das dann so oft nach Erkältung. Das kann chronisch werden und zu Kehlkopfkrebs führen.

Bei gesunden Menschen, die keine medizinische Intervention benötigen, sind Entspannung und auch langsames Sprechen das Mittel der Wahl auf dem Weg zu einer besseren Stimme.

Warum Ohrwürmer gut für uns sind

Ohrwürmer haben ein schlechtes Image. Allein der Name klingt nach einem Plagegeist. Dabei besteht eher Anlass, das Vorkommen eines Ohrwurms zu schätzen. Es sagt etwas über unseren Gemütszustand aus. Am häufigsten treten Ohrwürmer nämlich auf, wenn wir entspannt sind und unser Gehirn im Stand-by-Modus läuft. In Phasen »reduzierter kognitiver Aktivität«, wie es in der Wissenschaft zu dem gut erforschten Thema heißt. Jetzt werden viele sagen: Ich kenne Leute, die müssten demnach ständig Ohrwürmer haben, so reduziert wie die Gehirnleistung ist … Aber ein Zusammenhang zwischen Intelligenz und Häufigkeit von Ohrwürmern ist nicht bekannt.

Unser Gehirn braucht Erholungsphasen, und die werden ihm immer weniger gegönnt. Alles buhlt um unsere Aufmerksamkeit: Werbung, Newsmeldungen, Apps auf dem Smartphone, Tweets, Posts, Bilder, Videos.

Soziale Medien sind so konzipiert, dass sie süchtig machen. Sie sprechen dieselben Hirnregionen an wie Drogen. An der Universität Chicago wurde festgestellt, dass in der Gesellschaft das Verlangen nach sozialen Medien mittlerweile stärker verbreitet ist als das nach Nikotin oder Alkohol. Jetzt könnte man meinen, ist doch gut, Instagram und Facebook sind auch weniger schädlich als Marlboro und Jim Beam. Allerdings verändert sich unser Gehirn durch die Online-Netzwerke nachhaltig und nach*teilig*. Konzentrationsspannen werden kleiner, unsere Entscheidungsfähigkeit geht zurück und unsere emotionale Verarbeitungsleistung nimmt ab.

Langeweile kann kaum aufkommen, denn ist mal etwas Luft, klickt man schon auf die nächste Folge einer Netflix-Serie.

Die natürliche Umgebung des Ohrwurms ist folglich bedroht. Wenn wir nicht aufpassen, stirbt das Tierchen aus. Hatten Sie früher nicht auch häufiger Ohrwürmer als heute?

Hier einige Aspekte, die für die Schutzbedürftigkeit der Ohrwürmer sprechen:

♪ Kreativtechnik

Gute Melodien können uns inspirieren. Songschreiber*-innen und Kreativarbeiter*innen setzen sich zum Teil bewusst Ohrwürmern aus. Die Struktur eines Ohrwurms setzt sich im Unterbewusstsein ab und kann von dort Einfluss auf unser Schaffen nehmen. Nicht im Sinne eines unbemerkten Plagiats, sondern einfach, um sich inspirieren zu lassen. Sowie wie jemand, der auf Sterneniveau kocht, aber eben auch gerne mal auswärts essen geht.

♪ Musikalisches Mantra

Angenehme, positiv besetzte Ohrwürmer lassen sich als Mantra nutzen. Sie können motivierend sein (gemächlich wie bei »You can get it if you really want« von Jimmy Cliff) oder tröstlich. Bei Liebeskummer ist es nicht verkehrt, sich einer empathischen Ballade mit einprägsamem Refrain auszusetzen. Eskobar und Heather Nova intonierten so schön zusammen: »You're gonna find someone new. I really hope you do«. Musikalischer Seelenbalsam in Dauerschleife.

♪ Nach innen lauschen

Sie können uns stolz und zufrieden machen. Und zwar darüber, dass wir endlich mal nicht abgelenkt sind. Das will heutzutage schon etwas heißen. Statt einer *externen* Medienquelle hören wir dann unser eigenes *internes* Streamingprogramm – ganz ohne Abo-Kosten.

♪ Nostalgie und Identität

Der Ursprung eines Ohrwurms liegt nicht selten in unbeschwerten, emotionalen Erlebnissen der Vergangenheit. Und das kann uns bei einem positiven Bezug ein Lächeln ins Gesicht zaubern. Vor diesem Hintergrund sind Ohrwürmer auch ein tolles Gesprächsthema bei jeder Party, in der Schule/Uni oder im Büro. Erzählen Sie anderen von Ihren Ohrwürmern. Vorsingen geht auch. Da kommt direkt Stimmung auf.

Woher Ohrwürmer kommen

Die Mischung aus einem brillant eingängigen Refrain (Objekt) und dem persönlichen Bezug dazu (Subjekt) sind grundlegend für das Ohrwurm-Phänomen. In der Popmusik spricht man von *Hooklines* oder *Hooks*, wenn sich eine Melodie sprichwörtlich in unser Gedächtnis einhakt. Erfolg versprechend sind Melodien mit eher kleinen Tonabständen (eine große Terz bis zu maximal einer Sexte) und kurzen Wiederholungen innerhalb des Melodieverlaufs. Eine eindeutige Formel gibt es nicht. Bei den Hitschreibern ist es ein bisschen wie bei den Alchemisten: Der Wille, Gold herzustellen, war grenzenlos, doch ein paar Bestandteile lassen sich bis heute nicht künstlich erzeugen. Denn da ist noch der Faktor Mensch, das Publikum – die Wahrnehmung mit ganz persönlichen Konstitutionen entscheidet, ob etwas zum Hit wird. Und manche Hits entstehen, weil man ein *Guilty Pleasure*-Gefühl zu der Musik entwickelt. Das heißt, man genießt etwas, weiß aber, dass es nicht ganz den Hochkultur-Bereich streift. Die Rede ist zum Beispiel vom Gesamtwerk der Backstreet Boys. Oder einem Song wie »Barbie girl« von Aqua. Ein brutal erfolgreicher Ohrwurm. Menschen berichten, dass ihnen, auch über 20 Jahre nachdem sie zuletzt auf einer Party (mit Buffalos und Tamagotchi in der Tasche) zu dem Song getanzt haben, der Refrain des Liedes plötzlich wie aus dem Nichts in den Kopf schießt. Und das zeigt ganz wunderbar, wie Ohrwürmer funktionieren: Unser Gehirn kann eigentlich nicht *nichts* denken. Da oben rattert es ständig. Wenn es aber mal ein wenig Leerlauf gibt – beim Fahrradfahren, Putzen, in der Uni-Vorlesung, bei der Arbeit im Büro –, kramt unser Gehirn irgendwas heraus, um die vermeintliche Leere zu überbrücken. Wie eine Art Werbeunterbrechung. Und das sind dann häufig emotional besetzte Inhalte.

Ohrwürmer, die Musik und Text kombinieren, konnten in Studien häufiger konstatiert werden als reine Instrumental-Hooks. Obwohl die in der Popmusik auch eine große Rolle spielen. Man denke zum Beispiel an »Trumpets« von Jason Derulo oder »Toxic« von Britney Spears. Bei Letzterem waren übrigens fünf Komponisten am Werk – und die sind allesamt dem Alchemie-Geheimnis schon ziemlich nahe gekommen.

Wer die Songs nicht direkt im Kopf hat und jetzt kurz reinhören will, viel Spaß die nächsten Tage damit.

Wie wird man einen Ohrwurm los?

An der University of Reading in England kam man zu dem Ergebnis, dass sich ein Ohrwurm im Durchschnitt 22 Minuten bemerkbar machen kann, wenn man nicht weiter eingreift. Es sind aber auch Fälle bekannt, bei denen über zwei bis drei Wochen hinweg eine Melodie nicht aus dem Kopf ging. Bedenklich und pathologisch wird es erst, wenn man nicht unterscheiden kann, ob die Melodie nur im Kopf spielt oder aus einer externen Klangquelle kommt.

Sofern man den Unterschied noch erkennt, lassen sich gegen den Ohrwurm natürliche Mittel einsetzen. Es muss keine chemische Keule her. Zur Ohrwurm-Bekämpfung gibt es eine Flut an Tipps. Fachpersonal aus der Hirnforschung, Musikwissenschaft und Psychologie melden sich hier zu Wort. Und das ziemlich gern. Denn es ist schön, wenn man als primär theoretisch denkender Mensch etwas Praxisbezogenes mitteilen kann. Das gehört nicht zum Alltag. Allzu oft beschäftigt man sich mit sehr speziellen Sachverhalten, die nur eine Minderheit nachvollziehen kann. Beim Thema Ohrwurm heißt es *Bühne frei* für akademischen Rat. Hier eine kleine Auslese der kursierenden Empfehlungen.

1. Einen Ohrwurm mit einem Ohrwurm bekämpfen

Ein ziemlich waghalsiger Tipp. Man hat vielleicht »We will rock you« von Queen im Kopf und soll als Reaktion »Never gonna give you up« von Rick Astley hören. Dann hat man aber einen neuen Ohrwurm und muss den wiederum bekämpfen, vielleicht mit »Atemlos« von Helene Fischer – davon dürfte der Kopf irgendwann explodieren. Der Tipp stammt übrigens von einem Forscher aus Bielefeld. Da es Bielefeld eigentlich gar nicht gibt, können wir den Hinweis getrost vernachlässigen.

2. Einen Ohrwurm aktiv zu Ende hören

Dieser Hinweis leitet sich vermutlich von Konfrontationstherapien ab. Spinnenphobien werden in der Regel damit bekämpft, dass am Ende der Ursachenforschung und Auseinandersetzung mit der Problematik dem Patienten oder der Patientin ein krabbelndes Exemplar auf die Hand gesetzt wird. So soll es vermutlich mit einem Ohrwurm ablaufen. Man betrachtet ihn als Ganzes und kommt zu der Erkenntnis: Hier hat der Ohrwurm ein Intro, dort sind seine Strophen und dann kommt halt zwischendurch ein paar Mal der Refrain. Ist doch gar nicht so schlimm.

Die Kernidee hinter der Vorgehensweise ist, den Ohrwurm aus dem Hintergrundprogramm des Hirns herauszuholen und damit selbiges zu beenden. Die Erfolgsaussichten sind umstritten. Wer mag, kann es ja mal probieren. Wir haben aber noch ein paar Tipps vor uns.

3. Den Ohrwurm laut aussingen

Therapeutisch ein ähnlicher Ansatz. Der Ohrwurm wird »nach vorne geholt«. So weit nach vorne, dass andere in Mitleidenschaft gezogen werden. ACHTUNG! Ohrwürmer können ansteckend sein.

4. Die Aufnahme einer anderen Tätigkeit, die ähnliche Gehirnregionen anspricht

Schon besser! Denn dieser Ansatz möchte den Leerlaufprozess des Gehirns unterbinden. Zu empfehlen wäre eine konzentrierte Beschäftigung, die auf andere ästhetische Dinge abzielt. Wann haben Sie zuletzt einen Kunstbildband oder ein Fotobuch in die Hand genommen? Diese großen Dinger, die unten das Bücherregal stabilisieren. Sehen Sie – es wird Zeit.

5. Andere Musik hören

In vielen Publikationen wird geraten, den Ohrwurm einfach zu überdecken. Man hört sich bewusst ein alternatives Lied an. Das darf ruhig recht komplex sein. In jedem Falle ein Lied, bei dem wir die Ohrwurmgefahr recht gering einschätzen. Wie wäre es denn mal mit 12-Ton-Musik von Arnold Schönberg (1874–1951)? Wer das noch nicht gehört hat, ist erst mal leicht verstört und kann an nichts anderes mehr denken. Das wäre zumindest eine zwischenzeitliche Verdrängungstaktik. Aber verdrängte Dinge kommen immer dann zurück, wenn man sie am wenigsten braucht.

6. Kaugummi kauen oder pusten

Kein Witz. Durch diese Methode wird die sogenannte Subvokalisation unterdrückt. Wenn wir Musik hören oder Musik *denken,* werden Muskelpartien aktiviert, die wir zum Singen brauchen. Aus diesem Grund verzichten professionelle Sängerinnen und Sänger in Erkältungsphasen mitunter darauf, Musik zu hören, damit der Gesangsapparat nicht beansprucht wird und sich möglichst schnell erholt. Die Subvokalisation findet statt, wenn wir einen Ohrwurm im Kopf haben. Das Kauen oder Pusten unterbricht diesen Prozess.

7. Zimtschnecken essen

Es heißt, das intensive Aroma von Zimt würde das entsprechende Gehirnareal ablenken. Die Empfehlung kursiert in einigen Büchern und auf vielen Webseiten – sie fällt aber klar unter die Kategorie »Hausmittelchen« und wurde wissenschaftlich bislang noch nicht erprobt. Eine Möglichkeit, Pionierarbeit zu leisten. Essen Sie bei Auftreten eines Ohrwurms so viele Zimtschnecken und Franzbrötchen, wie Sie können, halten Sie Ihre Erfahrungswerte schriftlich fest. Kurzzeitige Gewichtszunahmen sind entschuldigt, Sie tun es für die Wissenschaft.

8. Zulassen und genießen

Die Forscher in Reading stellten neben der 22-Minuten-Durchschnittsdauer eines Ohrwurms fest, dass sich die Wahrnehmungsdauer verlängern kann, wenn man den Ohrwurm auf Biegen und Brechen loszuwerden versucht. Beinahe auf die doppelte Zeit: 40 Minuten im Schnitt. Eine verkrampfte Konzentration kann also das Gegenteil bewirken. Von daher ist das Loslassen und Akzeptieren eine weitere Methode. Fazit: Genießen Sie Ihren Ohrwurm ganz bewusst, solange es ihn in diesen Zeiten noch gibt.

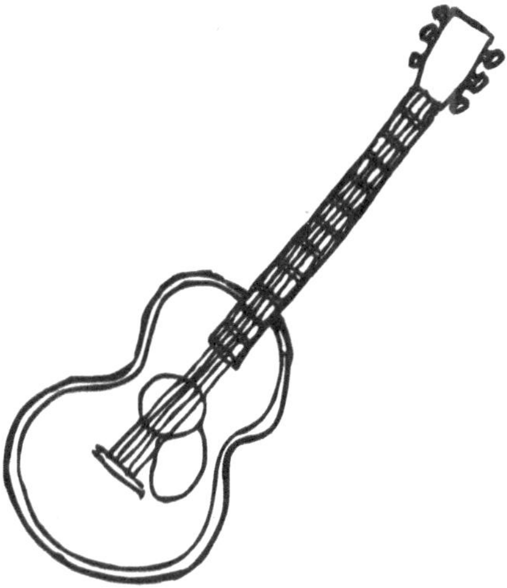

Musik und Rhythmus finden ihren Weg
zu den geheimsten Plätzen der Seele.

Platon
ca. 428–348 v. Chr.

5

...baby one more time

Manipulation

Mit Musik wird auch Schindluder getrieben. Darum ranken sich einige Mythen. So soll es früher in Gottesdiensten einen versteckten Orgelton gegeben haben, der dafür sorgte, dass der Klingelbeutel voller wurde als sonst. Und als Waffe taugen Songs offenbar auch. Diktatoren wurden mit ihnen beschossen und somalische Piraten auf hoher See angeblich abgewehrt. Tatsächlich hat Musik auch Eingang in Foltermethoden gefunden, was Menschenrechtsorganisationen auf den Plan gerufen hat. Und hierzulande versucht man, Obdachlose durch Musik von Banken und Bahnhöfen zu vertreiben. Arg zynisch, was dabei teilweise als Liedgut herausgepickt wird. Auch darüber muss gesprochen werden.

Mythos »Demutston«

Mit Musik und Klängen kann viel getrickst werden. Und darum ranken sich einige Mythen. So soll es vereinzelt in Kirchen Orgeln gegeben haben, die einen sogenannten Demutston erzeugen können. Ein Ton im Infraschall-Bereich. Das bedeutet unterhalb der menschlichen Hörschwelle von ca. 16 Hz. Hören kann man solche Töne nicht, aber spüren. In Mark und Bein. Der Demutston soll bei Gottesdiensten immer dann zum Einsatz gekommen sein, wenn die Kollekte anstand. Der Organist habe eine spezielle Taste gespielt, die beim Kirchengänger ein merkwürdiges Gefühl auslöste. Eine Art schlechtes Gewissen, das zu einer höheren Spendenbereitschaft führen sollte. Ein Grummeln im Bauch, wie früher in der Schule, wenn man die Hausaufgaben nicht gemacht hatte und hoffte, damit durchzukommen.

Wenn der Geldsegen der Person an der Orgel zugutekäme, wäre die spezielle Pfeife vielleicht vertretbar. Das Honorar fürs Orgelspielen in der Kirche ist zum Teil recht überschaubar. Es gibt Vergütungstabellen, die für einen Gottesdienst 29,80 Euro vorsehen. Inklusive der Vorbereitung und Zeit für die An- und Abfahrt. Aber nur, wenn man ein Zertifikat für anerkannte Kirchenmusiker*innen der Klasse C hat. Das Fachinformationssystem Kirchenrecht schreibt: »Erfolgen die Vertretungen durch D- bzw. Hilfsorganistinnen und D- bzw. Hilfsorganisten, so können die einzelnen Beträge um 3 Euro bzw. 6 Euro gekürzt werden.« Wie stelle ich mir das in der Praxis vor?

»Danke, dass Sie überhaupt da waren. Toll gespielt. Welchen Schein haben Sie eigentlich?« – »D.« – »Dann müssen wir 6 Euro abziehen.« Laut Angaben des WDR und der Katholischen Nachrichten-Agentur lag das Vermögen des Erzbistums Paderborn im Jahr 2020 bei 7,15 Milliarden Euro. Wir sprechen hier nur von Paderborn! Gleichzeitig wird ein Personalmangel an der Orgel beklagt und es kommen Roboter zum Einsatz. Wie das *Sonntagsblatt* in Bayern berichtet, sind mittlerweile bundesweit in 350 Gemeinden Orgelautomaten verbaut. Die kosten je nach Einsatzgebiet zwischen 3.000 und 9.000 Euro. Ein Midi-Computer aktiviert kleine Filzstosel, und wie von Geisterhand erklingt die Orgel. Im Bayerischen Fernsehen wurden Gläubige befragt, was sie davon hielten. Besser, als wenn die Orgel stumm bliebe, so der Tenor. Nur eine ältere Dame beklagte, der Orgelroboter spiele ein bisschen schnell.

Doch zurück zum Demutston. Der Wahrheitsgehalt dieser Legende scheint gering. Führende Orgelhersteller kennen diese Art Pfeifen auf Nachfrage hin nicht. Was Verschwörungstheoretiker nicht davon abhalten würde, es trotzdem zu glauben. Die müssen es ja verheimlichen!, heißt es dann. Die Merkel, Bill Gates und das Urmel stecken bestimmt dahinter … Physikalische Fakten sprechen allerdings dagegen. Experimente zeigen, dass Unwohlsein, Herzrasen, Übelkeit erst bei hörbaren Schallereignissen über 140 dB auftreten – und bei der Musik von Michael Wendler.

Musik als Waffe

Musik lässt sich auch als akustische Waffe einsetzen. Und gerade die US-Amerikaner sind da nicht zimperlich. Als sich 1989 Panamas Diktator Manuel Noriega in der Botschaft des Vatikans in Panama-Stadt verschanzte, wurde er vom US-Militär belagert. Eindringen konnten sie nicht, sonst hätten sie das Hoheitsgebiet des Vatikanstaats verletzt. Da mag nun manch einer denken: Die Amis lassen sich sonst auch nicht von solchen Nickligkeiten aufhalten … Aber sie hatten schlicht einen anderen Plan. Sie stellten Lautsprecherboxen und ein Abspielgerät auf. Eine Art Open-Air-Disco wurde installiert. Der »DJ« in Uniform war schwer bewaffnet. Er spielte zunächst poppige Songs von New Kids On The Block und Rick Astley. Es ging weiter mit KC and The Sunshine Band und der wenig subtilen Songansage: »Give it up«. Dann wurde es rockiger. Billy Joels »We didn't start the fire« ertönte, »The party is over« der Twisted Sister folgte und schließlich waren ohrenbetäubende Hits von Guns N' Roses und AC/DC an der Reihe.

Der Diktator gab auf! Allerdings erst nach eineinhalb Wochen. In der Geschichtsschreibung wird dies oft als Erfolg durch die Musik verkauft. Nur ist es gut möglich, dass man hier einem Irrtum aufsitzt, in ähnlicher Form, wie man ihn vom *Survivorship Bias* kennt – zu Deutsch »Überlebensirrtum«. Das Phänomen geht auf einen Trugschluss im Zweiten Weltkrieg zurück. Ingenieure der US-Navy wollten herausfinden, wie man Flugzeuge besser gegen Angriffe schützen könnte. Sie untersuchten Flieger, die aus Kampfeinsätzen zurückgekehrt waren. Man nahm die Einschusslöcher unter die Lupe. Sie häuften sich an gewissen Stellen, und man entschied sich, diese zu verstärken. Die Maßnahme brachte keinen Erfolg. Schließlich kam man auf eine verblüffende Lösung: Man verstärkte die Panzerung an den Stellen, die bei den Rückkehrern größtenteils unversehrt geblieben waren. Es stellte sich heraus: Diese Bereiche waren besonders anfällig – wurden sie getroffen, stürzten die Flieger ab. Folglich konnte man sie an der Basis nicht mehr in Augenschein nehmen. Man kam dem kognitiven Irrtum auf die Schliche, verstärkte die empfindlichen Stellen, und im Nu erhöhte sich die Anzahl der heimkehrenden Piloten.

Mit diesem Gedankengang lässt sich hinterfragen, ob es wirklich die Musik war, die den Diktator zur Aufgabe zwang. Sein Zimmer war winzig, es gab keine Klimaanlage und zur Unterhaltung nur eine Bibel und einen Fernseher – der war allerdings defekt. Gut möglich, dass die Musik zur einzigen Unterhaltungsquelle in der Isolation wurde und den Aufenthalt womöglich noch verlängerte. Manche Quellen berichten sogar, dass der Unterschlupf ohne Fenster zum Innenhof hin lag und er von der Musik gar nichts mitbekommen hätte.

Das Narrativ vom erfolgreichen Militäreinsatz mit Musik ist unterhaltsam. Auch 30 Jahre später erfreut es sich großer Beliebtheit. Aber vielleicht ist es schlicht ein Irrtum. Eine Art *Success Bias*. Es bringt Leichtigkeit in eine schwere Thematik. Im Gegensatz zu einer Infanterie-Invasion wirkt die Erzählung »Rock- & Popmusik gegen

Diktator« recht human. Vielleicht war die Musik weniger eine wirkungsvolle Waffe im eigentlichen Einsatz. Sie half vielmehr bei der Imageaufwertung des Militärs.

Mit Britney Spears gegen Piraten

Am Horn von Afrika gibt es immer wieder Attacken von somalischen Piraten. In den 2010er-Jahren wurden mehr als 2.300 Crewmitglieder von Containerschiffen als Geiseln genommen. Hollywood machte 2013 aus der Problematik eine erfolgreiche Kinoproduktion. Man verfilmte unter dem Titel *Captain Phillips* mit Tom Hanks in der Hauptrolle eine wahre Begebenheit. Darin wurde zunächst gezeigt, wie die Crew auf dem Schiff *Maersk Alabama* vergeblich versuchte, sich mit Wasserwerfern gegen die Entführer zur Wehr zu setzen. Im selben Jahr setzte die britische Handelsmarine auf eine ganze eigene Verteidigungsstrategie. Sobald sich feindliche Angreifer näherten, wurden sie unter Beschuss genommen. Und zwar mit Musik. Genauer gesagt mit Musik von Britney Spears.

Rachel Owens, eine britische Handelsoffizierin, begründete die Aktion gegenüber der Zeitung *The Mirror* mit den Worten: »Die Typen können die westliche Kultur oder Musik nicht ausstehen, Britneys Hits sind daher perfekt.«

Und tatsächlich gibt es Aufnahmen im Netz (ursprünglich auf der Plattform LiveLeak, mittlerweile auf YouTube), die den Einsatz von Musik auf hoher See zu belegen scheinen. Sollte sich jemand hier einen Scherz erlaubt haben, so sind die Aufnahmen mit Audio-Filtern und Verzerrungen verdammt gut manipuliert worden. Es bleibt aber nicht bei der Musik. In den Video-Dokumenten werden die somalischen Piratenboote auch ganz klassisch mit Kanonen beschossen. Dass dazu »(Hit me) baby one more time« läuft, zeugt von menschenverachtendem militärischen Gehabe. In den Interview-Passagen erklärt die Offizierin, die Crew würde von der Musik selbst kaum etwas mitbekommen. Die Lautsprecher seien an den Schiffsseiten aufs Meer gerichtet.

Bestätigt werden die Aussagen im *Mirror*-Artikel von Steven Jones, einem Mitarbeiter vom Sicherheitsverband der Marineindustrie. Mit typisch britischem Humor weiß er dann noch anzufügen: »Aus meiner Sicht wäre der Einsatz von Justin Bieber allerdings ein Verstoß gegen die Genfer Konvention.«

Musik als Folter

Dass es im US-Gefangenenlager Guantanamo auf Kuba Folter gab, ist belegt. Sowohl das US-Verteidigungsministerium als auch der ehemalige Präsident Obama hatten dies eingeräumt. Der Begriff *Waterboarding* machte die Runde, eine Methode, bei der ein quälender Ertrinkungszustand simuliert wird. Sounds und Musik als Folterinstrument kamen auch zum Einsatz. Dafür gab es in dem Gefängnis einen speziellen Raum, der perfiderweise Disco genannt wurde. Die Menschenrechtsorganisation Reprievestellte auf Grundlage der Befragung von Kronzeugen eine Song-Liste zusammen. Demzufolge wurden nicht nur rockig-martialische Lieder gespielt, sondern auch Kinderlieder. Einem Song der Death-Metal-Band Deicide mit dem alles andere als zufällig ausgewählten Titel »Fuck your god« konnte dann die Titelmelodie der Sesamstraße folgen. Als quälend wurde von Gefangenen die Lautstärke und die Monotonie gewisser Lieder beschrieben. Besonders dann, wenn sie stundenlang in Dauerschleife abgespielt wurden. »I love you, you love me, we're a happy family«, ein Song aus der Kinderserie *Barney und seine Freunde*. Die Soldaten fertigten darüber hinaus eigene Soundcollagen an. In der Folge bekamen die Insassen einen Mix aus Baby- und Katzengeschrei auf die Ohren.

Dauerlärm führt generell zu Stress und macht eine ihm ausgelieferte Person mürbe. Die Auswahl der Lieder in diesem Fall dient aber auch als kulturelle Machtdemonstration. Ähnlich wie beim Einsatz der Britney-Spears-Musik auf hoher See. Aber es ist noch viel mehr als das: Es ist entmündigend und vollkommen entwürdigend.

Ein Grund, warum die Methode offenbar so beliebt war: Sie »schont« den Folterer. Im Vergleich zu Gewalt, die unmittelbar an dem Insassen verübt wird, das heißt mit einem direkten körperlichen Kontakt oder einem Folterinstrument, drückt man hier überspitzt gesagt einfach nur auf Play.

Gegen die Verwendung ihrer Musik setzten sich einige Künstler zur Wehr. Die Initiative »zero dB« (Null Dezibel) wurde gegründet. Musiker wie Tom Morello von Rage Against the Machine oder die Band Massive Attack schlossen sich ihr an. Nur vonseiten Metallicas, konkret vom Leadsänger James Hetfield, wurde verlautbart, dass man zum Teil stolz sei, wenn ihre Musik »im Kampf gegen den Terror« in Guantanamo genutzt wird.

Zu laute Musik kann auf Dauer Gehörschäden verursachen und auch Gehirnzellen absterben lassen. Vielleicht erklärt das nach über 40 Jahren Heavy-Metal-Musik zu einem gewissen Grad Hetfields Aussage.

Musik gegen Obdachlose

Musik wird leider auch dazu genutzt, um Menschen zu sagen: Du gehörst hier nicht hin. Das geschieht auf drei Ebenen.

1. Rein akustisch

In manchen SB-Bereichen von Banken läuft nachts Musik, damit sich obdachlose Menschen dort nicht niederlassen. Die Lautstärke wird so gewählt, dass sich Kunden bei einem kurzen Aufenthalt zum Geldabheben oder Kontoauszug-Ziehen nicht gestört fühlen, aber ein ruhiger Schlaf eines Wärme suchenden Menschen unmöglich gemacht wird. Laut einem Bericht der *Süddeutschen Zeitung* wurden SB-Bereiche einer großen deutschen Bank mit dem Mike-Oldfield-Klassiker »Far above the clouds« beschallt. Warum genau dieser Song, konnte ein Pressesprecher nicht sagen. Irgendjemand wird aber diese Entscheidung getroffen haben, die an Zynismus kaum zu überbieten ist. In den Textzeilen heißt es nämlich sinngemäß übersetzt:

Und der Mann im Regen
Nahm seine Tasche mit Geheimnissen in die Hand
Und reiste über den Berghang
Weit über die Wolken hinauf
Nie wieder wurde etwas von ihm gehört
Außer dem Klang der Röhrenglocken

Ein vom Regen durchnässter Mann mit Tasche geht offenbar ins Jenseits. Na toll. Die genannten Röhrenglocken (*tubular bells*) sind akustischer Bestandteil der Musikproduktion. Ein Klang, der einen garantiert nicht schlafen lässt. Man kennt ihn von Türklingeln aus dem Baumarkt, wenn man sich das Big-Ben-Feeling nach Hause holen will.

Das führt uns zum nächsten Punkt:

2. Unangenehme Klänge

Neben der bloßen Präsenz und Lautstärke von Musik kann die Art des Klangs genutzt werden, um Menschen zu vertreiben. In Berlin-Neukölln gab es Pläne, am S- und U-Bahnhof atonale Musik spielen zu lassen. *Neue Musik* (wie es im klassischen Jargon heißt) *gegen alte Probleme,* dachte sich der verantwortliche Regionalleiter. Doch dann wurde die »Initiative Neue Musik« aktiv. Sie veranstaltete ein kostenfreies Open-Air-Konzert am Ort des Geschehens und verteilte Lebensmittel an Obdachlose. Mit Ironie und Witz wurde das Ereignis als »Auftaktveranstaltung« überschrieben. Der

Regionalleiter war vor Ort und ließ sich überzeugen, dass eine Kunstform, die einen geschützten und konzentrierten Raum braucht, nicht zweckentfremdet gehört. Schon gar nicht für etwas derart Verletzendes. Er dachte dann noch kurz über unbehagliche Dschungelgeräusche nach, ließ die Pläne aber am Ende ganz fallen.

3. Das Genre

Um Menschen zu vertreiben, wird häufig auf Klassik gesetzt. Denn mit ihr verbindet sich stets ein ganz eigener soziokultureller Kosmos. Das Klischee von klassischer Musik steht für Erhabenheit, Reichtum, Bildung, die feinen Künste und eine weiß dominierte Kultur. Bevor sie in einem altehrwürdigen oder neu durch Millionen Steuergelder erbauten Konzertraum erklingt, gehen die Ticketbesitzer*innen im feinsten Zwirn durch die Straßen. Die ökonomische und kulturelle Überlegenheit wird zur Schau getragen. Auch wenn dahinter keine böse Absicht steht, kann dies weniger betuchte Menschen oder Drogenabhängige einschüchtern.

Und der unterbewusste Eindruck der Einschüchterung, dieses Dies-ist-nicht-dein-Ort-Gefühl, machen sich Verkehrsbetriebe und Bahnhofsbetreiber zunutze.

Ein Pressevertreter der Hamburger Hochbahn erklärte gegenüber der *Zeit*, am Hauptbahnhof und an 31 weiteren Stationen der Hansestadt habe man sich für eine sanfte Berieselung mit klassischer Musik entschieden. Dadurch habe sich eine »deutliche Verdrängung der Betäubungsmittelszene« ergeben.

Ähnliche »Erfolgsnachrichten« vom Vertreiben ungebetener Gäste liest man im Zusammenhang mit den Bahnhöfen in Leipzig, München oder Bregenz. Die Musik erklingt insbesondere an Stellen, wo es Wärme und etwas Regenschutz gibt.

Und bei der klassischen Musik kommen noch andere Faktoren zusammen, die obige Punkte streifen. Im Vorbeihuschen mögen seichte Klassikklänge ganz nett sein. Aber dauerhaft? Ohne jede Eingriffsmöglichkeit? Irgendwann geht einem die dezenteste Berieselung auf den Senkel. Man möge nur daran denken, wie schnell man von Warteschleifenmusik genervt sein kann. Musikvorlieben sind subjektiv. Wer keinerlei Einfluss darauf hat, fühlt sich leicht entmündigt.

In der Klassik sind häufig Geigenklänge zu vernehmen. Der Musikpädagoge Michael Büttner äußerte gegenüber dem *Spiegel* die Vermutung, dass diese Frequenzen bei Drogenabhängigen im Rausch physische Schmerzen auslösen könnten. Fred Heyden von der Hamburger Drogenberatung Stay Alive kommt im *Standard* zu einem ähnlichen Schluss. Seiner Einschätzung nach werden diese Effekte wissentlich in Kauf genommen. Bei der Liedauswahl werde zum Teil auf sehr hohe Flötenklänge gesetzt, die schon für Menschen ohne Drogenkonsum schwer erträglich seien.

DR. POP MEINT:

Das ist alles ganz grausam. Musik als sozialer Kehrbesen. Die Gesellschaft muss andere Wege finden, mit ihren

Schwächsten umzugehen. *Beethoven gegen Bettler* darf nicht zum Credo werden. Die Probleme werden dadurch nur verlagert. Auf subtile und damit besonders perfide Art werden sie wohlmöglich verstärkt, denn sie reißen die Gräben noch weiter auf. Musik und Kultur sollen Menschen versöhnen, ihnen Kraft und Zuversicht geben und sie nicht vertreiben.

Ich spiele so gerne Klavier,
dass ich es auch umsonst machen würde.
Gott sei Dank wissen das meine Konzertagenten nicht.
Artur Rubinstein
1887–1982

6

I wanna dance with somebody

Konzerte

Wenn Sie sich und anderen etwas richtig Gutes tun wollen, verschenken Sie Konzertkarten. Man kommt mit Menschen in Kontakt, entspannt sich, wird aber gleichzeitig geistig gefordert – und wenn es was zu tanzen gibt, noch besser. Es kann auch richtig ekstatisch werden, Franz Liszt nahm schon im 19. Jahrhundert regelmäßig die Konzertsäle auseinander. Sich aktiv ins kulturelle Leben zu stürzen, hat nachweislich gesundheitsförderliche Aspekte. Konzerte sind zudem identitätsbildend. Viele von uns erinnern sich an ihr erstes Mal. In diesem Kapitel möchte ich Ihnen von meinen ersten Konzerterlebnissen erzählen. Von Rolf Zuckowski zu Bob Dylan. Zwischendurch sind mir Konzerte von Beyoncé und David Hasselhoff reingerutscht. Die habe ich mir als Dr. Pop natürlich aus rein wissenschaftlichen Gründen angesehen.

Länger leben mit Konzerten

Fühlen Sie sich auch so beseelt nach Konzertbesuchen? Dieser beschwingte Augenblick, wenn es richtig gut war und man sein Lächeln im Gesicht mit anderen Menschen aus dem Publikum teilt. Und jetzt kommt die sensationelle Nachricht: Wer regelmäßig Konzerte besucht, kann länger leben. Jawohl. Herausgefunden wurde dies in einer umfangreichen Studie in Schweden, bei der 10.609 Menschen in einem Zeitraum von 14 Jahren berücksichtigt wurden. In einer ähnlichen Untersuchung stellte man fest, dass die Krebssterblichkeit bei Konzertgängern ebenso geringer war. Wie ist das zu erklären?

Bei Befunden dieser Art muss man vorsichtig sein. Genug Scharlatane verkaufen Wunderpillen gegen schwere Erkrankungen – nicht, dass jemand auf die Idee kommt, Mozarts *Zauberflöte* in kleinen Dosen zu verabreichen.

Die Forscher konnten genetische oder sozioökonomische Determinanten ausschließen – was das Ergebnis umso erstaunlicher macht. Allerdings waren es nicht nur Musikkonzerte, die ein längeres Leben versprachen, sondern generell die Teilnahme am kulturellen Leben. Mit Theater-, Kabarettveranstaltungen, Ausstellungen, Lesungen oder Kinobesuchen.

Musikkonzerte scheinen bei Untersuchungen dieser Art aber eine besondere Rolle zu spielen. An der Goldsmiths University in London teilte man die Testpersonen in drei Gruppen auf. Je nach Aktivität stellte man eine Verbesserung des Wohlbefindens fest. Im Falle vom Gassigehen mit einem Hund um sieben Prozent, nach einer Yoga-Session um zehn Prozent und infolge eines Konzertbesuchs um signifikante 22 Prozent. Was wäre erst passiert, wenn man den Hund mit zum Konzert genommen hätte, um dort Yoga zu machen? Diese kleine Studie wurde allerdings mit nur 60 Leuten durchgeführt. Gesponsert wurde sie, Achtung, vom größten Konzertveranstalter Großbritanniens. Das riecht leicht nach Befangenheit. Die Pressestelle des Konzertveranstalters war sicher froh, als sie las, dass sich der Leiter der Studie im britischen Boulevardblatt *The Sun* zu folgender Aussage hinreißen ließ:

»Wer alle zwei Wochen ein Konzert besucht, kann seine Lebenserwartung um gut 10 Jahre erhöhen.«

Auch wenn man *diese* Studie nicht ganz so hoch gewichten kann, die Erkenntnisse aus Schweden sind wissenschaftlich belastbar. Die positiven Auswirkungen von Konzerten sind nicht von der Hand zu weisen. Hier einige Erklärungsversuche:

♪ Wohltuende körperliche Reaktionen

Wenn wir etwas Kulturelles genießen, schüttet unser Körper Hormone aus. Der Besuch eines klassischen Konzerts oder der Gig einer Singer-Songwriterin kann einem Wellness-Tag gleichkommen. Das Kuschelhormon Oxytocin erfüllt uns. In einer medizinischen Untersuchung im Jahr 2015 wurde nachgewiesen, dass der Genuss eines Konzerts einen verbesserten Stoffwechsel und körpereigene entzündungshemmende Prozesse auslösen kann.

♪ Sportliche Aktivität

Bei einem Rockfestival springen wir herum. Wir reißen die Arme in die Luft. Durch die Musik und die Show sind wir positiv abgelenkt und bemerken die Anstrengungen kaum. Dem hormonellen Glückscocktail, bestehend aus Serotonin, Dopamin und Noradrenalin, sei Dank. Der Gig pusht uns mehr nach vorne als jeder Zumba-Instructor.

♪ Prophylaxe gegen Einsamkeit

Konzerte beugen potenzieller Einsamkeit und Depressionen vor. Selbst wenn man allein zu einer Veranstaltung geht und bei einer traurigen Ballade auf seinem Platz für sich hockt, ist man nicht einsam. Man ist von Menschen umgeben, die in dem Moment eine ähnliche Emotionalität teilen. Das Vorher und Nachher ist nicht minder wichtig. Für ein Konzert begibt man sich unter Menschen und findet im Hinblick auf die Darbietung leicht ein Gesprächsthema.

Durch Untersuchungen weiß man: Die Teilnahme am sozialen Leben und das Pflegen von Freundschaften kann nachweislich unser Immunsystem stärken und bei seelischen Problemen helfen.

♪ Bauch und Kopf

Unsere körperliche und geistige Wahrnehmung werden miteinander verbunden. Bereits beim Platznehmen in einem schönen Konzertsessel oder beim vorfreudigen Aufsuchen eines Stehplatzes auf einem Festivalgelände passiert etwas mit uns. Im Vergleich zu einem Musikerlebnis daheim (vor der Bluetooth-Box, dem Küchenradio, beim Aufsetzen von Kopfhörern) sind wir bei einer Live-Veranstaltung anderen Eindrücken ausgesetzt. Alle Sinnesorgane werden angesprochen. Wir hören, sehen, berühren und riechen unsere Umgebung – Letzteres ist nicht immer schön, vor allem am dritten Tag eines Festivals. Manchmal schmecken wir auch etwas, das unsere Wahrnehmung beeinflusst. Zum Beispiel das Bier aus dem Plastikbecher. Bei der Klassik ist es eher der Wein in der Pause. Aber das war nicht immer so. Erst gegen 1870 hat sich die bürgerliche Form des gesitteten Konzerterlebnisses herausgebildet. Vorher gingen die Shows gerne mal acht Stunden lang – das Publikum ging rein und raus und plapperte tüchtig, während die Musik lief. Die Zeiten, dass selbst ein Hüsteln störte, waren noch lange nicht angebrochen. Falcos Textzeile »Rock me, Amadeus« kommt nicht von ungefähr.

♪ Reflexion übers eigene Leben

Spirituelle Momente sind weniger geworden. Kirchen sind nicht mehr der erste Zufluchtsort, um Antworten auf große Fragen zu bekommen. Konzerte können für Mut, Hoffnung und viel persönliche Inspiration sorgen. Viele Konzerte erinnern auch an sakrale Ereignisse. Nicht umsonst gibt es den Begriff Techno-Papst. Und manche Inszenierungen von DJ-Pults erinnern doch stark an die zentrale Bedeutung von Altären in Gotteshäusern. Dem DJ wird kreischend gehuldigt, wenn er den richtigen Song aufgelegt hat.

♪ Geistige Fitness

Mit Konzertbesuchen tun wir uns kognitiv etwas Gutes. Vielleicht lesen wir vorher ein Programmheft oder setzen uns mit einer Band, einem Orchester oder gewissen Künstler*innen schon länger auseinander. Es gibt viel zum Nachdenken, aber gleichzeitig auch zum Genießen. Und sobald die Musik läuft, passiert einiges in unserem Kopf. Durch die schönen Emotionen beziehungsweise Glückshormone bekommen wir gar nicht mit, dass wir eine Art Gehirnjogging bei der Musikverarbeitung betreiben. Darin liegt die kognitive Magie eines Konzerts.

TIPP: Besuchen Sie regelmäßig Konzerte im Dienste Ihrer Gesundheit. Alle 14 Tage ist eine gute Faustregel. Und gehen Sie in Anbetracht der gestiegenen Eintrittspreise am besten nach der 2-zu-1-Regel vor: Auf einen berühmten, kostspieligen Act kommen zwei Konzerte eher unbekannterer Bands. Sie unterstützen den Kulturbetrieb und lernen neue Musik kennen, die Sie anders verarbeiten als daheim aus der Konserve. Ihre Lebensdauer wird es Ihnen danken.

Die Einzigartigkeit von Konzerten

Für Herbert Grönemeyer sind Konzerte wie Küsse. Was dabei geschieht, ist in einem Moment genau richtig: leidenschaftlich und zügellos. Schaut man es mit Abstand an, ist man vielleicht peinlich berührt. So ergehe es ihm, wenn er im Schnittraum sitzt und seine eigenen Konzertmitschnitte betrachten muss. Das Live-Erlebnis ist einzigartig. Keine Aufzeichnung und kein Livestream könnten das einfangen.

Manchmal bezeugt man einen Weltrekord: Am 24. Februar 1988 trat der Tenor Luciano Pavarotti an der Deutschen Oper in Berlin auf. Eine Oper von Gaetano Donizetti (1797–1848) wurde aufgeführt. Das Publikum war hin und weg. Besonders Pavarottis Interpretation der Arie »Una furtiva lagrima« entfesselte den Saal. Am Ende bekam er 115 Vorhänge. Das bedeutet, er musste sich 115-mal verbeugen. Der Applaus dauerte 67 Minuten lang. Ein einmaliges Ereignis.

Selbst wenn etwas schiefgeht, kann die Anwesenheit bei einem Konzert reizvoll sein. Die legendäre Rockband Van Halen trat 2007 in Greensboro im US-Bundesstaat North Carolina auf. Es war Zeit für ihren großen Hit »Jump«, das charakteristische Intro ertönte – das Publikum rastete aus. Nur leider lief etwas gehörig schief. Im Wortsinn. Ein Teil der Performance kam vom Band (ja, das ist leider manchmal so bei Konzerten) beziehungsweise war in einem Klangerzeuger vorprogrammiert. Die Gitarre wurde live gespielt. Nur leider stimmten die Tonarten nicht überein.

Alles, was von der Gitarre kam, klang nun ziemlich schräg, da man zunächst die Synthesizer-Sounds als Referenz zu hören bekam. Ein schnelles Transponieren war Eddie Van Halen an der Gitarre offenbar nicht möglich. Musikalisch ein komplettes Desaster. Doch die Band brach nicht ab. Sie spielten eisenhart ihren Schuh runter. Den Song in voller Länge: sechs Minuten lang schiefe Töne. Danach gab es Konfetti auf der Bühne. Das Finale der Show. Was für ein Höhepunkt.

Wer mag und es aushält, kann es sich bei YouTube anschauen: »Van Halen – Jump (Greensboro Disaster 2007)«.

Die unberechenbaren Momente sind das, was viele an Konzerten schätzen. In Zeiten totaler Perfektion sind sie seltener geworden. Ein großer Fan von Michael Jackson berichtete mir, er habe gut 80 Konzerte des King of Pop besucht. Und besonders viel Spaß hatte er, wenn mal etwas schiefging. Zum Beispiel, wenn sich ein Vorhang nicht öffnete oder ein sonstiges technisches Problem auftrat. Bei Jacko selbst traten mit den Jahren ja auch ein paar Probleme auf.

Die Einzigartigkeit von Konzerten besteht auch darin, dass wir hier fast immer die positiven Seiten von Massendynamiken sehen. Zum Glück – in der Geschichte gibt es zu viele Negativbeispiele. Bei Konzerten gibt es auch keinen »Feind«, wie etwa im Fußballstadion, wenn gegnerische Fans niedergesungen werden.

Ein wundervolles Beispiel stammt aus dem Jahr 2017. Green Day spielten im Hyde Park beim British Summer Time Festival. In freudiger Erwartung auf die Band sangen sich 65.000 Fans schon mal warm. Im schönsten Sommerabendlicht intonierten sie einen Queen-Klassiker. Bei YouTube findet man das Video unter den Worten »Green Day Crowd sings Bohemian Rhapsody«. Traumhaft. Und das reinigt auch die Ohren nach dem Van-Halen-Desaster.

Überraschungsmomente und Ekstase

Besonders an Konzerten sind die unberechenbaren Momente. Und Weltstars lassen sie auch gerne zu, um in der Perfektionsmaschinerie einer Welttournee emotionale Situationen zu schaffen, die im Netz als wackelige Handyaufnahme millionenfach geklickt werden. Die Suchworte »Fans singing at concerts« sind ein guter Ausgangspunkt, um sich einige dieser bemerkenswerten Augenblicke anzusehen.

Manche Shows werden aber auch dadurch interessant, dass irgendwas zerkloppt wird. Eine Gitarre, ein Schlagzeug oder was gerade so auf der Bühne rumsteht. Meistens geht dem Ganzen ein *Moshpit* voraus: Teile des Publikums laufen ineinander und schubsen sich ein bisschen rum. Ein Interaktionskonzept, das in der Hochphase einer Corona-Pandemie eher zurückgestellt werden muss.

Wer glaubt, wilde Konzertmomente seien eine Erfindung der Rockmusik-Ära der 60er-Jahre, der irrt. Manche Gigs im frühen 19. Jahrhundert sollen so ausgeartet sein, dass es selbst den Rolling Stones in ihren wildesten Zeiten zu viel gewesen wäre. Bevor man in den 60er-Jahren von der Beatlemania sprach, um die teilweise nicht kontrollierbare Fan-Euphorie rund um die Beatles zu beschreiben, kam man bereits in den 1840er-Jahren im Feuilleton auf den Begriff Lisztomanie. Denn Franz Liszt (1811–1886) war schlicht ein Popstar. Die Begeisterung in den Konzertsälen in Paris oder Berlin war grenzenlos. 1842 malte Theodor Hosemann eine aussagekräftige Karikatur, inspiriert durch die Atmosphäre »Im Concertsaale« der Berliner Singakademie (siehe Seite 2 im Bildteil).

Frauen applaudierten, jubelten oder fielen in Ohnmacht. Liszt ließ das Klavier so aufstellen, dass jeder im Publikum sein Tastenspiel sehen konnte. Und das war höchst theatralisch. Mit großen Bewegungen verlieh er der Musik optisch Ausdruck. Er kloppte derart in die Tasten, dass manchmal sogar ein Instrument zu Bruch ging. Und das sorgte nicht für Entsetzen, sondern für noch mehr Ekstase im Publikum.

Zerschmetterte Gitarren wie bei The Who in den 60ern oder bei Nirvana in der Grunge-Hochzeit sind schon ganz cool, aber ein zerschmettertes Klavier – das muss man Liszt erst mal nachmachen.

Das erste Konzerterlebnis

Die erste Platte, der erste Kuss, die erste große Liebe – Dinge, die man nicht vergisst. Das erste Konzerterlebnis reiht sich für viele hier ein. Können Sie sich daran erinnern? Bei mir war das so:

Ich muss fünf Jahre alt und kurz vor der Einschulung gewesen sein. Im Theatersaal in Essen herrschte eine ganz besondere Stimmung: irgendwo zwischen IKEA-Bällebad samstags gegen 16 Uhr und Woodstock. Die Kinder liefen herum, kreuz und quer, die Stimmung war ausgelassen. Und dann kam er auf die Bühne. Mit Jeanshemd, akustischer Gitarre und einer Seelenruhe: Rolf Zuckowski! Der legendäre Kinderliedermacher. Er legte direkt los und fand genau die richtige Mischung: Er ließ den Kindern ihre Freiheit und ihren Bewegungsdrang, zog sie aber schrittweise mit seiner Performance in den Bann. Das wilde Umherlaufen und Grölen ging in ein gemeinsames Tanzen und Singen über. »Wie schön, dass du geboren bist«, »Du da im Radio« oder »Stups, der kleine Osterhase« – ein Hit jagte den nächsten. Ich war relativ weit oben, irgendwo links im Publikum, hatte aber trotzdem das Gefühl, mittendrin zu sein. Die Stimmung war großartig und jeder Song wurde bejubelt. Und als ich dachte, mehr geht nicht, spielte Rolf Zuckowski für uns den Volkslied-Klassiker »Vogelhochzeit«. Es gab kein Halten mehr. Spätestens jetzt hätten selbst die Beatles über einen Abbruch des Konzerts nachgedacht. Alle Hände waren oben und die entscheidende Textstelle schallte wieder und wieder durch den Saal: »Fidirallala, fidirallala, fidirallalalala!«

Das hier war besser als die Sesamstraße und Eis essen zusammen. Wie bei The Who oder Nirvana wurde es zum Ende des Konzerts richtig ekstatisch – und ganz ohne dass Rolf Zuckowski dafür seine Gitarre zerschmettern musste.

Gut 30 Jahre später durfte ich Rolf Zuckowski persönlich treffen. Ich frage selten nach Selfies oder einem Foto mit einem Star. Hier konnte ich nicht anders: Das Resultat steht auf der dritten Seite des Bildteils.

Das erste Konzert eines internationalen Superstars stand mir im Alter von zehn Jahren bevor. Michael Jackson sollte in Gelsenkirchen gastieren. Meine Eltern waren mit mir, meinem Bruder und gut 70.000 anderen Menschen in freudiger Erwartung bereits auf dem Weg zum Parkstadion, als die Polizei in einem VW-Bus in der Gegenrichtung an der langen Autoschlange im Schritttempo vorbeifuhr. Über Lautsprecher gab sie die Konzertabsage wegen Krankheit bekannt. Das war die Zeit, als noch kein Twitter existierte und der Besitz eines Fax-Geräts richtig Eindruck schinden konnte. Ein Fax hätte uns im Auto auch nicht weitergeholfen. Twitter vielleicht schon, darüber hätte ich drei traurige Emojis mit Tränchen raushauen können. Ich war ganz schön niedergeschlagen. Meine Familie auch. Ich weiß noch genau, wie mein Vater bei der nächstmöglichen Gelegenheit auf der Kurt-Schumacher-Straße einen U-Turn machte. So traurig haben wir nie wieder gewendet.

Was für ein logistischer Aufwand und finanzieller Verlust es für den Veranstalter oder Versicherer gewesen sein muss, ein Konzert in dieser Dimension abzusagen. 70.000 Tickets mussten analog zurückgenommen werden. So weit gingen meine Gedanken im Alter von zehn Jahren nicht. Ich grübelte mehr darüber, ob es Michael Jackson bald wieder besser gehen würde. Die Absage tat meiner Fan-Liebe keinen Abbruch. Ich sammelte weiter fleißig die Poster aus der *Bravo* und interessierte mich für Jackos offizielle Merch-Produkte. Nur konnte ich sie mir mit meinem Taschengeld nicht leisten. Ich musste selber aktiv werden. Kurzerhand entschloss ich mich, einen Michael-Jackson-Button herzustellen. Passend zur Hit-Single »Black or white«. Hier das Resultat:

Kostenbewusstes, selbst gemaltes Merchandising-Produkt

Ich hoffe, dass keine US-Anwälte davon Wind bekommen und mich nachträglich auf Urheberrechtsverletzung verklagen. Das Ergebnis sieht doch täuschend echt aus. Bitte verraten Sie mich nicht.

Ich fragte mich: Wann werde ich Michael Jackson das nächste Mal in Deutschland sehen können? Zunächst einmal im Fernsehen – bei *Wetten, dass..?* Dort trat er 1995 in der Rhein-Ruhr-Halle in Duisburg auf. Duisburg,

Gelsenkirchen – Michael Jackson wusste einfach, wo es in Deutschland am schönsten ist.

Das erste Stadionkonzert

Zwei Jahre später sollte er tatsächlich wieder ins Parkstadion kommen. Im Rahmen seiner *HIStory*-Tournee. Diesmal hatte ich mich allein auf den Weg gemacht. Es war ein Sonntag. Um bei dem Konzert möglichst weit vorne, vielleicht sogar in der ersten oder zweiten Reihe zu stehen, fand ich mich bereits gegen 14 Uhr in der Nähe vom Stadion ein. Dummerweise hatten gefühlt zehntausend andere Fans dieselbe Idee. Wann waren die Vordersten bitte schön hier gewesen? Um 14 Uhr am Vortag? Gut zwei Stunden später hatte ich einen Stehplatz im gesicherten Mittelfeld. Dort, wo normalweise Marc Wilmots vom FC Schalke 04 die Bälle verteilte. Die Show sollte in drei Stunden beginnen. Es war 1997, und man starrte noch nicht apathisch auf sein Smartphone, um eine Wartezeit zu überbrücken. Ich hatte meinen Nokia-Knochen dabei und da war nicht mal Pacman drauf. Also schaute ich mich um. Ich sah Dixi-Klos, Bierstände und Menschen mit weißen Handschuhen an einer Hand. Einen Affen hätte aber keiner dabei. Gedränge gab es keins. Die Atmosphäre war friedlich. So friedlich, dass es für manche Menschen kein Problem war, sich neben mich zu stellen, obwohl sie erst gegen 18.30 Uhr das Stadion betreten hatten.

Toll.

Gegen 19 Uhr passierte nichts. Ich schaute noch mal auf meine Karte, um mich zu vergewissern, dass die Show jetzt eigentlich beginnen müsste. Eine halbe Stunde später – immer noch nichts. Und auch um 20 Uhr keine Regung auf der Bühne. So langsam hätte ich mir da vorne zumindest Marc Wilmots gewünscht, der einen astreinen Pass auf Youri Mulder spielt.

20.30 Uhr – endlich! Ein kleines Lichtchen flackerte auf. War das die ganze Bühnenbeleuchtung? Etwas machte »plopp« in der Soundanlage. Ein Playback ging los. Das klang aber nicht nach Michael Jackson. Was ich bei späteren Konzerten immer wieder bemerkte, erlebte ich hier zum ersten Mal: »Support-Acts« wird nur ein Bruchteil der Beschallungs- und Lichttechnik zur Verfügung gestellt. Die volle Energie bleibt immer dem Haupt-Act vorbehalten. Und da kamen sie auf die Bühne: Tic Tac Toe. Kein Witz. Was ist denn das für eine Vorband bei einem Michael-Jackson-Konzert? Dem King of Pop! Dem Motown-Genie! Wahrscheinlich hatte sich irgendwer von der Plattenfirma gedacht: Tic Tac Toe? Für Gelsenkirchen reicht's …

Aber man darf die Leute im Ruhrgebiet nicht unterschätzen. Sie haben ein feines Gespür für die richtigen Zwischentöne. Man ließ die drei Frauen da vorne mal machen und hoffte, dass das Ganze durch angeregte Gespräche und einen ausbleibenden Applaus schnell vorüberging. »Ich find' dich scheiße«, sangen Tic Tac Toe und bewegten sich dazu sympathisch unkoordiniert. »Ja, wir euch auch«, kommentierte neben mir ein Herr mit Schalke-Schal, der schon zweimal das Dixi-Klo und dreimal den Bierstand aufgesucht hatte. Er stampfte los, damit bloß nicht zu viel Luft in seinen Plastikbecher kam.

Um kurz nach 21 Uhr waren Tic Tac Toe am Ende. Sie gingen von der Bühne und riefen dabei so etwas wie »Danke schöööön!«, »Ihr seid die Geilsten!« und »Gelsenkirchen rockt!«. Die Blicke der Zuschauer sagten: *Meinen die uns?* Ein ausgelassener Applaus kam erst auf, als die Bühne wieder frei war.

Gegen 22 Uhr war es dann so weit! Endlich. Es blitzte und donnerte. Auf der großen LED-Wand startete ein computeranimiertes Video: Ein futuristischer Astronaut hockte in einer Raumkapsel und machte eine Achterbahnfahrt durchs Weltall. Nach zahlreichen Anspielungen auf die Kunst- und Weltgeschichte flog der Astronaut an einem kriegerischen Konflikt vorbei, um den mal eben zu lösen. Kleine Brötchen wurden hier nicht gebacken. Die Raumkapsel durchsprengte eine Mauer und nahm von oben Kurs auf ein großes Stadion. Die Menge jubelte. Der damals innovativ anmutende Film ging fünf Minuten. Die Message war eindeutig: Wer hier jetzt gleich auf der Bühne landet, ist nicht von dieser Welt. Dieses Gefühl hatten einige auf Schalke bereits bei Ernst Kuzorra, der für die Knappen 363 Tore schoss.

Und dann war es so weit: Die Raumkapsel war endlich auf der Bühne gelandet. Gut, eigentlich kam die Kapsel langsam aus dem Bühnenboden hervor, was jeder trotz Nebelschwaden gesehen hatte – aber nach acht Stunden Wartezeit wollte ich nicht so kleinlich sein. Jacko entstieg der Kapsel und wurde gefühlt zehn Minuten einfach nur fürs Rumstehen gefeiert. Ungefähr so stellte ich mir den Empfang in der Schule vor, wenn ich am nächsten Morgen von dem Konzert berichten würde.

Die Show ging jetzt so richtig los. Jacko begann mit seiner Hit-Single »Scream« und fegte über die Bühne. Ein Hit jagte den nächsten. Das kannte ich ja schon von Rolf Zuckowski. Nur mit dem Unterschied, dass Jacko zwar deutlich mehr tanzte, dafür aber zum Playback performte. Und das fand ich schon ein bisschen enttäuschend. Klar, das Getanze ist anstrengend, aber man zahlt für ein Konzert ja auch in der Regel den vollen und nicht den halben Preis.

Die Stimme klang so wie auf der Platte. Sei es bei »Billy Jean« von 1983 oder bei »Blood on the dance floor« von 1997. Das war schon recht auffällig, denn in all den Jahren hatte sich nicht nur das Äußere von Michael verändert. Eingeschaltet war sein Headset-Mikrofon lediglich bei ein paar Rufen und Liebesbekundungen Richtung Publikum. Zwei- oder dreimal sagte er: »Gääälseeenkäärschen. Isch liebe diiisch!« Hätte er am Nachmittag einen Bummel durch die Innenstadt gemacht, wäre er wohl nicht zu dieser Aussage gekommen.[5]

Doch die Leute hatten Spaß und es wurde eine gute Show. Vielleicht war es mit dem Gesang ähnlich wie mit der Raumkapsel am Anfang. Man wusste schon, dass da

---

5 An die lieben Menschen aus Gelsenkirchen: Bitte nicht böse sein – ich komme aus Wattenscheid, da ist es, wie Ihr wisst, noch schlimmer.

etwas nicht stimmt, aber man ließ sich darauf ein. Wie so oft in Michael Jacksons Karriere.

Die Show neigte sich dem Ende zu und es kam »Heal the world«. Ein weich-warmes Licht erhellte das Publikum und animierte zum Mitsingen. Es klappte hervorragend. Mir schien es, als gäbe es unter den 70.000 Menschen nur noch einen, der nicht wirklich mitsang: und zwar Michael Jackson. Menschen hielten sich bei den Armen und kamen ins Schunkeln. Ganz neue Freundschaften wurden hier geschlossen. Ich schaute verstohlen nach links, doch der Schalke-Fan war vermutlich beim Bierstand geblieben. Stattdessen stand dort ein schönes braunhaariges Mädchen in meinem Alter. Das Licht legte sich sanft auf ihre Wange. So eine schöne Wange hatte ich noch nie gesehen. Schon gar nicht auf die Entfernung. Ich war verliebt. Wie sollte ich sie ansprechen? Was konnte ich tun? In jedem Fall könnten wir unseren Kindern irgendwann mal eine tolle Geschichte erzählen: Wir haben uns am Mittelkreis vom Parkstadion kennengelernt. Bei einem Michael-Jackson-Konzert.

Ein langer Schlussakkord und das weich-warme Licht war weg. Sie leider auch.

Immer wenn »Heal the world« im Radio oder sonst wo läuft, muss ich an sie denken: meine erste große Liebe, die genau fünf Minuten hielt. Das ist länger als viele Beziehungen, die sich heute über Tinder ergeben.

Das Konzert war vorbei und die Menge machte sich beseelt auf den Heimweg. Ein Gefühl, das man im Parkstadion in diesem Jahr des UEFA-Cup-Triumphs gut kannte.

Meine letzte Erinnerung an das Konzert ist die Rückfahrt in der Straßenbahn. Dort saßen überall zufrieden lächelnde Zuschauer – mit Schalke-Trikot und Jacko-Handschuh.

Weitere Konzerterlebnisse

Als Musikwissenschaftler habe ich danach viele Popkonzerte erlebt: Justin Timberlake in Dortmund, Beyoncé in New York oder Britney Spears in Berlin. Natürlich alles aus rein wissenschaftlichen Gründen. Timberlake war gut, aber zwischendurch bekam ich den Eindruck, bei der Werbeveranstaltung eines großen Mobilfunkanbieters zu sein, so präsent war der Sponsor. Bei Beyoncé stand ich relativ weit vorne an einem Bühnensteg, der zum Ende der Show mit Wasser geflutet wurde. Beyoncé spritzte darin mit ihren nackten Füßen herum und ich bekam etwas ins Gesicht. Keine Ahnung, wie sich Fußfetischisten das Paradies vorstellen, aber das kam dem wohl sehr nahe. Bei allen Popshows sah ich Elemente, die klar von Michael Jackson inspiriert waren. Britney Spears orientierte sich vor allem daran, nicht live zu singen. Die Journalistin Julia Friese schrieb am nächsten Morgen treffend bei *Spiegel Online*: »Es ist zu jeder Zeit offensichtlich, dass ihr Gesang von überall herkommt, nicht aber aus ihrem Mund.«

Ich besuchte Konzerte von Joe Cocker, Billy Joel und Bob Dylan. Joe Cocker hatte saugute Musiker dabei, die ich später auf DVDs von Eric Clapton wiedererkannte. Weltstars greifen gern auf denselben Pool von Spitzenmusikern zurück. Bei Billy Joel hatte ich länger auf die Karte gespart und nur einen Platz ganz hinten in der Frankfurter Festhalle bekommen. Ich sah kaum was – was ich sah, die VIP-Plätze vorne links waren relativ leer. Manche Gäste waren einfach im Logen-Bereich geblieben und verleibten sich lieber Häppchen als die Musik von Billy Joel ein. Ich stampfte los. Die Plätze wollte offenbar keiner haben. Statt eines Tickets zeigte ich dem vorne postierten Security-Mann meinen damaligen englischen Studentenausweis. Das Dokument sah irgendwie cool und wichtig aus. Das Wort Student hielt ich beiläufig mit dem Zeigefinger zu. Der Herr nickte routiniert und ließ mich durch. Ich vermute, der Ausweis hätte mir auch Zutritt zu den Goldreserven in der Zentralbank verschafft. Den ganzen Abend über waren um mich herum zehn Plätze frei. Mein schlechtes Gewissen hielt sich in Grenzen, obwohl ich bis zum Ende des guten Konzerts Sorge hatte, enttarnt zu werden.

WICHTIGER HINWEIS!

Bitte nicht nachmachen. Einschmuggeln macht man nicht. Es sei denn, einige VIPs ignorieren die Musik.

Zum Konzert von Bob Dylan in Düsseldorf im April 2017 wurde ich von Frank Goosen eingeladen. Bei einem literarischen Late-Night-Bühnenformat am Bochumer Schauspielhaus durfte ich einige Jahre als sein Sidekick agieren. Da kriegt man spielerisch einiges auf die Mütze. Vielleicht gab es deswegen als kleines Dankeschön die Konzertkarte.

Und das Geschenk war großzügig. Der Ticketpreis erinnerte mich an die Monatsmiete für mein erstes WG-Zimmer. Bob Dylan machte Musik. Und nur das. Nicht eine Zwischenansage, kein »Döööösseldorf, iiisch liiiebe dich« und statt einer Verbeugung am Ende stemmte er die Hand in die Hüfte, schaute angeschrägt nach oben, verharrte einen Moment und ging dann von der Bühne. Frank und ich fanden das super. Ein Konzerterlebnis, bei dem die ganze Konzentration auf der Musik lag. Da machte es auch nichts, dass Bob Dylan seine Welthits mit seiner Band derart neu interpretierte, dass man in der Zugabe »Blowin' in the wind« erst nach acht Minuten erkannte – wenn überhaupt. Mitsingen war hier nicht. Dafür sang Dylan. Die Umkehrung meiner Jacko-Erfahrung.

Konzerte, die mich in Witz und Musikalität am meisten mitgerissen haben, waren Helge Schneider & The Firefuckers 1999 in der Zeche Bochum und Olli Schulz 2015 im Tempodrom Berlin. Eher bizarr war eine Show von David Hasselhoff, die ich 2012 in Edinburgh im Rahmen des legendären Fringe Festivals besuchte. Hasselhoff machte den Limbo-Dance und tanzte im Baywatch-Outfit. Und als »Looking for freedom« ertönte, durchbrach er allen Ernstes eine schwarz-rot-gold gestrichene Styropor-Mauer. Der Unterschied zwischen »unvergessliches Konzerterlebnis« und »Trauma« kam mir noch nie so klein vor.

Nur positiv sind meine Erinnerungen an ein Konzert 2004 in Köln. Ich hatte gerade meine Bachelor-Arbeit fertig geschrieben, in der es um das *Concerto for Group and Orchestra* von Jon Lord ging. 1969 trafen in der Royal Albert

Hall in London Deep Purple und das Royal Philharmonic Orchestra aufeinander. Ein wahrer Kultur-Clash, der im Feuilleton für reichlich Aufregung sorgte. Rock und Klassik – das könne nicht zusammengehen, hieß es dort. Und auch im Konzertsaal zeigten sich optisch die Unterschiede ziemlich deutlich: auf der einen Seite jüngere Menschen mit Schlaghose und bunt gemusterten Hemden, auf der anderen Seite ältere Personen in konservativer Abendgarderobe. Die einen fingen an zu tanzen, die anderen blieben erstarrt sitzen.

Jon Lord, der Organist von Deep Purple, war in beiden Welten zu Hause. Er wusste, wie man Rockmusik komponiert und bei Bedarf Hotelzimmer zertrümmert, gleichzeitig war er klassisch ausgebildet und konnte auch Orchester-Partituren arrangieren. In nur wenigen Wochen schrieb er das *Concerto* in drei Sätzen, obwohl er parallel dazu mit Deep Purple auf Tour war. Bei der Uraufführung am 24. September 1969 holperte es hier und da noch etwas, aber das Werk war zweifelsohne die Geburtsstunde des bis heute beliebten *Classic meets Rock*-Phänomens.

Über den Musikjournalisten Thomas Steinberg – der mir im Studium und darüber hinaus immer für Tipps und Anregungen zur Verfügung stand – erfuhr das Management von Deep Purple, dass ich meine erste Abschlussarbeit an der Uni über Lords Komposition geschrieben hatte. Prompt bekam ich eine Einladung nach Köln. Lord zeichnete in der ausverkauften Vulkanhalle mit einer Orchesterbesetzung die DVD *Beyond the Notes* auf – als Special Guest war Frida von ABBA Teil des Programms, die zu dem

Zeitpunkt 17 Jahre lang auf keiner Live-Bühne mehr aufgetreten war. Für die Presse eine kleine Sensation.

Für mich war überdies sensationell, dass ich im Nachgang noch ein kleines Bändchen ans Handgelenk bekam und Jon Lord persönlich vorgestellt wurde. Dem Mitkomponisten von »Smoke on the water« (!) – unzählbar, wie viele Menschen wegen des eingängigen Riffs angefangen haben, Gitarre zu spielen. Bei einer Umfrage kam heraus, dass »Smoke on the water« in den USA als bekanntestes Lied direkt nach der Nationalhymne gilt. Mein Herz pochte etwa im Tempo des Rock-Klassikers (112 Schläge pro Minute), als ich die Hand von Jon Lord schüttelte. Seine bescheidene und höfliche Ausstrahlung beruhigte mich im Nu. »Bring auf jeden Fall deine Bachelor-Arbeit mal mit«, hatte mir Thomas Steinberg im Vorfeld noch geraten. Und die überreichte ich Jon Lord jetzt. Er nahm sie entgegen, blätterte, sprach mit einem Male nicht mehr auf Englisch, sondern sagte ganz ruhig auf Deutsch: »Ick weerde deinen Arbeit heute im Hotel mit dictionary lesen.«

Ich war so gerührt. Mit welcher Höflichkeit und Bescheidenheit dieser Rockstar im Zwiegespräch auftrat, werde ich nie vergessen. Für mich eines der prägendsten Konzerterlebnisse meines Lebens. Zu der Begegnung gibt es ein fotografisches Dokument im Bildteil auf Seite 3.

Mit Gesang kann man
alle seine Krankheiten verscheuchen.
Miguel de Cervantes Saavedra
1547–1616

7

Staying alive

Gesundheit

Musik sollte es auf Rezept geben. Ihre gesundheitsfördernden Wirkungen sind enorm. Das basiert nicht nur auf einem Gefühl, sondern auf handfesten Fakten, die sich unter anderem in Studien von Krankenkassen wiederfinden. Und wenn es Superfood für unseren Körper gibt, dann muss Singen so eine Art Superpower sein. Man wird gesünder, glücklicher und schnarcht auch noch weniger. Jackpot.

In der Schmerztherapie lässt sich mit Musik Morphin reduzieren, bei Demenzerkrankten kommen Erinnerungen zurück, und bei einer Herzdruckmassage können wir uns auf mindestens 100 Popsongs verlassen, die uns den medizinisch richtigen Rhythmus vorgeben. Ob man mit Musik gut abnehmen kann und ob Gitarren tatsächlich das Leben verlängern können, klären wir auch.

Wie Musik bei Demenzerkrankungen hilft

An meinen Zivildienst denke ich gern zurück. Ich war für ein evangelisches Gemeindezentrum tätig und hatte regelmäßig mit Senioren zu tun. Zweimal pro Woche verteilte ich Kuchen, entkoffeinierten Kaffee und Liederbücher. Dann stand das Senioren-Klönen an, und das bedeutete: Showtime!

Nach dem Kuchen wurde gesungen. Mit Schmackes. Ich haute in die Tasten des Buchenholzklaviers und wir sangen uns durch den Kanon deutscher Volkslieder: »Das Wandern ist des Müllers Lust«, »Hoch auf dem gelben Wagen«, »Grün, grün, grün sind alle meine Kleider« – es konnte schnell mal ekstatisch werden. Das Lied mit dem vielen Grün mochte ich besonders gern, da man hier so schön über G, C, D improvisieren konnte und es zum Abschluss des Melodielaufs mit zwei Moll-Akkorden noch ein wenig melancholisch wurde. Der Pastor schaute ab und zu vorbei, steckte seinen Kopf durch die Tür und machte immer denselben Witz: »Sehr schön gesungen. Sogar mehrstimmig, hihi!« Er wollte darauf anspielen, dass meine Schützlinge nicht immer die Töne trafen. Die Damen – es waren ausschließlich Damen – lachten höflich zurück, obwohl ich manchen Gesichtern auch folgende Antwort ansah: *Ja, ja. Geh du mal beten …*

Ich erinnere mich noch, dass zwei sehr betagte Damen, die von anderen Zivildienstleistenden oder Altenpflegerinnen sehr behutsam in den Raum gebracht wurden, manchmal vergaßen, wie man einen Löffel hält, aber nicht, wie man ein schmissiges Volkslied singt. Bei der Musik waren sie alle dabei. Im Nachhinein wirkten sie auf mich immer deutlich aufgeblühter als zuvor.

Dieser Effekt ist medizinisch bekannt. Durch das Hören von Musik und noch besser durch die Partizipation lassen sich Gehirnleistungen von Menschen mit Demenz beziehungsweise Alzheimer verbessern. In der Forschung geht man davon aus, dass sich die meisten Melodien und Liedtexte im Alter zwischen 15 und 30 Jahren verfestigen. Diese können in der späten Lebensphase wieder abgerufen werden. Mit sehr positiven Effekten: Es gibt Berichte über Demenzerkrankte, die nach dem Hören eines Konzerts nach Jahren plötzlich wieder in der Lage waren, ein flüssiges Gespräch zu führen. In anderen Fällen gab es positive Auswirkungen auf die Motorik, sodass im Rollstuhl sitzende Personen nach längerer Zeit wieder ein paar Schritte gehen konnten. Musik lindert nachweislich Depressionen bei Demenzerkrankten. Sie sorgt für Endorphin-Ausstöße und nimmt als soziale Aktivität das Gefühl von Einsamkeit. Man weiß außerdem, dass Singen die Mundmotorik verbessert und das Schlucken erleichtert.

Warum funktioniert das alles? In der Medizin geht man davon aus, dass Musikinhalte in Hirnarealen gespeichert werden, die recht lang von der Demenz verschont bleiben. Sie sind noch gut abrufbar. Wenn das geschieht, wird die Gehirnleistung angeregt, wovon andere Hirnareale profitieren – sie werden mitgerissen. Musik ist also nicht nur generell, sondern auch ganz konkret in unserem Kopf stimulierend und positiv ansteckend.

Manche Mediziner fordern mittlerweile Musik auf Rezept. Sie sei genauso wichtig wie Medikamente, wenn nicht sogar wichtiger. Es gibt die Hoffnung, dass Musikwahrnehmen und -machen nicht nur Demenzsymptome mildern hilft, sondern eine Art Frischzellenkur fürs Gehirn bedeutet. Ein Mozart- oder Billie-Eilish-Konzert auf Kosten der AOK, warum nicht?

TIPP: Wie Sie Musik im Umgang mit demenzerkrankten Menschen nutzen können:

1. Probieren Sie aus, welche Musik den Menschen mit Demenz gefällt. Spielen Sie Lieder ab oder singen Sie etwas vor. Achten Sie auf körperliche Reaktionen. Bewegt sich die Person zum Takt? Mag sie vielleicht mitsingen?
2. Bereiten Sie rhythmische Mitmachmöglichkeiten vor. Klatschen Sie gemeinsam zu einem Lied in die Hände oder nutzen Sie zusammen handliche Percussion-Instrumente – zum Beispiel Maracas, einen Holzblock, ein Tamburin oder einen Schellenkranz.
3. Wenn Sie sich Zeit für die Musik nehmen, bleiben Sie dabei. Themen wie Krankheit oder eben die Demenz haben jetzt Pause. Die Musik aktiviert die positiven Seiten des Gehirns und das soll voll zur Entfaltung kommen.

Und der schöne Nebeneffekt bei all diesen Aktivitäten: Auch Ihnen tut jede Form der musikalischen Partizipation gut. Für Angehörige und für professionelle Pflegekräfte kann die Auseinandersetzung mit Dementen zur Belastungsprobe werden. Die Musik fördert nicht nur das individuelle Wohlsein, sie stärkt auch den sozialen Bund in der Betreuungsbeziehung.

Kurz vor Weihnachten gab es einen besonders launigen Seniorennachmittag. Der wollte schier nicht enden. Ich glaube fast, ein Zivi-Kollege hatte den normalen Kaffee mit dem entkoffeinierten verwechselt. So langsam ging mir das Repertoire am Klavier aus. Zu lange Lücken zwischen den Stücken wollte ich nicht entstehen lassen – das hätte unprofessionell gewirkt. In meiner Not schmetterte ich ein Lied am Klavier heraus, dessen Akkorde ich gut beherrschte, das aber partout nicht zur Jahreszeit passen wollte: »Alle Vöglein sind schon da, alle Vöglein, alle!« – »Halt, stopp!«, der Protest ließ nicht lange auf sich warten, »Das ist ein Frühlingslied«, schallte mir Frau Lippmann entgegen, »das passt nicht in die Weihnachtszeit!« Touché. Ich war froh, dass mir kein Kuchenstück gegen den Kopf flog. Schnell schwenkte ich um: »Es klappert die Mühle am rauschenden Bach« – da kommt ein Bäcker drin vor, der Kuchen backt. Damit dürfte ich durchkommen. Und so war es auch. Das Publikum war besänftigt. Wenig später hörte ich die Damen ausgelassen »Klipp-klapp, klipp-klapp, klipp-klapp« singen, und ich meine, es wären sogar ein paar Kuchengabeln perkussiv zum Einsatz gekommen. Der Pastor streckte seinen Kopf durch den Türspalt: »Na, wieder mehrstimmig? Hihi!« Frau Lippmann kratzte sich mit dem Mittelfinger an der Schläfe.

Die Melodien und Texte mussten sich bei den Damen in einer Lebensphase verfestigt haben, als man noch viel gemeinsam sang. In der Schule, zu Hause, bei Wanderungen. Für die Kids von heute und die Rentner von übermorgen müssten die Roboter in der Altenpflege dann vermutlich Gangster-Rap-Platten auflegen. Von Capital Bra über Fler bis zu Kollegah. Vorausgesetzt, diese Art der »Musik« lässt fürs Alter noch ein paar Gehirnzellen übrig.

Welches Repertoire müsste man mir im Herbst meines Lebens anbieten, um meine Gehirnaktivität anzuregen? Die größten Hits von Britney Spears, den Backstreet Boys oder vielleicht doch »Cotton Eye Joe« von Rednex? Gerne könnte man es auch mit Volksliedern probieren, schließlich habe ich die meinen gesamten Zivildienst über rauf und runter gespielt. Aber wehe, der Musiker oder die Musikerin im Freiwilligen Sozialen Jahr bringt dann was mit den Jahreszeiten durcheinander!

Warum Singen so gesund für uns ist

Seit mehreren Hunderttausend Jahren wird gesungen. Und die Natur wird sich schon etwas dabei gedacht haben. Denn Singen scheint eine gesundheitliche Wunderwaffe zu sein. Und das weiß man erst seit recht kurzer Zeit. Die meisten Erkenntnisse dazu leiten sich von Studien aus dem noch jungen 21. Jahrhundert ab. Aber die haben es in sich:

1. Stärkung des Immunsystems

An der Goethe-Universität Frankfurt untersuchte ein Forschungsteam im Jahr 2004 einen Chor. Nicht darauf, wie gut sie singen konnten, sondern mit dem Ziel herauszufinden, was im Blut nach 60 Minuten Gesang passiert. Und siehe da, es gab deutlich mehr Immunglobuline vom Typ A als vorher. Es hatten sich also in signifikanter Anzahl Antikörper gebildet. Eine Kontrollgruppe hörte über den gleichen Zeitraum hinweg einfach nur Musik. Ohne Singen. Und was passierte bei ihnen? Nichts. Fazit: Wer aktiv wird, stärkt sein Immunsystem. Also, trällern Sie sich gesund!

2. Weniger Schnarchen

Wenn Sie Ihren Traumprinzen oder Ihre Traumprinzessin finden wollen, dann achten Sie mal darauf, ob die Person ab und zu gerne singt. Das kann sich langfristig positiv auf Ihren Schlaf auswirken. Denn wer singt, schnarcht weniger! In Großbritannien fand ein medizinisches Forscherteam heraus, dass Gesang die Gaumenmuskulatur stärkt. Übungen, bei denen der Gaumen langsam auf- und wieder zugeht, wie bei einem Work-out, können auf jeden Fall den Schweregrad des Schnarchens reduzieren. Wenn Ihnen mal jemand morgens ganz liebevoll sagen sollte: »Schatz, wollen wir dich nicht im Chor anmelden, da gibt es tolle Gesangsübungen. Die Säge kannst du schon«, dann wissen Sie, woher der Wind weht.

TIPP: Mit dieser einfachen Übung können Sie Ihre Gaumenmuskulatur trainieren, Schnarchproblemen entgegenwirken und sich vor dem Singen aufwärmen. Bilden Sie im gleichmäßigen Tempo die Laute: NAA-NAA-NAA und danach NOO-NOO-NOO. Abwechselnd, ganz entspannt in einer angenehmen Tonlage. Dabei sollten Sie Ihre Zunge beim NAA-Laut oben und beim NOO-Klang unten spüren. Damit sich Ihr Kiefer beim Ausführen der Übung schön entspannt, massieren Sie sich gleichzeitig mit den Handinnenflächen Wangen und Hals. Tut gut und strafft obendrein noch die Haut.

3. Bessere Körperhaltung

Viele von uns gucken den ganzen Tag auf einen Bildschirm. Morgens nach dem Aufstehen aufs Handy. Bei der Arbeit auf einen Laptop und dann abends, zum Runterkommen, auf einen Screen zum Serien-Schauen. Kurz vor dem Schlafengehen wird dann noch mal das Handy gecheckt. Dadurch verändert sich die Körperhaltung. Wir werden ein bisschen buckliger. Mit Gesang steuern wir dagegen. Es ist fast unmöglich, bucklig zu singen. Ganz automatisch nehmen wir eine bessere Köperhaltung ein.

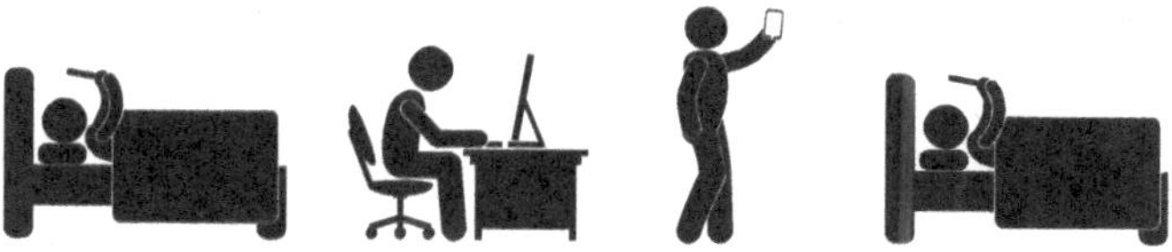

Der Homo sapiens im frühen 21. Jahrhundert – morgens, mittags, abends.

4. Training für die Lunge

Beim Singen weiten sich die Lungenflügel. Es trainiert sie. Das kann man sich wie bei einem schön gleichmäßig bedienten Blasebalg vorstellen. Und wenn die Lunge gut arbeitet, ist die Sauerstoffzufuhr im Körper bestens gewährleistet. Die Deutsche Lungenstiftung e.V. empfiehlt Menschen mit chronischen Lungenerkrankungen explizit das aktive Singen, um die Atemmuskulatur zu stärken. Davon partizipieren natürlich auch gesunde Menschen. Frank Sinatra ist zum Teil den umgekehrten Weg gegangen. Er hat seine Lunge trainiert, um besser singen zu können. In der Frühphase seines Schaffens verbrachte er viel Zeit im Schwimmbad. Andere Badegäste dachten irgendwann, er habe einen an der Marmel, weil er seine Bahnen fast ausschließlich unter der Wasseroberfläche zog. Er wollte sportlich seine Lungenflügel weiten, um mehr Luft reinzubekommen, was es ihm wiederum ermöglichte, beim Singen die Töne länger zu halten. Clever!

5. Therapeutisches Singen

Gut dosiert ist Singen eine hervorragende Therapieform. Bei Demenzerkrankungen (siehe oben), in der Schmerztherapie (siehe unten) und bei der Behandlung konkreter Probleme. Beim Stottern, zum Beispiel, ist der Rhythmus des Redeflusses gestört. Das Singen hilft Betroffenen, die beeinträchtigten Areale im Gehirn besser zu synchronisieren.

6. Soziale Bereicherung

Wer mit anderen zusammen singt, im Chor, in der Band, an Weihnachten mit der Familie, wird mit dem Hormon Oxytocin belohnt. Das baut Stress ab und schafft Vertrauen. Singen macht sozialer. Gut für sich und andere. Besonders an Weihnachten. Viele Chöre bringen außerdem Generationen zusammen. Mit 17, 18 Jahren habe ich selber mal in einem Chor an einer Musikschule gesungen. Bei »Oh happy day« fühlte ich mich immer ein bisschen wie Whoopi Goldberg in *Sister Act.* Ich hätte mir fast so eine Kutte gekauft. Und lustig war's. Zum Ende der Proben wurden die kleinsten Kalauer zu den größten Brüllern. Eine Dame um die siebzig fragte mal: »Was sollte jeder Musiker in der Hausapotheke haben? Dur- und Mollbinden!« Der Chorleiter lag vor Lachen unter dem Notenpult.

7. Singen lindert Ängste

Vor einer wichtigen Prüfung, einem Bewerbungsgespräch, vor dem Kennenlernen der Schwiegereltern, wenn man Angst hat, hilft Gesang bei der Linderung. Der Neurobiologe Gerald Hüther sagte 2018 treffend bei *MDR Wissen:* »Versuchen Sie mal, mit einem vollgefüllten Brustkorb und mit erhobenem Haupt – was Sie ja alles machen müssen beim Singen –, versuchen Sie da mal, Angst zu haben. Das geht gar nicht.« Schon unsere frühen Vorfahren machten sich diese Technik bei der Jagd zu eigen. Es muss nicht die blanke Angst sein, bei leichten Spuren von Nervosität stellt sich der positive Effekt auch ein. Deswegen schmettern Fans vor einem Sportereignis aus voller Kehle: Es dient nicht nur der Animation und der Gruppenstärkung, es trägt ebenso zur individuellen Beruhigung bei. Nur Fans vom FC Bayern brauchen das nicht. Denen wird eh für den gesamten Saisonverlauf ein ruhiger Schlaf nachgesagt.

8. Seelische Gesundheit

Singen sorgt für Glücksgefühle, stärkt nachweislich das Selbstbewusstsein und beugt seelischen Erkrankungen vor. Offenbar bekommen Menschen, die regelmäßig und voller Leidenschaft singen, seltener einen Burn-out. So das Ergebnis einer 2018 im *Jahrbuch Musikpsychologie* veröffentlichten Studie. Untersucht wurden hier professionelle Sängerinnen und Sänger, die hohen Leistungsanforderungen und oft prekären Beschäftigungsverhältnissen ausgesetzt sind. Trotzdem stellten sich ihre Kennwerte für die Erkrankung als vergleichsweise gering heraus. Neben den direkten gesundheitsförderlichen Aspekten des Singens gibt es auch indirekte. Wer sein Gesangsorgan braucht, hat in der Regel eine hohe Erholungskompetenz und eine gute Achtsamkeit Körper und Geist gegenüber. Ob diese wissenschaftliche Erkenntnis auch im Fußballstadion greift, müsste man allerdings noch überprüfen.

Das Schöne an den ganzen Befunden: Man muss nicht Profisängerin oder -sänger werden. Es geht auch nicht darum, ob man gut oder schlecht singt. Durch den zunehmenden Perfektionierungsanspruch in unserer Gesellschaft verlieren manche Menschen den Mut, einfach mal ein Liedchen zu schmettern. Das ist schade. Es entgeht einem viel zu viel. Trauen Sie sich zu singen, wann und wo Sie wollen. Vielleicht mit Ausnahme im voll besetzten Linienbus. Fangen Sie zu Hause an. Und sollte es dort jemanden geben, der leicht die Nase rümpft, dann kontern Sie:

»Schatz, schief singen oder schnarchen, du hast die Wahl.«

Weniger Schmerzen mit Musik

Sind Sie sehr zufrieden mit Ihrer Zahnarztpraxis? Falls ja, wird dort bestimmt vieles richtig gemacht. Wenn Sie einen Termin haben, müssen Sie nicht lange warten, wenn bei der Routine-Kontrolle nichts gefunden wird, gibt es Lob, und bei der professionellen Zahnreinigung fährt die Polierbürste keine teuren Extrarunden.

Und möglicherweise weiß Ihr Zahnarzt oder Ihre Zahnärztin auch um den Einsatz von Musik Bescheid. Beim Warten werden Sie dezent berieselt und im Behandlungsraum sind zum Glück auch Boxen installiert. Denn Musik kann nachweislich körperliche Beschwerden lindern. Die Schmerzsignale, die übers Rückenmark im Gehirn ankommen, werden in ähnlichen Arealen verarbeitet wie Musik.

Darum kann Musik auch so gut dazwischenfunken. Sie überdeckt die Informationsübertragung der Schmerzbotenstoffe. Zumindest tut sie das in einem gewissen Maß. Wenn Sie sich an der Bettkante den großen Zeh stoßen, dann kann der *Nussknacker* von Tschaikowski auch nicht viel ausrichten. Es wird für Außenstehende nur lustiger, wenn Sie dazu mit schmerzverzerrtem Gesicht herumtanzen.

Schmerzmittel machen nicht viel anderes, als die unangenehmen Signale im Körper zu übertünchen. Sie behindern die Schmerzweiterleitung an den entsprechenden Andockstellen im Nervensystem. Das Problem ist damit nicht weg.

In Studien wurde gezeigt, dass der Einsatz von Musik nach einer Operation die Verabreichung von Morphin um ein Drittel reduzieren kann. Und hier wird es spannend: denn Schmerzmittel sind häufig mit Nebenwirkungen verbunden. Es gibt Ablagerungen im Körper, die keiner haben will. Für die Krankenkassen wird es auch interessant, dort hängt bestimmt, irgendwo auf den Gängen gerahmt, folgender Kalenderspruch:

Musik in der Anästhesie
ist billiger als Chemie

Von der Krankenkasse GEK wurde 2007 eine wissenschaftliche Arbeit mit dem Titel »Musik im Gesundheitswesen« veröffentlicht, und dort kommt man zu dem locker-leicht formulierten Ergebnis:

»Die moderne medico-funktionale Musikwirkungsforschung hat verschiedene Angriffspunkte für sogenannte anxioalgolytische Musik identifiziert.« Anxioalgolytisch bedeutet übrigens angst- und schmerzlösend. Und ferner wird auf Studien verwiesen, die zeigen, dass sich mit Musik in US-Kliniken 3.000 US-Dollar haben einsparen lassen. Pro Tag. Pro Klinik! Da kommt aufs Jahr gerechnet eine ganz schöne Einsparung zusammen.

Nicht nur bei akuten, sondern auch bei chronischen Schmerzen kann es musikalisch werden. Sowohl passiv durchs Hören als auch aktiv mit Gesang, Instrumenten und Bewegung. Die Schmerzklinik Berlin gibt auf ihrer Homepage auf die rhetorische Frage »Warum ist Musiktherapie für Schmerzpatienten sinnvoll?« folgende Auskunft:

> *Beim aktiven Musizieren kann der Schmerz »vergessen« werden, er wird weniger oder gar nicht mehr wahrgenommen. Man tritt mit dem Therapeuten und den anderen Gruppenmitgliedern auf eine unkomplizierte Weise in Kontakt. Musiktherapie kann helfen, mit geringeren Dosen an Schmerzmedikamenten auszukommen.*
> *In der Schmerzklinik Berlin ist die Musiktherapie ein fester kreativer Baustein der multimodalen Schmerztherapie.*

Wenn bei Ihrer Wurzelbehandlung gebohrt werden muss, bestehen Sie ruhig auf eine Spritze. Musik kann nicht alles sedieren, und wenn Sie die Liedauswahl gar nicht mögen, hat sie sogar Nebenwirkungen. Sie ist dann nervtötend.

Wenn Sie sich bei kleinen Schmerzvorkommen aber demnächst einen Gefallen tun wollen, dann hängen Sie sich doch folgenden Kalenderspruch auf:

ABBA statt Aspirin
Puhdys statt Paracetamol

Hormonelle Heilwirkung von Musik

Dass Krankenkassen den Einsatz von Musik therapeutisch begrüßen, liegt auf der Hand. Denn körpereigen und kostenfrei kommt mit ihr so einiges in Gang. Sie aktiviert neurochemische Prozesse in uns. Traurige Klänge setzen bei uns das tröstende Hormon Prolaktin frei. Das kennen wir von der Muttermilch. Auch Oxytocin wird produziert – das Kuschelhormon stärkt soziale Bindungen (zwischen Mutter und Kind und in Partnerschaften), baut Ängste ab und macht uns empathischer. Es wurden sogar schon Oxytocin-Nasensprays auf den Markt gebracht. Deutlich empfehlenswerter für den gewünschten Effekt sind allerdings Balladen von Adele. Zweimal täglich durch die Ohren aufgenommen.

Fröhliche Musik kann uns Dopamin, das Glückshormon, bescheren. Die Ausschüttung ist nicht nur unmittelbar wohltuend, sie wirkt auch langfristig Demenz und Degeneration entgegen. Wer sich zu den Klängen bewegt, im besten Fall sogar tanzt, kann den Effekt noch verstärken. Kurz gesagt, Musik hält unser Gehirn jung. Darum, wann immer sich die Möglichkeit bietet, nehmen Sie die Haarbürste in die Hand und fangen Sie vor dem Spiegel an zu singen.

Musik bei depressiven Verstimmungen

Musik kann uns helfen, den Weg aus schwierigen Phasen herauszufinden. In der klinischen Psychotherapie kommen zum Teil sogar Playlists zum Einsatz. Konkret werden gemeinsam mit dem Patienten oder der Patientin Songs besprochen, die der Person etwas bedeuten und aus denen sie Kraft schöpfen kann. Das Ganze geschieht in einer guten, stabilen Phase. Wichtig bei der Playlist ist, dass sie einen guten Übergang beinhaltet. Einen Übergang von langsamen, mitfühlenden zu schnellen, aufbauenden Songs. Die Playlist wird zum emotionalen Wegbegleiter, um aus dem Tief herauszukommen.

Dass das überhaupt funktioniert, ist einem wesentlichen Effekt von Musik zu verdanken. Musik vermittelt unserem Gehirn quasi das Gefühl, dass wir nicht alleine sind. Die Gesangsstimmen, aber auch die emotionalen Instrumentalmelodien kommunizieren mit uns. Sie füllen die Stille im Raum und jene Leere, die in manchen Momenten in uns herrschen kann.

Musikhören hilft bei seelischen Beschwerden in der Regel immer: Aktivierende Lieder können uns positiv antreiben, Balladen können uns wohlig einhüllen. Musik auf Rezept wäre doch wirklich mal was Schönes.

Das Thema Depression wird in unserer Gesellschaft noch nicht überall als Krankheit ernst genommen. Doch es tut sich was. Auch humorige, musikaffine Menschen unterstützen entsprechende Initiativen. Der Schirmherr der Deutschen Depressionshilfe e.V. ist zum Beispiel Harald Schmidt.

Bei dauerhaften Problemen kann Musik nur ein wenig stützen. Wenn es ernst wird, bitte immer ärztlichen Rat einholen.

Was ist der beste Song bei einer Herzdruckmassage?

Kein Erste-Hilfe-Kurs ohne die Bee Gees. »Staying alive« ist der Soundtrack zur Herzdruckmassage schlechthin. Der Text ist eine gute Eselsbrücke und in der Notsituation natürlich appellierend und motivierend. Aber Achtung! Das Tempo liegt ganz knapp über der medizinisch notwendigen Untergrenze. Im Falle eines Notfalls sollte die Herzdruckmassage in einem Tempo zwischen 100 und 120 Schlägen pro Minute durchgeführt werden. Im Original hat »Staying alive« ein Tempo von 103 bpm. Und wenn man das Lied früher zu oft auf einer leiernden Schallplatte gehört hat, dann wäre man vielleicht sogar noch knapp drunter. Aber Hauptsache, man macht irgendwas. Dieser wichtige Rat kommt vom medizinischen Fachpersonal immer wieder.

Wem der Bee-Gees-Klassiker dann doch mal entfallen sein sollte oder wer nach Alternativen sucht, der wird schnell im Netz fündig. Unter der Schirmherrschaft vom Gesundheitsministerium wurde eine Liste mit 100 Popsongs herausgegeben, die alle ein Tempo zwischen 100 und 120 Schlägen pro Minute aufweisen. Und die sollen einen motivieren, in Notsituationen zu helfen. Eine gute Sache. Einsehen kann man die Liste unter der Webseite www.einlebenretten.de. Da sind schon schöne Songs dabei, zum Beispiel »Coco Jamboo« von Mr. President. Wer möchte dazu nicht wiederbelebt werden? Da kommt gleich Stimmung auf. Kritisch ist allerdings ein Song, der recht weit oben auf der alphabetisch sortierten Liste steht. AC/DC mit »Highway to hell« …

Vom Motivationslevel grenzwertig. Aber immer noch besser als der 90er-Jahre-Hit von Andrea Bocelli »Time to say goodbye«. Der Song kommt in der Liste gar nicht vor, aber vermutlich nur, weil das Tempo gerade einmal bei 63 Schlägen pro Minute liegt.

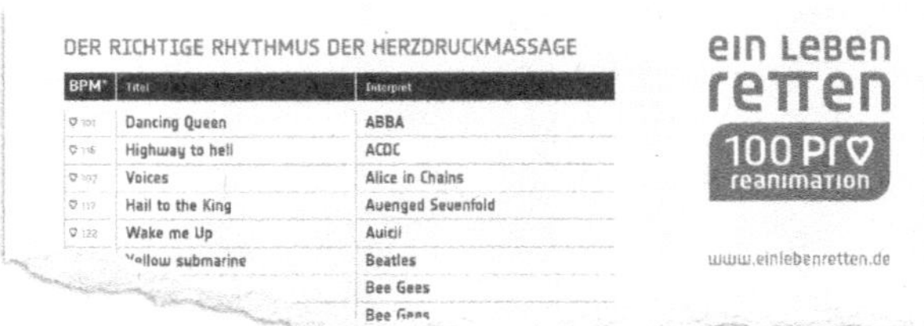

Staatlich geförderte Wiederbelebungsmotivation. Mit interessanten Schwerpunkten.

Abnehmen mit Musik

Gewicht und Gesundheit gehören so eng zusammen wie Pommes und Mayo. Und es wäre doch schön, wenn Musik uns bei Bedarf auch beim Abnehmen helfen könnte. Dass uns Musik zu Hochleistungen trimmen kann, ist klar. Kein Sport-, Aerobic- oder Zumba-Kurs ohne Beschallung. Aber wie sieht es mit dem bloßen Hören aus? Kann man dadurch bereits abnehmen? Vielleicht gibt es eine Wunderwaffe, wie man sie aus dem Shopping-TV kennt: Man schnallt sich so ein vibrierendes Ding um, schaut dabei einfach weiter Fernsehen, und Minuten später hat man einen Sixpack? Das Ganze dann nur mit Kopfhörern. Überraschung: Nein, das ist nicht möglich. Aber das Tempo von Musik kann Einfluss auf unser Essverhalten nehmen. Wer langsamer isst, tut sich etwas Gutes. Zum einen hilft es der Verdauung, und zum anderen verleibt man sich dadurch prinzipiell weniger ein.

Bei einer Untersuchung an der Universität Aarhus in Dänemark bekamen 300 Testpersonen Kopfhörer auf die Ohren und Schokolade zu futtern. Ich würde mal sagen, da gibt es schlimmere Versuchsaufbauten. Sie sollten was zum Geschmack sagen, aber das war nur eine Ablenkungsstrategie. Das Forscherteam wollte herausfinden, wie flott die Schokolade verspeist wird, je nach Geschwindigkeit der über die Kopfhörer eingespielten Musik. Bei sehr langsamer Musik wurde langsam gegessen, bei schneller Musik schnell – keine Sensation, nur jetzt kommt's: Ohne Musik war die Schokolade am schnellsten vertilgt. Selbst schnelle

Musik kann demnach unsere Essgeschwindigkeit ausbremsen.

MERKE:

Nie mehr ohne Musik Schokolade essen!

An der US-Universität Arkansas wollte man wissen, ob das Genre beim Essverhalten Einfluss nimmt. Tut es. Entspannte Jazz-Musik verschafft eine genussvolle Atmosphäre. Sie verleitet dazu, gediegen zu schlemmen und einen Nachschlag zu nehmen. Der Titel des Jazz-Klassikers »Take five« erscheint so in einem völlig neuen Licht. Auch klassische Musik kann Ähnliches leisten. Vielleicht kommt daher der Begriff »Fress-Arie«.

Bei Hip-Hop verhält es sich genau umgekehrt. Zwar verleiten hier gewisse Bandnamen zu einer ungesunden Ernährung – man denke nur an »Fanta 4« –, allerdings konnte man feststellen, dass die Studienteilnehmer durch die Beats subtil motiviert wurden, aufzustehen und sich zu bewegen, anstatt weiterzufuttern.

MERKE:

Wer Fettes Brot hört, will keins mehr essen!

Weniger Fleisch essen mit Musik

Im Sinne einer gesünderen Ernährung hinterfragen immer mehr Menschen ihren Fleischkonsum. Sie wollen ihn reduzieren oder ganz darauf verzichten. Wer hier in der Musikwelt nach moralischer Unterstützung sucht, braucht nicht lange suchen. Bryan Adams ernährt sich fleischlos. Erykah Badu auch. Dann noch Brandy, Billie Eilish, Boy George, Avril Lavigne, Lizzo, Alanis Morissette, Jason Mraz, Moby, Moses Pelham, ASAP Rocky, Will.i.am, Stevie Wonder ... um nur einige zu nennen. Paul McCartney ist seit 1975 Vegetarier und fordert Veggie-Days für den Klimawandel. Michael Jackson wünschte sich bei seinem *Wetten, dass..?*-Auftritt in Duisburg 1995 eine Verpflegung ohne tierische Produkte. WDR2 berichtete, es habe dann »Brötchen mit Erdbeeren« gegeben. Im Ruhrgebiet kannte man damals primär Brötchen mit »Arbeitermarmelade«, also Mett – farblich wollte man dem Ganzen wohl nahekommen. Das vegetarische Verköstigungsangebot hat sich seitdem deutlich verbessert, selbst im Ruhrgebiet.

Die Popsängerin Ariana Grande teilte ihren Followern mit, sie würde sich nach der japanischen makrobiotischen Methode ernähren, in der Variante »vegan«. In einem Interview sagte sie außerdem: »Ich liebe Tiere mehr als die meisten Menschen, kein Scherz.« Ein Satz, den ich von Katzenuntergebenen schon häufiger zu hören bekam.

Songs zum Thema fleischlose Ernährung gibt es von diesen Weltstars kaum. Vielleicht aus Sorge, dass sie nicht jedem schmecken könnten. Der bekannteste Vorstoß kam bereits 1985 von The Smiths beziehungsweise dem mittlerweile leider ziemlich durchgeknallten Morrissey. Ein Song und das ganze Album wurden »Meat is murder« getauft. Prince brachte 1998 den kommerziell nicht ganz so erfolgreichen Song »Animal kingdom« heraus. Hier noch ein paar mehr Lieder zu der Thematik:

- ♪ »I don't eat animals« von Melanie Safka
- ♪ »Be healthy« von Dead Prez
- ♪ »40-year-old-vegan« von Chokeules
- ♪ »Clams have feelings too« von NOFX
- ♪ »Beat the meat« von Good Clean Fun
- ♪ »Cow« von Linda McCartney

Einen Welthit hatten Laid Back mit »Bakerman«. Am Anfang wird zweimal die Zeile wiederholt: »Bakerman is baking bread«. Auf weitere Nahrungsmittel wird nicht eingegangen. Aber gut möglich, dass die Band einen Bäckereibetrieb im Hinterkopf hatte, der Brötchen mit Erdbeeren anbietet.

Verlängert der Besitz von Gitarren das Leben?

Die Idee einer gesunden Lebensweise ist häufig, dass das Leben nicht zu kurz sein sollte. Und offenbar sind da Menschen im Vorteil, die zu einer besonderen Spezies der Musikgeschichte gehören: Gitarristen von Bands, die zu eigenständigen Superstars geworden sind. Ich denke an Jimmy Page von Led Zeppelin, Brian May von Queen, Angus Young von AC/DC oder Slash von Guns N' Roses – sie alle leben noch. Nicht zu vergessen Keith Richards von den Rolling Stones, der mittlerweile 138 Jahre alt sein dürfte.

Für die gegenwärtige Jugendkultur spielt diese Spezies keine große Rolle mehr. Es hat eine Interessenverschiebung gegeben. Was früher Rockmusik war, ist heute Hip-Hop. Anstelle von Leadsängern gibt es Rapper, und statt eines Gitarristen hat man jemanden, der Beats baut. Ein Virtuose an der Maus.

Doch die Spezies Rockmusik-Gitarrist oder auch -Gitarristin (wenn man zum Beispiel an Jennifer Batten denkt) wird nie aussterben. Denn allein der Besitz einer Gitarre verspricht ewiges Leben. Also, fast. Zumindest wenn man dem Tenor eines Zeitungsartikels glaubt, der seit Jahren Meme-artig im Netz kursiert.

Übersetzt heißt es in der Überschrift und im ersten Satz:

»Der Kauf einer Gitarre verlängert das Leben. Eine Forschergruppe der Johns-Hopkins-Universität fand nach einer dreijährigen Studie heraus, dass der Kauf einer neuen handgefertigten Gitarre Ihr Leben tatsächlich um einige Jahre verlängert.«

Von Spielen ist hier gar nicht mehr die Rede. Wie viele Gitarren muss ich mir demnach kaufen, um mindestens 100 Jahre alt zu werden? Sind akustische oder elektrische Gitarren gesünder?

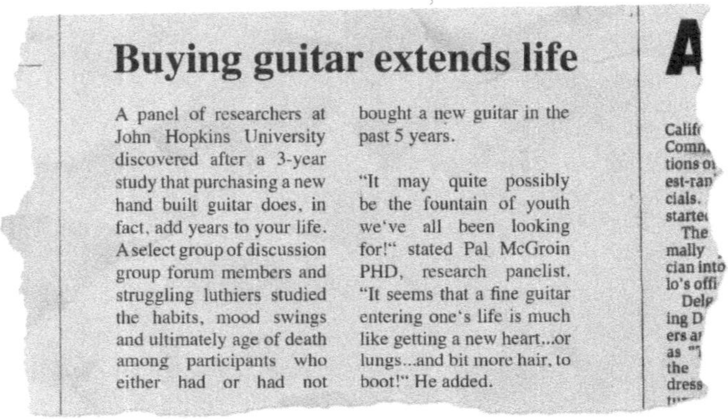

Buying guitar extends life

A panel of researchers at John Hopkins University discovered after a 3-year study that purchasing a new hand built guitar does, in fact, add years to your life. A select group of discussion group forum members and struggling luthiers studied the habits, mood swings and ultimately age of death among participants who either had or had not bought a new guitar in the past 5 years.

"It may quite possibly be the fountain of youth we've all been looking for!" stated Pal McGroin PHD, research panelist. "It seems that a fine guitar entering one's life is much like getting a new heart...or lungs...and bit more hair, to boot!" He added.

Meme mit mysteriösem Entstehungshintergrund und falscher Schreibweise der Universität

Dem Artikel nach darf es keine maschinell, sondern nur eine handgefertigte Gitarre sein. So eine Art Bio-Gitarre.

Hier stimmt irgendwas nicht. Die direkte Ansprache mit »your« beziehungsweise »Ihr« hat auch werbenden Charakter. Gut möglich, dass sich ein Gitarren-Hersteller einen kleinen Scherz erlaubt und diese Internetgrafik in Auftrag gegeben hat. Auf Nachfrage bei der Johns-Hopkins-Universität sind die zitierte Studie und der Forscher nicht bekannt.

Dass allein die Anwesenheit von Gitarren einen positiven Effekt haben kann, möchte ich allerdings bestätigen. Acht Stück sind aktuell in meinem Besitz. Bei mir daheim wird fast jede Ecke von einer Gitarre geschmückt. Dort, wo andere ihre Wohnung mit Topfpflanzen aufhübschen würden. Der Vorteil: Gitarren verbrauchen kein Wasser. Dafür muss man ihnen viel Zuwendung schenken, damit sie nicht einrosten.

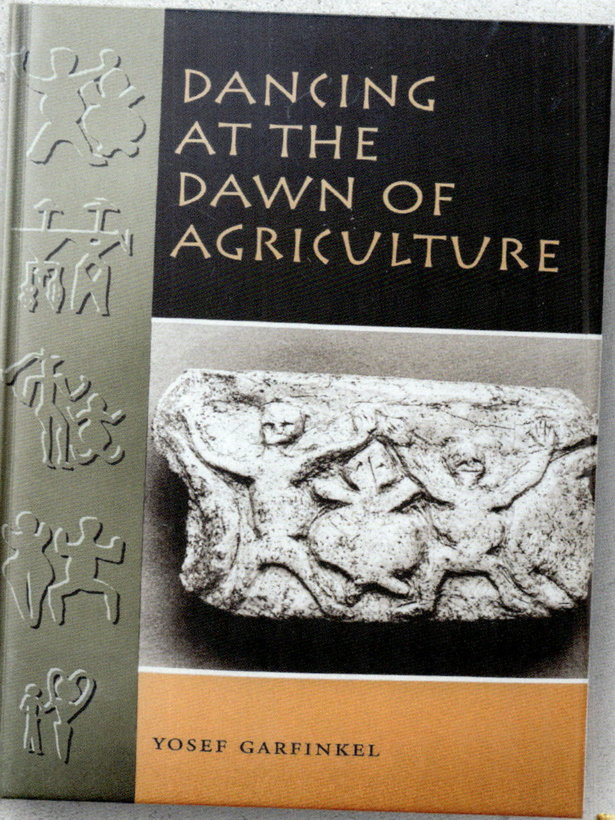

Partymachen war auf diesem Planeten schon früh angesagt. Das Buch »Dancing at the Dawn of Agriculture« präsentiert faszinierende, in Stein gemeißelte Choreografien unserer Vorfahren. Die drei Männchen setzen zu YMCA an.

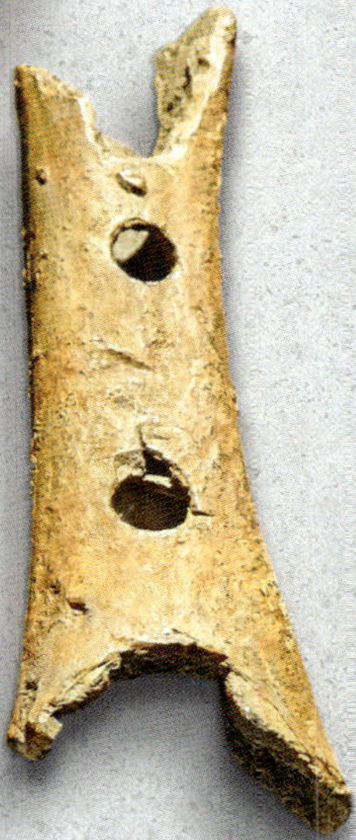

Möglicherweise das älteste erhaltene Melodieinstrument der Welt. Eine Bärenknochenflöte. Circa 50.000 Jahre alt. Prototyp der von uns allen geliebten Blockflöte.

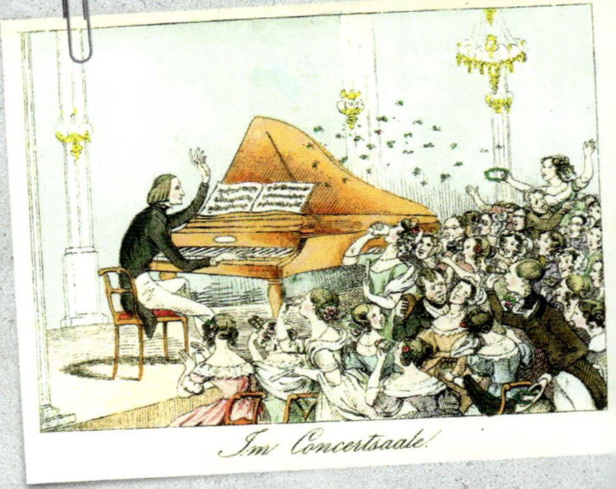

Wenn Franz Liszt in die Tasten haute, gab es kein Halten mehr. Krachte ein Klavier zusammen, ging das Konzert erst richtig los. Zeichnung aus dem Jahre 1842.

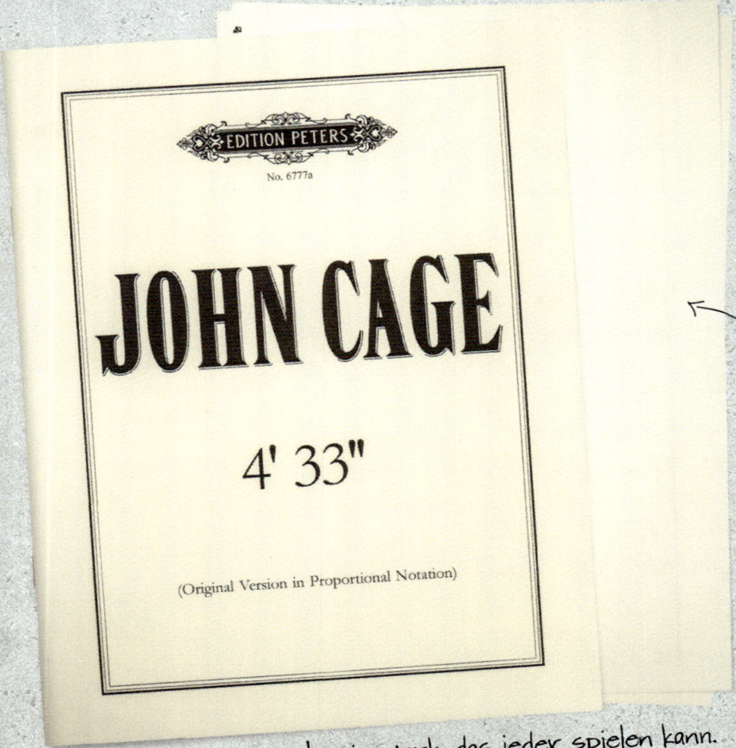

nix

John Cage komponierte ein Werk, das jeder spielen kann. 4 Minuten und 33 Sekunden lang nicht eine Note. Hören Sie vor dem geistigen Auge mal rein. Wie gefällt es Ihnen?

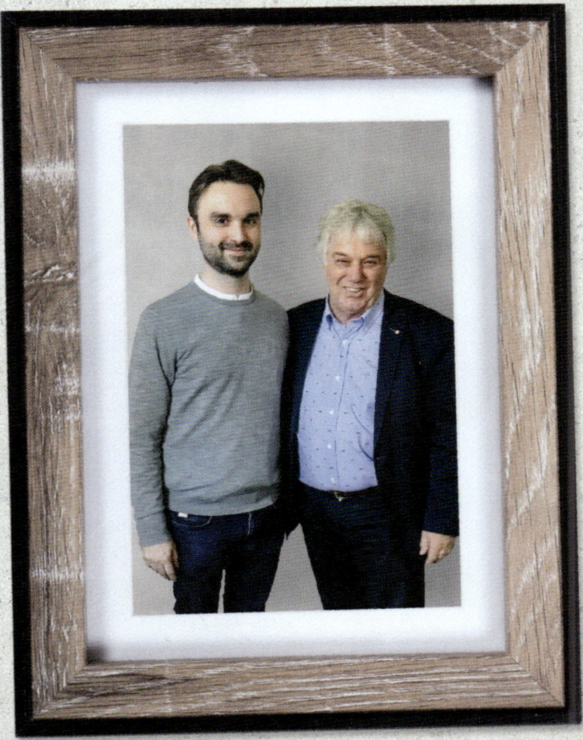

Dr. Pop und Rolf Zuckowski. Mein Gesicht, wenn ich stolz und aufgeregt bin.

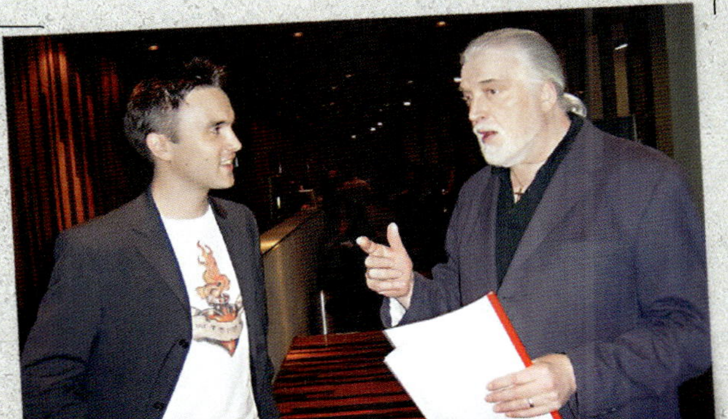

2004 durfte ich Jon Lord von Deep Purple meine Bachelor-Arbeit überreichen. Hätte der Musikjournalist Thomas Steinberg nicht das Foto gemacht, ich würde es selber nicht glauben.

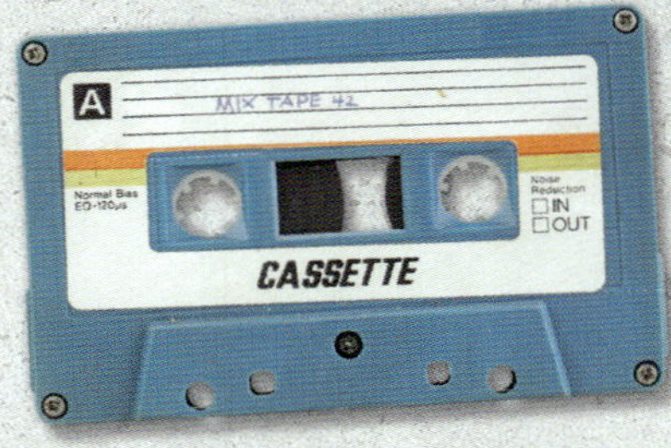

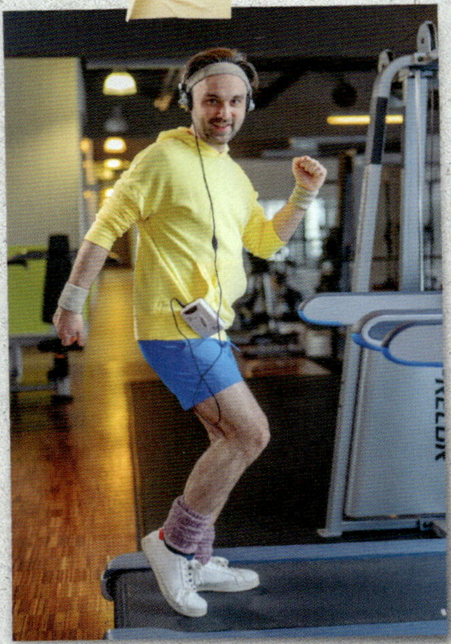

Die 80ies. Mit Walkman und Stulpen zum Joggen.

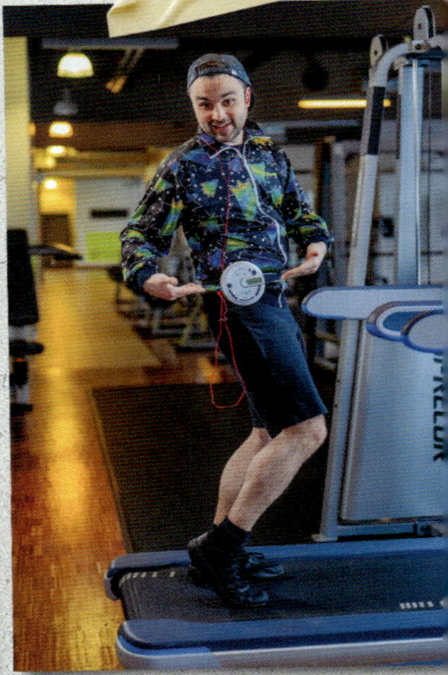

In den 90ies bewegte man sich mit dem Discman und die CD sprang gleich mit.

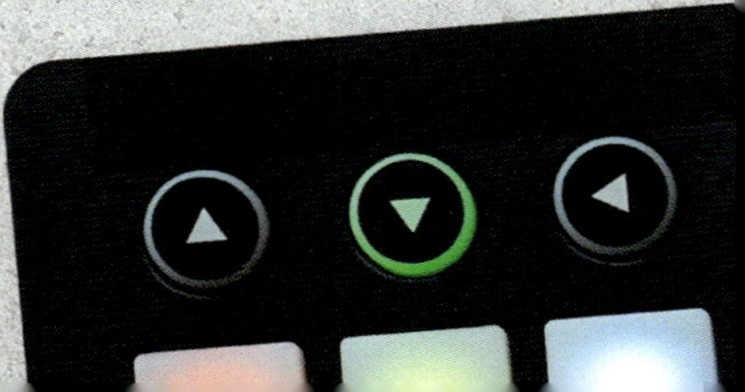

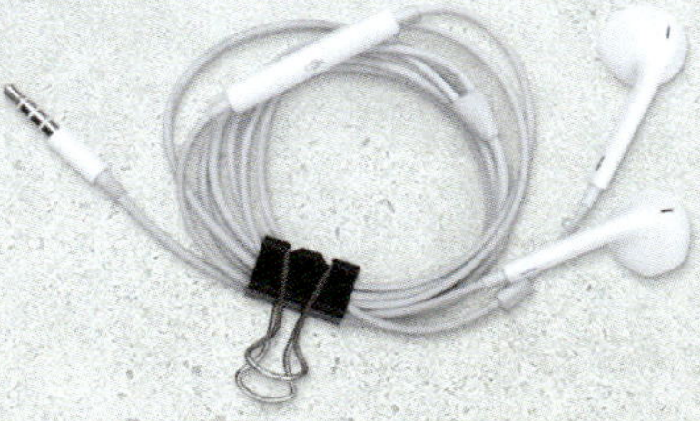

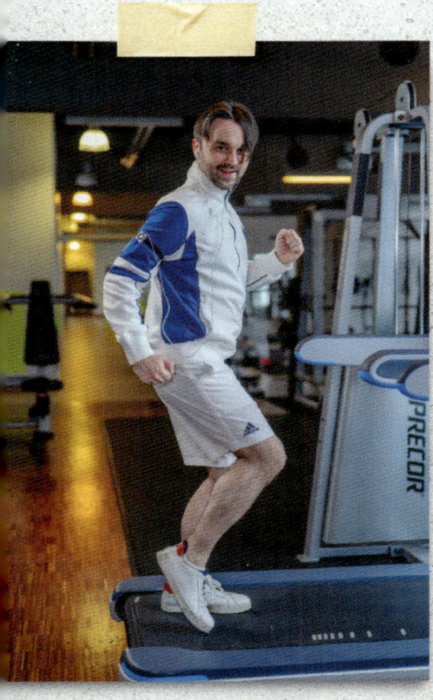

In den Nullerjahren wurde es praktischer. Mit »1000 Songs in your pocket«.

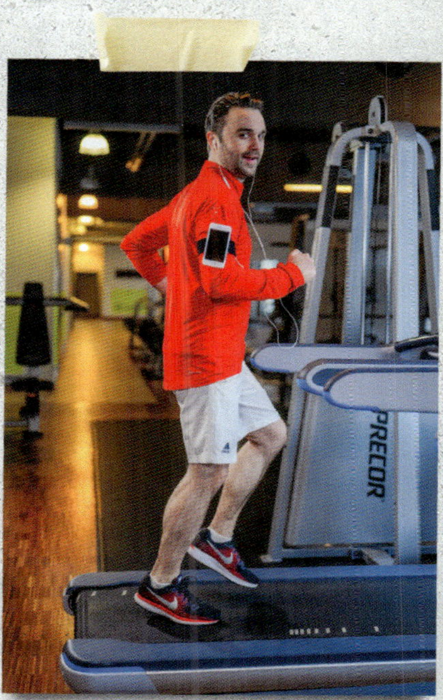

Ende der 2010er-Jahre klebten plötzlich Smartphones am Arm.

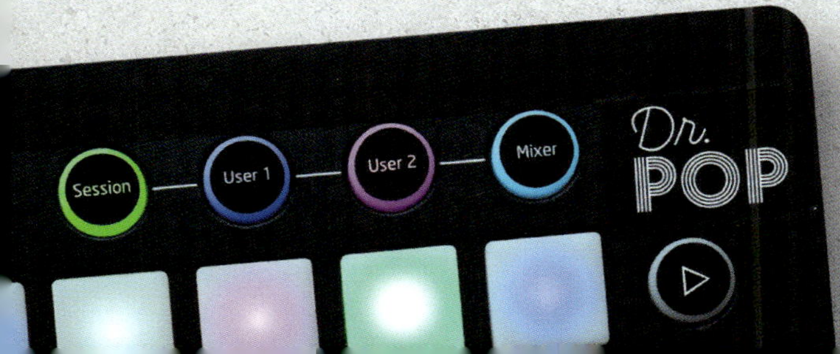

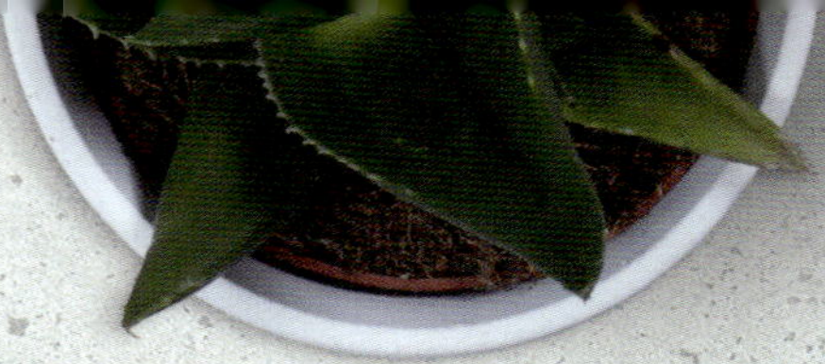

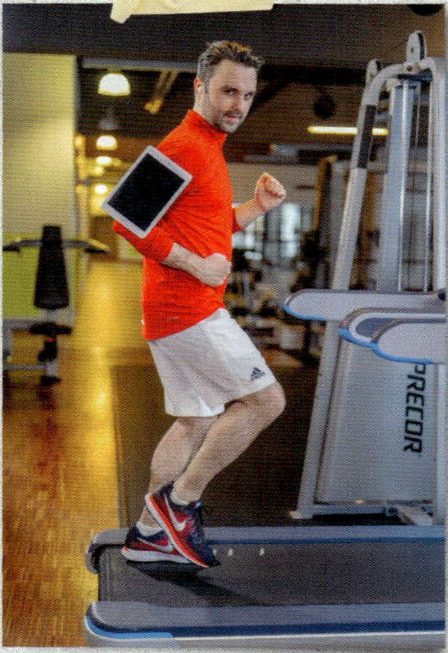

Vielleicht werden die Dinger größer und schwerer. Dann läuft man irgendwann im Kreis …

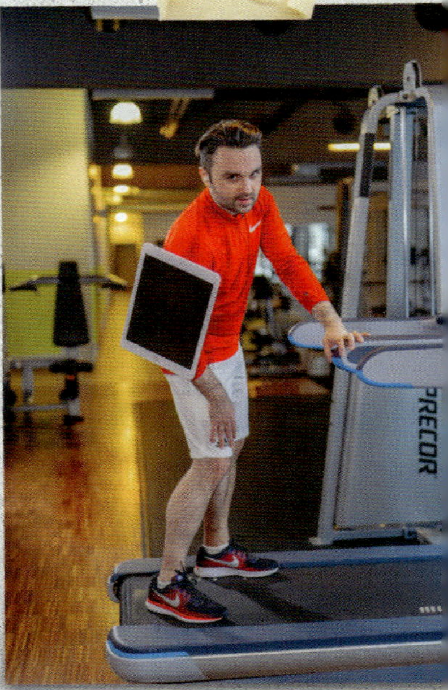

… oder man kommt gar nicht mehr vom Fleck.

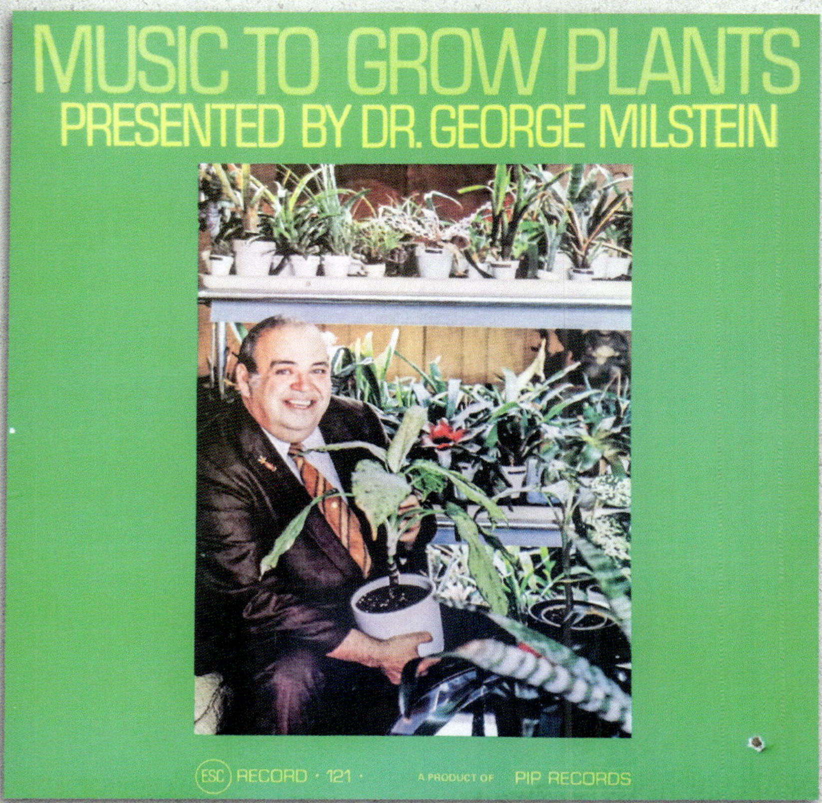

Dr. George Milstein war zunächst Zahnarzt, widmete sich dann aber dem Gartenbau. Hier ziert er das sattgrüne Cover einer Schallplatte, mit deren Musik Pflanzen besser wachsen sollen.

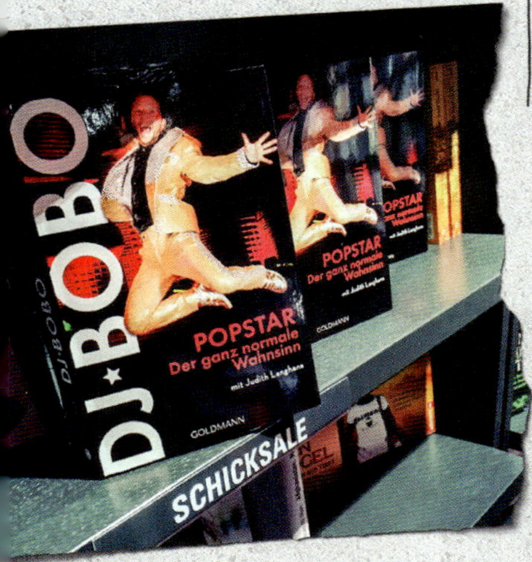

Schnappschuss in einem Buchladen. Die offizielle Biografie von DJ BoBo wurde in der Kategorie »Schicksale« eingeordnet. Kein Scherz.

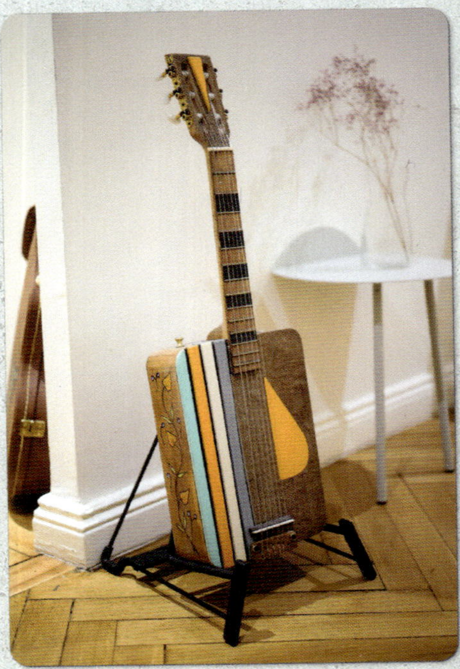

Eine Cigar-Box-Gitarre. Ein Unikat. Gebaut von meinem »Brieffreund« Antonio aus Lissabon.

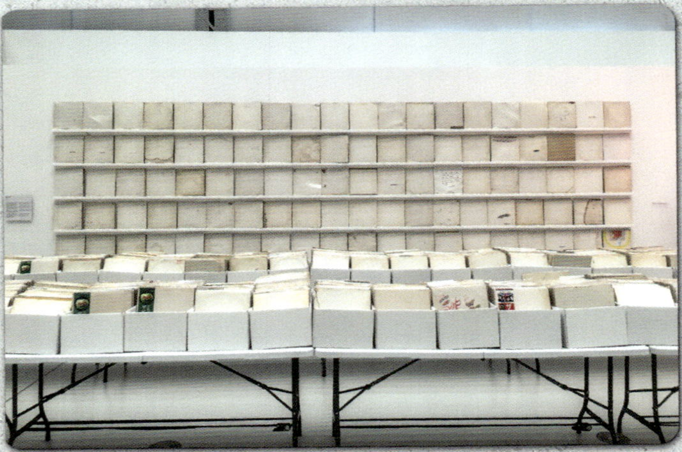

Deichtorhallen Hamburg. Ausstellung: »Hyper! A Journey into Art and Music«. Die Installation »We Buy White Albums« von Rutherford Chang ist ein kleiner Geniestreich.

Wenn tatsächlich bei einer Studie herauskommt, dass Menschen, die im Besitz einer Gitarre sind, länger leben, dann könnte es daran liegen, dass das Interesse an dem Kulturgut mit anderen gesundheitsförderlichen Aktivitäten korreliert.

Zweifelsohne ist es aber immer eine gute Idee, sich unabhängig vom Lebensalter eine Gitarre zuzulegen und sie im Idealfall auch zu spielen. Hier die Vorteile im Einzelnen:

Schnelle Erfolgserlebnisse

Ein paar Grundakkorde sind flott gelernt. C und G reichen schon, um Welthits spielen zu können. »Give peace a chance« von John Lennon zum Beispiel. Das erklärt auch den Erfolg solcher Lieder am Lagerfeuer oder im evangelischen Gemeindezentrum.

Soziale Effekte

Die Gitarre ist das optimale Begleitinstrument. Umstehende oder Umsitzende fassen schnell den Mut, bei einem Lied einzusteigen. Die Gitarre ist daher perfekt für die soziale Interaktion. »Spiel doch mal was«, ein Satz, den Gitarristen deutlich häufiger hören als Blockflötenspieler. Außer an Weihnachten.

Mobilität

Die Gitarre lässt sich leicht überallhin mitnehmen. Probieren Sie das mal mit einer Harfe oder einem Konzertflügel. Außerdem gibt es Anbieter für klapp- oder abschraubbare

Reisegitarren, kleine Modelle wie »Lava Me« aus robuster Karbonfaser oder diese handlichen Exemplare der Firma Martin, die Ed Sheeran bereits als Straßenmusiker nutzte. Die haben fast Kindergitarren-Größe. Selbst damit steht einer Weltkarriere also nichts im Wege.

Kostengünstiger Einstieg

Im Vergleich zu Geigen, Blechblasinstrumenten oder handgefertigten 6.000-Euro-Gongs aus China ist der Einstieg bei Gitarren kostenbewusst machbar. Für 300 bis 600 Euro lassen sich schon sehr verlässliche Akustikgitarren erstehen. Eine meiner liebsten Gitarren hat knapp 180 Euro gekostet. Ein Einsteigermodell von Fender. Sie hat den schönsten Topfpflanzen-Platz in meiner Wohnung bekommen. Nur ohne Sonne – Gitarren sind lichtscheu, genau wie viele Musiker*innen in ihren Proberäumen.

Der Gebrauchtmarkt ist auch attraktiv. Hier findet man Gitarren, die eingegroovt sind. Nach zehn Jahren arbeitet das Holz nicht mehr, was gut ist, denn wenn alle Bünde gleichmäßig klingen, wird das auch so bleiben. Selbst in ein Exemplar mit Gebrauchsspuren, mit Ecken und Kanten kann man sich verlieben. Das kennen viele von der Partnerschaft.

Gitarren als Wertanlage

Die Anschaffung einer hochwertigen Gitarre ist meistens eine gute Idee. Auch nach Jahren behalten sie ihren Wert – und wo hat man in diesen Zeiten schon so eine Sicherheit? Manchmal schießt der Wert auch in die Höhe. Alte

Gibson-Gitarren aus den 50er- oder 60er-Jahren erzielen auf dem Gebrauchtmarkt mitunter Preise von Kleinwagen. 20.000 Euro oder mehr sind da drin. Eine Martin-D-18E-Akustikgitarre wurde im Juni 2020 für sechs Millionen US-Dollar versteigert. Weltrekord. Die Tatsache, dass Kurt Cubain sie beim legendären Nirvana-MTV-Unplugged-Konzert gespielt hatte, war allerdings leicht wertsteigernd. Trotzdem, vergessen Sie Gold, Aktien oder Immobilien. Investieren Sie in Gitarren!

Stressabbau

Das Spielen einer Gitarre trägt nachweislich zur Entspannung bei. Und auch das Zerschmettern, fragen Sie mal Jimi Hendrix.

Wie bei anderen Instrumenten auch kommen bei der Gitarre viele Positivaspekte zusammen. Wer regelmäßig übt, verbessert seine Konzentrationsfähigkeit, die Kreativität und das Selbstbewusstsein. Und entgegen des Klischees lässt sich nicht nur mit Klassik, sondern ebenso mit Heavy-Metal-Musik Herzkreislauferkrankungen vorbeugen. Sie senkt den Blutdruck. An welcher medizinisch-akademischen Hochburg erbrachte man den Nachweis? An der Harvard Medical School? In Oxford, führend im Ranking beim Medizinstudium? Nein, am Marienhospital, dem Universitätsklinikum der Stadt Herne. 2013 brachte eine kleine Studie mit 60 Teilnehmenden das Ergebnis ein. Ich bin im Ruhrgebiet an einer Hauptverkehrsstraße groß geworden. Ich verstehe schon, warum auf manche in Herne Heavy Metal beruhigend wirken kann.

Gitarren sind sexy

Schon wer sie einfach nur mit sich herumträgt, kann seine Attraktivität bekanntlich erhöhen. Ob Mann oder Frau, jedem steht eine Gitarre gut. Sollte ein Gast bei einem romantischen Date mal fragen: »Oh, du hast eine Gitarre. Wie toll! Magst mir was vorspielen?«, dann tun Sie es unbedingt! Sollten Sie am Saiten-Instrument noch nicht so sicher sein, antworten Sie einfach: »Ach, vom Spielen werde ich immer so sentimental. Vielleicht später?« Das geht auch. Die bloße Anwesenheit hat schon ihre Wirkung. Wie gesagt, ich habe acht Gitarren zu Hause.

Nebenwirkungen vom Gitarrespielen gibt es keine. Es sei denn, Sie werden direkt Rockstar und leben das exzessive Leben mit Alkohol, Drogen und Ingwertee. (Musikerinnen und Musiker trinken wahnsinnig viel Ingwertee.) Möglicherweise steigt Ihnen der Ruhm derart zu Kopf, dass Sie auf Tournee ein Hotelzimmer zertrümmern. Das gehörte früher mal zum guten Ton. Und Keith Richards hat es offenbar nicht geschadet.

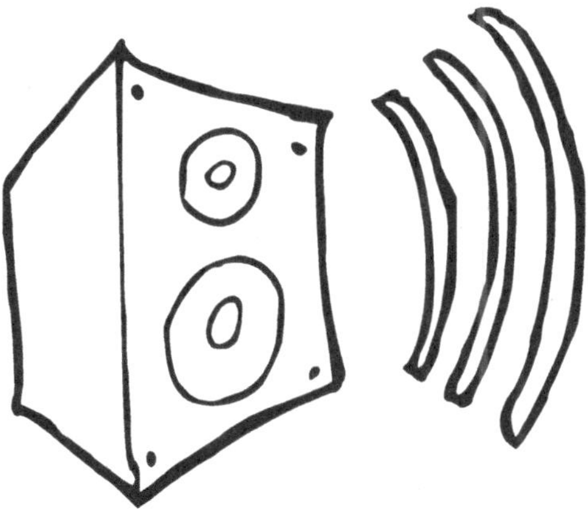

Musiker lieben Dirigenten, die hören,
Zuschauer lieben Dirigenten, die turnen.
Manfred Hinrich
1926–2015

8

I like to move it

Sport & Motivation

Beschallung treibt an. Mit dem falschen Song kann ein DJ die Tanzfläche leer fegen. Die richtige akustische Motivation kann uns ins Fitnessstudio treiben und dort unsere Übungseinheiten strukturieren. Aber ist Musik beim Sport dauerhaft gut? Nein, sagt die Sporthochschule Köln und gibt uns eine gute Faustregel mit auf den Joggingweg.
Wer wie Rocky Balboa vor dem Boxkampf oder Kollegah bei der Bosstransformation zu sehr ins Schwitzen kommt, kann sich mit Musik wieder abkühlen. Offenbar wirken sich Klänge auf unser Temperaturempfinden aus. Und wie man ganz generell seine Ziele und Pläne mithilfe von Musik einhalten und erreichen kann, dazu gibt es hier auch Tipps.

Hilft Musik wirklich beim Sport?

Soll ich beim Sport Musik hören? Intuitiv käme wohl niemand auf die Idee, diese Frage zu verneinen. Musik pusht, Musik hat einen Rhythmus, sie lenkt ab – alles gute Gründe, keine Sporteinheit ohne wummernden Bass durchzuziehen. Doch tatsächlich gibt es hier einiges zu differenzieren. Es macht einen riesigen Unterschied aus, wer wann und wie oft und in welcher körperlichen Verfassung welche Leibesübungen machen will.

Zunächst die gute Nachricht: Wenn Sie nicht zum Olympiateam im Rudern gehören und auch nicht täglich Triathlon betreiben, um abends mal schön runterzukommen, dann kann Musik eine fantastische Wirkung auf Sie haben.

An der Universität in Hamilton, Kanada wurde gezeigt, dass Ungeübte beim Zirkeltraining exorbitant bessere Ergebnisse mit Musik einfuhren als ohne. Die Beschallung konnte die persönlich wahrgenommene Anstrengung reduzieren und die Bereitschaft, überhaupt mitzumachen, erhöhen. Das war sicher auch nötig. Denn wer liebt es nicht? Das gute alte Zirkeltraining.

Bei Menschen, die schon recht fit sind, kann es ebenso schöne Resultate bei der Leistungssteigerung geben, wenn auch etwas überschaubarer. Im *Journal of Strength and Conditioning Research*, ein Fachmagazin, dessen Titel allein schon motiviert, wurde eine Studie veröffentlicht, bei der regelmäßige Läufer eine Strecke über fünf Kilometer einmal mit und einmal ohne Musik laufen sollten:

Ohne Musik lag der Durchschnittswert bei 27 Minuten und 20 Sekunden.

Mit Musik lag der Durchschnittswert bei 26 Minuten und 45 Sekunden.

Nach fünf Kilometer intensivem Laufen bekommt man also 35 Sekunden mehr Zeit für andere Dinge geschenkt. Bei mir wäre es Keuchen.

Musik beim Sport kann die Sauerstoffaufnahme im Körper erhöhen, jawohl. Sie sorgt für eine tiefere, entspanntere Atmung. Das heißt, sie treibt uns an und relaxt uns gleichzeitig, welch ein schönes Paradoxon. Sie verbessert außerdem unsere Körperhaltung. Wir werden präsenter, aufrechter. Das alles hilft unserem Organismus, besser zu arbeiten.

Was Musik außerdem bewirken kann: Sie nivelliert Unterschiede. Normalerweise sind wir an späteren Tagesabschnitten leistungsfähiger. Wenn wir uns allerdings vor der Sporteinheit zehn Minuten lang mit Musik aufwärmen, gibt es diese Diskrepanz nicht mehr. So zumindest das Ergebnis einer Untersuchung mit Sportlern, die um sieben Uhr morgens und um fünf Uhr nachmittags mehrfach für das Forscherteam antreten durften. Ich persönlich verspüre einen tiefen Respekt für Menschen, die in aller Herrgottsfrühe durch die Straßen joggen. Ich denke jedes Mal, wow, die arbeiten bestimmt als CEOs oder Kevin-Costner-mäßig beim Personenschutz. Meist sehe ich die Menschen, wenn ich frühmorgens auf dem Weg zum Bäcker bin, um gesunde Croissants fürs Frühstück einzukaufen.

Nicht für jeden ist Musik beim Sport geeignet. In einem Pausenplausch bei Dreharbeiten mit Musikern des Filmorchesters Babelsberg erfuhr ich, dass keiner von ihnen beim Joggen Musik hören kann. Das brächte sie völlig aus dem Tritt. Bei Menschen, die beruflich Musik machen, werden musikalische Reize anders verarbeitet. Das Gehirn nimmt die Musik analytischer wahr und der Körper will andere Bewegungen vollziehen. Darauf ist er geeicht. Das erklärt auch, warum man selten Jogger mit einer Geige in der Hand sieht.

Wer für sich diese Problematik nicht identifiziert, kann sich über zahlreiche positive Effekte freuen und folgende Empfehlungen beherzigen, die sich aus Publikationen der Sporthochschule Köln ableiten:

TIPP: Befolgen Sie die 2-aus-3-Regel. Das heißt, auf zwei Einheiten Sport mit Musik folgt eine Einheit ohne Musik. Das ist wichtig, um einem Abnutzungseffekt vorzubeugen.

Und wählen Sie die Musik selber aus. Es gibt zahlreiche Empfehlungsplaylists, dort kann man sich inspirieren. Allerdings ist die Wirkung von Musik deutlich höher, wenn Sie Ihre persönlichen Vorlieben einfließen lassen.

Setzen Sie die Intensität und das Tempo der Musik am Anfang nicht zu hoch an. Das stresst und könnte demotivierend sein.

Fürs Laufen ist erst mal ein Musik-Tempo zwischen 110 und 130 bpm zu empfehlen.
Wenn Sie trainierter sind, können Sie sich auf 130 bis 160 bpm steigern.
Alles über 180 bpm wäre geeignet, wenn Sie auf der Flucht sind.
60 bpm ist wiederum ein hervorragendes Tempo, um Croissants zu holen.

Wie soll ich Musik hören?

Überall wo es möglich ist, sollte man Kopfhörer beim Sport vermeiden. Das sehen Apple, Samsung und die Kopfhörer-Industrie bestimmt ein bisschen anders. Doch laut Auskunft des Leiters der HNO-Uni-Klinik in Freiburg, Prof. Roland Laszig, verleiten sie dazu, dass man sie mit der Zeit immer ein Stück lauter macht. Smartphones und andere Abspielgeräte haben Warnanzeigen, die kritische Dezibel-Bereiche anzeigen. Die sollte man unbedingt ernst nehmen. Sonst entstehen auf Dauer ernste Schäden. Noise-Cancelling-Kopfhörer können helfen, weil man durch sie weniger gegen Außengeräusche mit der Lautstärke ankämpft. Aber Außengeräusche können auch lebenswichtig sein, etwa beim Joggen im Straßenverkehr.

Daheim sollte man ebenfalls auf Bluetooth-Boxen oder sonstige Anlagen setzen. Der Clou: Ihre Nachbarn motivieren Sie gleich mit zum Sport!

Aber natürlich gibt es zahlreiche Situationen, wo man sich nur mit Kopfhörern behelfen kann. Beim Schwimmen zum Beispiel. Tatsächlich gibt es mittlerweile sogar recht gute wasserdichte Kopfhörersysteme. Hier ist es zudem nicht so gefährlich. Unter Wasser fahren deutlich weniger Straßenbahnen oder Lkw.

Das Fitnessstudio ist auch so ein Ort, an dem man oft Kopfhörer braucht. Leider zum gesundheitsgefährdenden Überdecken von anderer Musik. Bei der allgemeinen Beschallung drängt sich rasch die Frage auf: Seid ihr euch ganz sicher mit diesem Kirmes-Techno? Oder es ist Musik aus Radiosendern, die ihre Zielgruppe mit Du ansprechen. Manche Pumper bringen in der Folge Kopfhörer so groß wie Lkw-Reifen mit. Verständlich.

Kopfhörer sind ja auch etwas Schönes. Besonders gern mag ich die frühen Exemplare mit Bügel und Kabel. Was war das für eine herrliche Zeit mit dem Schweißband an der Stirn und dem Walkman am Gürtelbund! Am 1. Juli 1979 wurde der Walkman von der Firma Sony vorgestellt. 125 US-Dollar kosteten die Geräte damals und die Leute waren verrückt danach. Sony kam mit der Produktion kaum hinterher. Man schätzt, dass mit den Jahren etwa 335 Millionen Geräte dieser Art verkauft wurden. In den 80er-Jahren war der Walkman aus dem Straßenbild kaum noch wegzudenken. Und in Filmen sah es immer so wahnsinnig sexy aus, wenn jemand damit Sport trieb. Ich selber wollte in den 90er-Jahren den Coolness-Faktor für mich nutzen. Es war Sommer und ich zog mir eine leichte, kurze Sporthose an. Daran befestigte ich meinen frisch erworbenen Discman. Die Technik war schon etwas vorangeschritten. Ich lief motiviert los, verlor aber nach etwa zehn Metern meine Hose. Das Ding war zu schwer. Ich schlich verschämt zurück nach Hause. Meine Jogging-Ambition pausierte daraufhin kurz. Für etwa 20 Jahre. Bis heute ist sie nicht wirklich zurückgekehrt. Aber ich mag Tischtennis und Schach.

Im 21. Jahrhundert traten geschickte, kleine, leichte MP3-Player ihren Siegeszug an. Mittlerweile werden sie zunehmend von Smartphones ersetzt. Und die werden mit Armmanschetten Gassi geführt. Mir scheint, als würden sie immer größer. Ist es die Präsentation eines Statussymbols (das neuste Apple-Produkt ist manchen so bedeutsam wie früher ein neuer Mercedes) oder eine zusätzliche Gewichts-Challenge? Die Entwicklung lässt mich ein wenig ratlos zurück. Im Bildteil habe ich sechs Fotos zur historischen Entwicklung seit den 80ern inklusive einer Zukunftsprognose bereitgestellt.

Musik vor dem Sport

Für mich persönlich stellt sich meistens die Frage: Welche Musik höre ich vor dem Sport, damit ich mich überhaupt motiviert bekomme? Sportmotivation ist eine komplexe Wissenschaft für sich. Bis heute ist es für mich ein Rätsel, dass Jürgen Klinsmann es 2006 bei der WM schaffte, die Fußballnationalmannschaft mit Kuschelpop bis ins Halbfinale zu bringen. »Dieser Weg« von Xavier Naidoo wurde zur Einstimmung in der Kabine gehört. Pathos kann offenbar antreiben. Diversen Quellen zufolge hatte die Mannschaft bis 2005 noch regelmäßig vor den Spielen den Van-Halen-Klassiker »Jump« gehört. Möglicherweise wurden dadurch nur die Torleute motiviert.

In der Musikgeschichte dürfte es »Eye of the tiger« aus *Rocky III* sein, der die meisten Menschen zum Sport angetrieben hat. Gut nachvollziehbar, denn gewisse Soundtracks setzen bei uns Assoziationen frei, die wir mit dem schweren, aber erfolgreichen Weg eines Filmprotagonisten verbinden. Und was die können, können wir in dem Moment dann auch – zumindest in der Fantasie. Jedes große Ziel braucht die imaginäre Vorstellung seiner Erfüllung. Musik macht uns dabei kreativ und emotional.

Es gibt keine Sportart, bei der man sich nicht mit Musik hochpushen kann. In meiner Jugend spielte ich regelmäßig Schach. Der Coolness-Faktor war ungefähr so hoch, als würde man nach zehn Meter Joggen seine Hose verlieren. Aber ich mochte es sehr. Im Vorfeld einer deutschen Meisterschaft hörte ich mir vor den Partien energiereiche Lieder an. Über meinen Discman. Das pushte mich. Ich hatte damals ein paar *Bravo Hits-Sampler* dabei. »It's my life« von Dr. Alban, »No limit« von 2 Unlimited und »Mr. Vain« von Culture Beat waren darauf. Also alles, was das 90er-Herz begehrt. Nur leider rutschte mir auch irgendwann ein Song von Lucilectric dazwischen: »*Ich bin so froh, dass ich ein Mädchen bin, dass ich ein Määää-äääädchen bin.*« Über Stunden hatte ich einen Ohrwurm. Ich verlor die entscheidende Schachpartie. Lucilectric hat sich bis dato dafür nicht bei mir entschuldigt.

Heute habe ich tatsächlich eine Playlist auf meinem Smartphone, die sich »Sportmotivation« schimpft. Wenn ich die anklicke, kommt bei mir etwas in Gang. Da könnten eigentlich auch Songs wie »Lose my breath« von Destiny's Child oder »You can get it if you really want« von Jimmy Cliff drauf sein. Aber in der Praxis schaut es anders aus. Hier ein kleiner Auszug, falls Sie interessiert sind:

- ♪ »Guitar« von Prince
- ♪ »Helicopter« von Bloc Party
- ♪ »No es lo mismo« von Alejandro Sanz
- ♪ »Naive« von The Kooks
- ♪ »Soul with a capital ›S‹ von Tower of Power

Abkühlen mit Musik

Sport hat auch sehr viel mit Temperaturregulation zu tun. Im Sommer kann es schnell mal zu warm und im Winter zu kalt sein, um sich zur Leibesübung zu motivieren. Ich habe mir mal die Frage gestellt: Kann man durch Musik Einfluss aufs Temperaturempfinden nehmen? Tatsächlich gibt es ein paar psychophysiologische Zusammenhänge, wie es so schön heißt, die aber natürlich stark von Organismus, Biorhythmus und Musikpräferenzen abhängig sind. Man weiß, dass gewisse Klangfarben bei uns für

Abkühlung sorgen können. Helle, klare E-Piano-Sounds zum Beispiel. Das Lautmalerische in der Wassermusik von Händel. Textzeilen und Synthi-Sounds wie in »Kaltes, klares Wasser« in der Version von Chicks on Speed. Oder die Produktion »Ice, ice, baby« von Vanilla Ice. Da kühlt der Künstlername gleich mit.

Unser Hirn verarbeitet die Klänge und Textzeilen, die uns an ein »Eis« erinnern, und schickt entsprechende Signale an den Körper. Durch die reelle Berührungserfahrung beschert uns die Musik Phantom-Eiswürfel.

Wenn man den Song an heißen Tagen in Dauerschleife hört, können sich Assoziationsketten allerdings umdeuten. Man verbindet die Songs mit Hitze und der Körper merkt sich das. Das Temperaturempfinden nimmt dann eine ungewollt andere Richtung – aus kalt wird plötzlich warm. Umgekehrt kennen das viele morgens aus der Dusche.

Wenn man sich im Sommer bei Hitze auditiv abkühlen will, sollte man Musik hören, die nicht zu schnell ist und ein Lebensgefühl ausdrückt, das die klimatischen Bedingungen locker wegsteckt. Ein Album von Buena Vista Social Club zum Beispiel oder das Gesamtwerk von Bob Marley.

Zu schnelle Musik mit 130 Schlägen pro Minute oder mehr regt den Kreislauf an und sorgt an heißen Tagen für eine meist unerwünschte Erwärmung. Darum heißt es im Sommer: Unbedingt Finger weg von Scooter. Das gilt aber auch für den Winter, den Frühling und den Herbst.

Erwärmen durch Musik

Und umgekehrt? Erwärmen durch Musik, geht das auch? »Da wird einem richtig warm ums Herz« – mit dieser Formulierung können sich viele identifizieren, die ein getragenes Geigensolo hören oder von einer Popballade ergriffen sind. Und Temperatur-Metaphern kommen nicht von ungefähr. An der Universität in Toronto sollten sich Studierende an ein persönliches Erlebnis erinnern, bei dem sie sich einsam und ausgegrenzt fühlten. Sie schätzten anschließend die Raumtemperatur um zwei Grad niedriger ein als Versuchsteilnehmende, die an ein positives Erlebnis dachten. Wenn Musik einen einhüllt und das Gefühl von Geborgenheit und Verständnis gibt, dann nimmt sie uns in den Arm, wie eine Mutter ihr Neugeborenes.

Emotionale Musik kann nicht nur gefühlt, sondern auch physisch die Thermoregulation beeinflussen – besonders, wenn sie eine Gänsehaut auslöst: Sobald sich die kleinen Härchen an der Körperoberfläche aufstellen, wird die Luft darin eingeschlossen, und der Körper erwärmt sich. Wer im Winter viele Balladen von Adele hört, kann nicht nur seine Heizkosten senken, sondern gleichzeitig auch etwas für die Klimabilanz tun.

Wie man gute Vorsätze mit Musik besser durchhält

Sei es beim Sport oder in anderen Lebensbereichen, ein Leben lang nehmen wir uns Dinge vor. Peak-Time ist um Silvester herum. Jedes Jahr nehmen sich gut die Hälfte aller Deutschen vor, im neuen Jahr etwas zu verbessern. Dem Daten-Portal Statista zufolge lauteten die Top-3-Vorsätze für das Jahr 2021: »Gesunde Ernährung« (52 %), »Mehr Sport treiben« (47 %) und »Abnehmen« (38 %). Auf den hinteren Plätzen lag »Weniger Zeit in sozialen Medien verbringen« (13 %) noch vor »Vegetarier oder Veganer werden« (5 %) und »Weiß nicht« (3 %).

Eine Reihe von Befragungen legt nah, dass viele Neujahrsvorsätze bereits in der dritten Januarwoche, durchschnittlich am 17. Januar, gescheitert sind. Ärgerlich. Ein Grund dafür ist, dass man sich viel zu viel auf einmal vornimmt. Ein bisschen so wie in dem Hit von Peter Fox »Alles neu«. Die radikalen Vorsätze können hier sogar zu starken Beinschmerzen führen. Im Liedtext heißt es: *»Sollt' ich je wieder kiffen, hau ich mir 'ne Axt ins Bein«*.

Davon rate ich ab.

Die rabiate Von-jetzt-auf-gleich-Methode ist zwar verlockend und entspringt häufig einem Willensimpuls, langfristig ist sie aber ein Taugenichts. Die Strukturen, die zu ungewollten Verhaltensmustern im Alltag führen, müssen aufgelöst werden. Aus der Psychologie kommt der Tipp, Veränderungen in kleinen Schritten herbeizuführen. Diese Weisheit findet sich auch in der Musik wieder. Die

Boygroup New Kids on the Block verkauften 6,5 Millionen Tonträger mit der Single »Step by step«. Whitney Houston wurde sogar noch präziser und sang: »Step by step, bit by bit«.

Vorsätze haben immer etwas mit Emotionen zu tun. Man sehnt sich einen Zustand herbei, der einen in der Zukunft glücklicher macht. Und Musik ist ein hervorragendes Vehikel, Ziele emotional zu verknüpfen. Im britischen Corona-Lockdown komponierte und produzierte Paul McCartney ein Solo-Album. Er spielte alle Instrumente eigenständig ein: Gitarre, Bass, Schlagzeug, Klavier, Cembalo ... Ein Lied auf dem Album nannte er »Seize the day«. Ein 78-jähriger Mann, der alles im Leben erreicht, gesehen und durchlebt hat, bringt mitten in der Gesundheits- und Isolationskrise eine klare Botschaft voran: »Nutze den Tag«. Das hat mich berührt. Zu dem Zeitpunkt waren nämlich alle Liveauftritte vor Publikum abgesagt. Die Theater waren geschlossen, und eine richtige Perspektive, wann sie wieder öffnen dürften, gab es nicht. Der Song hat es auf meine Vorsatz-Playlist geschafft. Jetzt mögen Sie einwenden: Nutze den Tag? Wo ist da der Unterschied zu einem Carpe-diem-Wandtattoo? Ich bitte Sie! Der Gesamtkontext, die Musik an sich! Außerdem kommt der Song ganz ohne Axt im Bein aus.

TIPP:
Ob für das neue Jahr oder generell – Vorsätze lassen sich gut mit Musik unterstützen. Ein Vorschlag zur Vorgehensweise: Nehmen Sie sich ein Blatt Papier zur Hand, am besten ein weißes, und beantworten Sie folgende »Pyramidenfragen« für sich:

Was möchtest du?

Welche Konsequenzen hat das?

Bist du bereit, die Konsequenzen zu tragen?

Ganz oben steht das Ziel. Unten das Fundament, zu dem man ruhig ein paar Zeilen mit konkreten Umsetzungsideen festhalten darf. Notieren Sie ein paar Songs, legen Sie ein paar Platten raus oder erstellen Sie auf dem Smartphone eine Playlist mit Liedern, die Sie mit den Zielen verknüpfen. Vergessen Sie »Step by step« nicht – ob von Whitney Houston oder den New Kids on the Block, es geht beides.

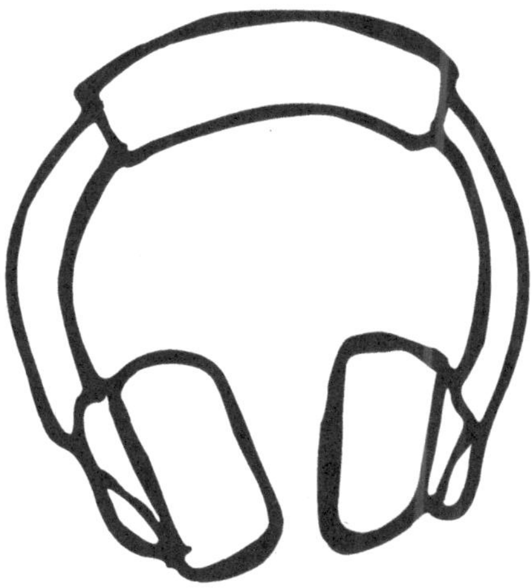

Ich verstehe nichts von Musik.
In meinem Fach ist das nicht nötig.
Elvis Presley
1935–1977

9

Imagine

Politik & Gesellschaft

Keine Kanzlerin Merkel ohne die Spice Girls. Diese auf den ersten Blick ulkig anmutende These aus dem feuilletonistischen Diskurs ist gar nicht mal so abwegig. Denn was durch die Gesellschaft wabert, findet sich irgendwann in der politischen Realität wieder. Das schließt auch »Girl-Power« ein. Um die Verbindung zwischen Politik und Gesellschaft geht es in diesem Kapitel. Musik ist ein Vermittler und wichtiger Störenfried zugleich. Sie wirft Licht auf verdrängte Themen und hat viele gesellschaftliche Veränderungen mit angestoßen. Dass Menschen mit Behinderungen sehr förderungswürdige Chancen rund um das Thema Musik haben, soll hier auch zur Sprache kommen.

Musik und Politik

Die politische Kraft von Musik ist enorm. Weil sie uns emotional so packt. Und auch bei politisch verantwortlichen Personen sind wir oft emotional getrieben. Jede Woche gibt es schließlich eine Umfrage zur Beliebtheit des politischen Personals und nicht dazu, welchen frisch verabschiedeten Gesetzestext wir diesmal besonders knackig fanden. Die Sprengkraft von Musik war schon Platon bewusst:

> *Eine neue Art von Musik einzuführen muss man sich hüten, weil es das Ganze gefährden heißt; denn nirgend wird an den Weisen der Musik gerüttelt, ohne dass die wichtigsten Gesetze des Staates mit erschüttert würden.*

Und tatsächlich überlegen sich Staaten und Machthaber dreimal, welche Musik sie in ihrem Land zulassen. In der ehemaligen Sowjetunion waren zeitweise sogar die Beatles verboten. Wegen des potenziell schlechten, aufrührerischen Einflusses auf die Jugend. Da mag man aus heutiger Sicht schmunzeln. Mancherorts wäre man froh, wenn »die Jugend« Beatles statt, sagen wir mal, Frauenarzt hören würde.

Als ich Kind war, hatten meine Eltern das *Let it be*-Album auf CD. Und beim Song »Get back« ist für mein Empfinden tatsächlich etwas Aufrührerisches drin. Diese Bassfigur, sie treibt, hält sich aber gleichzeitig zurück. So als würde sich ein Ausbruch ankündigen, der – solange er nicht kommt – von Moment zu Moment größer wird.

Bestimmt habe ich deswegen mindestens einmal die Hausaufgaben nicht gemacht.

Bei der Frage, wann Musik politisch ist, wird gerne mal in die Textzeilen der Songs geschaut. Doch dort findet man nur bedingt Antworten. Als Kind habe ich nicht eine Zeile von »Get back« verstanden. Die politische Dimension von Musik liegt häufig im Sounddesign und der Anmut eines Liedes. Als Jimi Hendrix 1969 die Bühne von Woodstock betrat, war der Vietnamkrieg im vollen Gange. Auf seiner E-Gitarre spielte er die amerikanische Nationalhymne. Allerdings dekonstruiert, zum Teil zerschmettert. Mit wilden Soundeffekten, die manch einen an Bombeneinschläge erinnerten. Fans und Presse waren sich einig: ein klares Statement gegen den Krieg und für den Frieden. »*A political speech without words*«, eine politische Rede ohne Worte, so das Fazit eines Kommentators. Für Jimi Hendrix selbst war das Ganze politisch nicht so aufgeladen. In einem Interview sagte er, es war halt die amerikanische Nationalhymne. Die kannte er noch aus der Schule. Da kann man mal sehen. Ein schönes Beispiel dafür, dass Musik als politisch empfunden werden kann, ohne dass sie explizit politisch gemeint ist. Mit »I've been looking for freedom« von David Hasselhoff war es ähnlich. Für einige hatte er 1989 mit diesem gnadenlosen Ohrwurm die Mauer niedergesungen. Dabei musste Hasselhoff mit seinem deutschen Produzenten Jack White einfach nur ein Album vollkriegen. Das Lied hatte Jack White noch im Archiv. 1978 erschien es bereits in einer deutschen Version, gesungen von Tony Marshall, mit dem Titel »Auf der

Straße nach Süden«. Sie haben also mehr gemeinsam, als man meinen könnte, Jimi Hendrix und David Hasselhoff.

1971 wurde John Lennons »Imagine« einhellig als Friedensaufruf und als Kritik an den Geschehnissen in Vietnam und anderen kriegerischen Auseinandersetzungen empfunden. Lennon stritt die Intention nicht ab. Das wäre bei dem Text auch merkwürdig gewesen:

Imagine all the people
Living life in peace

Im Vergleich zur Hymnen-Interpretation von Hendrix ist hier alles ganz ruhig. Keinerlei Dekonstruktion, nur Wohlklang. C- und F-Dur wechseln sich im Intro ab. Dazwischen ein kleiner chromatischer Lauf (also in Halbtonschritten). Es macht wahnsinnig viel Spaß, den am Klavier nachzuspielen – es wird einem ganz wohlig dabei. Im Jahr 2000 ersteigerte George Michael bei einer Auktion für 1,45 Millionen britische Pfund das Klavier, auf dem »Imagine« entstanden war. Gute Idee, hätte ich auch gemacht.

Die Spannbreite zwischen »The star-spangled banner« von Hendrix und »Imagine« von Lennon verdeutlicht ganz gut, wie unterschiedlich politische Lieder sein können. Es geht mit Liedtext oder rein instrumental, mit einer künstlerischen Absicht oder auch vermeintlich zufällig, der Song kann ruhig und besonnen klingen, aber auch wild und kämpferisch.

Am Ende des Tages ist die Interpretation des breiten Publikums entscheidend. Und das lässt sich nicht gern dazwischenfunken. Ein Beispiel aus der Zeit kurz nach dem 11. September bringt das eindrucksvoll zutage: Knapp vier Wochen nach den Terroranschlägen wurde alles auf Krieg eingestellt. Die USA und Großbritannien kündigten einen Militärschlag gegen das Taliban-Regime in Afghanistan an. Und auch an der heimischen Radiofront tat sich was. Das Medienunternehmen Clear Channel Communications (heute iHeartMedia) wies seine über 1.200 Radiostationen an, einige Lieder von der Playlist zu entfernen. 156 Stück, um genau zu sein. Darunter auch »Imagine«. In dem Lied gibt es nämlich die Textzeilen:

Imagine there's no countries
It isn't hard to do
Nothing to kill or die for
And no religion too

Das Lied wurde von den Sendeverantwortlichen als unangemessen empfunden. Der Präsident George W. Bush sprach schließlich knapp eine Woche nach den Anschlägen von einem »Kreuzzug«, der nun zu führen sei. Ein rhetorisches Motiv, das einen Kampf der Religionen ankündigt – also das Gegenteil von dem, was Lennon so im Sinne hatte. Das Lied wurde zensiert. Das Problem war nur, es avancierte gerade zu dieser Zeit zum meistgewünschten Lied bei den Sendeanstalten. Bei den Clear-Channel-Radiostationen blieb es trotzdem für einige Wochen gestrichen.

In Reaktion auf die Kriege in Afghanistan und im Irak entstanden viele politische Lieder, die zum Teil weit oben in den Charts landeten. Pink schlug mit der Gitarrenballade »Dear Mr. President« in Singer-Songwriter-Manier sanfte Töne an und bei Green Day wurde es mit »American idiot« gewohnt wuchtig. Ähnlich wie bei »Imagine« bekam der Song bei einem späteren Ereignis viel Aufmerksamkeit. Es gab einen Aufruf unter Fans, den Song noch mal online zu kaufen, damit er auf Platz 1 der Rock-und-Metal-Charts in Großbritannien kommt. Es klappte. Im Jahr 2018, 14 Jahre nach seiner ersten Veröffentlichung, war »American idiot« wieder in aller Munde. Pünktlich zu einem Staatsbesuch von Trump.

Politische Lieder sind zu allen gesellschaftlich relevanten Themen denkbar. Armut und Hunger zum Beispiel, »We are the world« von USA for Africa ist eines der bekanntesten Beispiele der Musikgeschichte dafür. Rassismus, ein leider immerwährendes Thema, zu dem bereits 1939 von Billie Holiday mit »Strange fruit« Stellung bezogen wurde. Zunehmend Relevanz bekommen Lieder zur Wahrnehmung der Interessen von Menschen, die sich mit der LGBTIQ-Szene identifizieren (LGBTIQ = »lesbian, gay, bisexuell, transgender, intersexuell, queer«). »Born this way« von Lady Gaga, ein Welthit in dem Kontext. Und auch im Sinne des Klimaschutzes sind mit den Jahren viele Lieder entstanden. Früh dabei war Reinhard Mey mit »Es gibt keine Maikäfer mehr«.

Ich finde es sehr begrüßenswert, wenn der Musikbetrieb heiße Eisen anpackt. Es kann ja nicht immer nur um Liebe gehen. Und es dürften auch ruhig mal Nischenthemen sein. Ich selber habe ein Protestlied geschrieben, jawohl. Man könnte meinen, das Thema sei klein, fast schon unbedeutend. Aber nein, besonders in Deutschland haben wir da einige Probleme. Es betrifft uns alle. Von Jung bis Alt. Auf der Bühne performe ich es mit Hip-Hop-Beats. Wenn Sie mögen, rappe ich es Ihnen bei Gelegenheit mal vor. Den Text mag ich Ihnen bereits an dieser Stelle nicht vorenthalten:

Seit heute früh
geht hier nichts mehr
Keine Mails, kein Stream,
kein Datenverkehr

Der Router scheint nervös
Er blinkt die ganze Zeit
Wir haben ihn aus- und angemacht
das brachte uns nicht weit

Ein Update haben wir
dann auch noch installiert
Das Passwort neu vergeben
kein' Erfolg erzielt

Die Nachbarn hier im Haus
haben alle kein Problem
Nur hier bei uns
bleibt die Welt stehen

Wir haben WLAN-Ausfall
und das in dieser Woche schon zum zehnten Mal
Wir haben WLAN-Ausfall
Das kann doch nicht sein, ihr habt ja wohl 'nen Knall

Soll mein Leben
wirklich so sein
Ohne Netflix, Sky, Joyn,
Amazon Prime

Meine Pläne für den Tag
liegen völlig brach
Kein Podcast wiegt mich
heute in den Schlaf

Wie soll man da gescheit
kommunizieren
Und die Arbeit dann
prokrastinieren

Warum ist bei euch
keine Woche störungsfrei
Und wann schickt ihr endlich
den Techniker vorbei?

Wir haben WLAN-Ausfall
und das in dieser Woche schon zum zehnten Mal
Wir haben WLAN-Ausfall
Das kann doch nicht sein, ihr habt ja wohl 'nen Knall

O Mist, o Schande
jetzt kommt es raus:
Mein Netzwerk-Knopf
am Computer war aus

Politik und Musik

Manchmal gibt es auch den umgekehrten Weg: Politische Kräfte versuchen, Musik für sich zu vereinnahmen. Sie nimmt fast schon absurde Züge an, die lange Liste an Pop- und Rockstars, die sich dagegen aussprechen, wenn Politikerinnen und Politiker ihre Musik bei Wahlkampfveranstaltungen einsetzen wollen. Im Falle von Trump waren zwei Dutzend Weltstars dabei. Die Liste reicht von Adele über Luciano Pavarotti bis zu den Village People. Das muss man erst mal schaffen, dass sich die Village People über einen beschweren. Ihr Megahit »YMCA« hat bislang vor nichts haltgemacht.

Im Jahr 2020 gab es schließlich eine Initiative der Artist Rights Alliance, in der gefordert wurde, dass die Politik zunächst das Einverständnis der Personen einholen muss, deren Songs sie nutzen möchte. Unterschrieben wurde sie von Sheryl Crow, Steven Tyler (Aerosmith), Michael Stipe (R.E.M.) und auch Mick Jagger (Rolling Stones). Das Kampagnenteam rund um Trump bediente sich mit »You can't always get what you want« bei den Stones. Das hätte man als ironisches Eingeständnis fast schon stehen lassen können, aber die Band fand das gar nicht witzig und drohte mit Klage. Für politische Zwecke wolle man sich nicht vor den Karren spannen lassen. Bei Werbekampagnen sieht es offenbar anders aus. Einigen Quellen zufolge sollen die Stones von Microsoft für die Lizensierung des Songs »Start me up« im Rahmen des Launches von Windows 95 ein kleines Sümmchen erhalten haben. Und zwar 14 Millionen US-Dollar. Nur für die Erlaubnis. Die ganzen Einnahmen über die GEMA und andere Verwertungsgesellschaften, die an die Band gingen, sobald der Song im Werbespot im Radio, TV oder Kino lief, kamen noch hinzu.

Für die *FAZ* wirkte die Beschwerde von Jagger offensichtlich ein wenig absurd; die Band solle sich nicht als moralische Instanz aufspielen, schließlich hätten sie Songs mit solchen Textzeilen herausgebracht: *»Black girls just want to get fucked all night long / I just don't have that much jam«* (1978 in »Some girls«). Wie das alles in Zukunft gehandhabt wird, ist offen. Es ist eine juristische Grauzone zwischen politischer Werbeshow und einer öffentlichen Veranstaltung, bei der man Musik spielen darf, für die dann Abgaben bei den Verwertungsgesellschaften wie ASCAP in den USA, PRS in Großbritannien oder der GEMA in Deutschland fällig werden.

Ein Stück weit muss man die Rolling Stones schon verstehen. Es ist nicht das erste Mal, dass man sich ihres Liedguts freudig bediente und man lautstark protestieren musste. 2005 war das bereits der Fall, als die CDU bei Wahlkampfveranstaltungen auf »Angie« setzte.

Für Männer mit Ego-Problemen gibt es bei Abschiedsfeiern nur einen Song: »My way« von Frank Sinatra. Ex-Kanzler

Schröder hat sich diesen Song bei seinem Zapfenstreich gewünscht, Trump ließ ihn kurz vor seinem letzten Abflug als Präsident spielen. Der Text – eine Ode an die Unfehlbarkeit. So unangenehm die Wahl auch ist, geschickt war sie im Falle Trumps schon. Denn er bediente sich diesmal beim Repertoire eines Musikers, der das Zeitliche gesegnet hatte und sich nicht mehr dagegen wehren konnte.

Frauenrechte mit Musik erkämpfen

Es existiert tatsächlich die These, dass die Kanzlerschaft Angela Merkels durch die Spice Girls begünstigt wurde. In einem Interview mit Melanie Chisholm, besser bekannt als das Bandmitglied Melanie C, wollte die *Zeit* im September 2020 wissen: »Ist Angela Merkel letztlich die Krönung jener Girl-Power, für die auch die Spice Girls stehen?« – »Absolut!«, antwortete Chisholm und ergänzte, »Ich bin ohnehin der Meinung, dass Frauen meistens einen besseren Job als Männer machen, wenn es um Macht geht.« Die Spice Girls verkauften mehr als 85 Millionen Platten, ihre Debüt-Single »Wannabe« gilt als eine der erfolgreichsten überhaupt: Platz 1 in über 30 Ländern. Jetzt mag vielleicht wer einwenden, das sei doch nur eine Popband, wo ist da die politische Wirkung? Man muss sich klarmachen, die Spice Girls wurden 1994 gegründet, zu einer Zeit also, als es auf dem globalen Musikmarkt praktisch nur erfolgreiche Boygroups gab: New Kids on the Block, Take That, Backstreet Boys etc. Eine Zeit, in der Vergewaltigung in der Ehe noch kein Straftatbestand war. Das war erst 1997 der Fall. Teile der CDU, also Angela Merkels Partei, hatten das viele Jahre blockiert. Bei der Verabschiedung des Gesetzes gab es aus Kreisen der CDU/CSU und FDP noch 138 Gegenstimmen. Und in dieser Zeit verkörpert eine fünfköpfige Band ein selbstbewusstes und relativ plurales Frauenbild. In jedem Fall pluraler als das Frauenbild, das 25 Jahre später in Formaten wie *Germany's Next Topmodel* produziert wird. Das hat schon seine Wirkung.

Nicht anders als in Gesellschaft und Politik mussten Frauen auch in der Musik für ihre Achtung und Wahrnehmung kämpfen. Gleichzeitig haben sie damit stets einen wichtigen gesellschaftspolitischen Einfluss genommen.

Musikerinnen in der Klassik

Historisch gesehen ist Musik ein männlich dominiertes Feld. Die Rolle der Frau besonders in den letzten Jahrhunderten war zementiert: Kinder, Küche, Kirche. Im »guten Hause« durften sie vielleicht mal artig am Klavier sitzen und waren schmückendes Beiwerk im Salon. Beethoven verdiente als Klavierlehrer für Damen wohlhabender Familien einen Teil seines Lohns. Offenbar konnte er dabei nicht immer seine Finger auf den Klaviertasten lassen, wie Sophia Mott im Buch *Beethoven und die Frauen* schildert. Dass sie komponierten, war nicht gern gesehen. Wie etwa im Falle von Fanny Hensel, der Schwester von Felix Mendelssohn Bartholdy. Die Familie lehnte es ab, sie machte es trotzdem.

Wenn von Persönlichkeiten in der Klassik gesprochen wird, fallen meist diese Namen: Bach, Beethoven, Brahms, Chopin, Czerny, Händel, Haydn, Mahler, Mozart, Ravel, Rossini, Strauss, Verdi, Vivaldi oder Wagner. Und irgendwann, ja irgendwann taucht in dieser Reihe dann doch noch eine Musikerin auf: Clara Schumann. Fast wie eine Art Alibi. Erinnert ein bisschen an Merkel und die CDU.

Mit fünf Jahren bekam Clara Schumann Klavierunterricht. Mit neun hatte sie ihren ersten Auftritt im Leipziger Gewandhaus. 1838 wurde sie in Wien zum Superstar. Begriffe wie »Kaiserlich-königliche Kammervirtuosin« oder »Wundermädchen« fielen. Wieder so eine Parallele. Angela Merkel wurde in den Medien zwar nicht als »Wundermädchen«, dafür aber als »Kohls Mädchen« bezeichnet. Frauen sind in den Medien oft »Mädchen«, von »Jungchen« liest man seltener etwas.

Schumann schaffte es mit ihrer Brillanz nicht nur auf die Konzertbühnen Londons, sondern auch auf den 100-Mark-Schein Deutschlands. Etwa 150 Jahre später. Zu Lebzeiten verdiente sie irgendwann mehr Geld als ihr nicht minder berühmter Ehemann Robert Schumann. Sie wurde zur Hauptenährerin der Familie.

Die frühen Ausbildungsstrukturen in der Musik kannten hauptsächlich Männer. Mit einer inspirierenden Ausnahme im 19. Jahrhundert. Ab 1842 unterrichtete Louise Farrenc Klavier am Musikkonservatorium in Paris. Zudem komponierte sie Kammermusik und Orchesterwerke. Irgendwann erfuhr sie, dass ihre männlichen Kollegen deutlich mehr als sie verdienten. Das ließ Farrenc nicht auf sich sitzen. Sie kämpfte für dieselbe Gehaltszahlung. 1850, acht Jahre nach ihrer Einstellung, hatte sie Erfolg. Die Direktion entsprach ihrem Ersuchen. Zum Glück ist das Problem der ungleichen Bezahlung von Frauen und Männern gut 170 Jahre später gelöst. Ach nee, doch nicht.

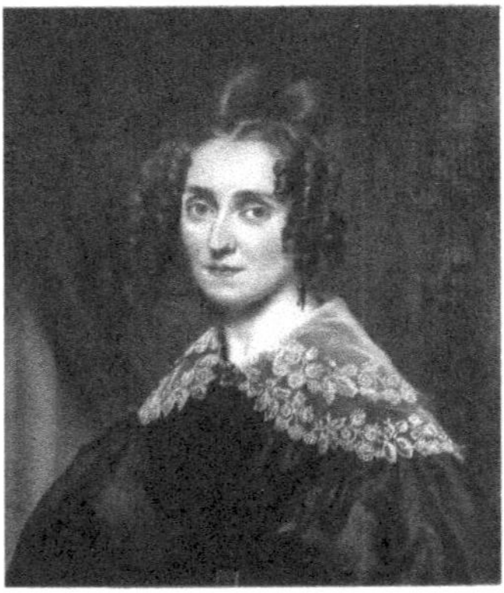

Vorreiterin im Kampf um faire Bezahlung – Louise Farrenc im Jahr 1835.

Musikerinnen in der Popmusik

Die Entwicklung der Popmusik war schon immer eng an technische Innovationen gekoppelt. Und die waren anfangs auf männliche Nutzer geeicht. Ein Grund, warum der Opernsänger Enrico Caruso einer der ersten Superstars der aufblühenden Schallplatten-Industrie wurde, lag in der Aufnahmetechnik. Die konnte im frühen 20. Jahrhundert beim Gesang zunächst nur Frequenzbereiche gut abbilden, in denen männliche Stimmen glänzten. Ab den 20er-Jahren entstand das sogenannte *Crooning*. Eine intime, zum Teil sexuell konnotierte Gesangstechnik, bei der die Sänger ganz nah ans Mikrofon rückten, um dem Publikum ins Ohr zu krabbeln. Bing Crosby und Frank Sinatra sind prominente Vertreter dieser Kunstform. In den darauffolgenden Jahrzehnten war die Superstarrolle in der Musiklandschaft meist männlich besetzt, und auch im Hintergrund tummelten sich quasi nur Männer, wenn es ans Produzieren von Liedern ging. Natürlich hatten auch Frauen Anteil an Welthits in der Popmusik. Das wird in der Geschichtsschreibung meist etwas in den Hintergrund gerückt. »Hound dog«, einer der größten Hits von Elvis Presley, wurde 1956 veröffentlicht und hielt sich elf Wochen auf Platz 1 der US-Charts. Sechs Millionen Mal wurde der Tonträger verkauft.

Allerdings war das Stück zunächst von einer Frau eingesungen worden – Big Mama Thornton. Ihre Version aus dem Jahr 1953 ging 500.000 Mal über die Ladentheke.

Umgekehrt ging es auch: »Respect« erschien 1965 erstmalig von Otis Redding. Richtig erfolgreich wurde das Lied aber erst zwei Jahre später in der Version von Aretha Franklin. »R-E-S-P-E-C-T – find out what it means to me« wurde zum Soundtrack der feministischen Bewegung. Die Kraft von Aretha Franklins Interpretation hallt bis in die Gegenwart nach.

Betrachtet man die Popmusik heute, so ist die weibliche Superstar-Quote deutlich höher geworden. Auch im Hintergrund gibt es hochbegabte Songschreiberinnen, die Welthits am Fließband produzieren. Sia zum Beispiel, die ganz nebenbei noch ihre eigene Bühnenkarriere hat. Gleichzeitig fällt auf, dass bei einem Festival wie Rock im Park von ca. 250 Performenden keine fünf Prozent weiblich waren. Und das im Jahr 2019. Schon etwas peinlich.

Zweifelsohne ist Feminismus ein Teil der Popkultur geworden. Um nur zwei Beispiele zu nennen: Beyoncé tritt bei den MTV Music Awards auf und im Hintergrund steht in riesigen Buchstaben: FEMINIST. Cardi B veröffentlicht den Song »WAP« (eine Abkürzung für »Wet Ass Pussy«) und wird dafür vom Feuilleton gefeiert. Sie kehre damit nicht nur die Übersexualisierung der männlichen Zunft im Hip-Hop um, sondern setze damit auch ein Statement weiblicher Autonomie. Kritisch beäugt wird die Entwicklung von Menschen, die sich um eine Entleerung feministischer Inhalte im popkulturellen Raum sorgen. »Ihre sexuelle Selbstbestimmung sieht einer Männerfantasie zum Verwechseln ähnlich«, heißt es zum Beispiel im *ARTE Magazin*. Alles durchaus nachvollziehbar, allerdings braucht es doch immer eine große Öffentlichkeit, um eine Veränderung bei großen Themen anzuschieben. Fragen Sie mal die Spice Girls und Angela Merkel.

Die Vergangenheit der Popmusik ist männlich. Betrachtet man zwei jüngere, globale Superstars des 21. Jahrhunderts, sieht man auf der einen Seite Justin Bieber und auf der anderen Seite Billie Eilish. Die Zukunft darf also gern weiblicher sein. Weiter so, Billie!

LITERATUR-TIPPS:

- Die Universität Oldenburg hat ein ständig wachsendes Internet-Lexikon publiziert. Dort finden sich aktuell über 700 europäische Instrumentalistinnen des 18. und 19. Jahrhunderts. Damit wird der Versuch unternommen, der rein männlichen klassischen Geschichtsschreibung etwas entgegenzusetzen: www.sophie-drinker-institut.de/lexikon
- Im Bereich der Popmusikforschung gibt es die Publikation *These Girls: Ein Streifzug durch die feministische Musikgeschichte* herausgegeben von Juliane Streich mit über 100 Artikeln über Édith Piaf, Yoko Ono, Madonna, Björk, Pink, Lana Del Rey oder Lady Bitch Ray.

Wake me up before you go-go – Beerdigungsmusik

Politisch und gesellschaftlich spielt das Thema Tod eine untergeordnete Rolle. Man verdrängt es. Dabei gehört der Tod zum Leben und viele Menschen machen sich beispielsweise darüber Gedanken, welche Musik bei ihrer Beisetzung gespielt werden soll. Laut Auskunft der Vereinigung der Bestatter steht auf Platz 1 der am häufigsten gewählten Beisetzungslieder das »Ave Maria« von Schubert, knapp dahinter Bachs »Air«. Klassische Lieder sollen dem Ganzen einen würdevollen Rahmen geben. Die Liedauswahl bei der Beerdigung ist eine sehr persönliche Entscheidung, die manche Menschen gerne selbst treffen wollen. Das finde ich auch gut so. Die Musik schlägt schließlich bei der Zeremonie eine Brücke zwischen Jenseits und Diesseits. Die verstorbene Person teilt uns damit etwas mit.

Meine Mutter erwähnte einmal, dass sie sich zu ihrer Beisetzung »Tears in heaven« wünsche. Der Song transportiert eine unvergleichlich traurige Stimmung – aufgrund der Melodieführung, der Interpretation und besonders im Angesicht der Tatsache, dass Clapton den Song seinem mit nur vier Jahren verunglückten Sohn widmete.

»Tears in heaven« beginnt mit der sanft angeschlagenen tiefen E-Saite, bevor ein kleiner Fingerlauf von Fis zum G einsetzt. Leicht zu spielen, aber man fühlt sich gleich ein wenig virtuos. Viele haben damit ihre ersten Gehversuche an der Gitarre unternommen. Ich zum Beispiel. Und vermutlich hat meine Mutter mich den Song so oft spielen gehört, dass sie sich sagte: Auf einmal mehr oder weniger kommt es dann zum Schluss auch nicht mehr an …

Ich habe schon immer Kulturkreise bewundert, die mit der Verarbeitung des Todes sehr extrovertiert umgehen. Es darf geweint und gelacht werden. Fröhliche Lieder sind kein Tabu. Das finde ich nicht schlecht. Tatsächlich wurde ich als Musikwissenschaftler schon öfter gefragt: »Welche Musik soll auf deiner Beerdigung laufen?«

Diese Frage, liebe Familie und Freunde, möchte ich hiermit offiziell beantworten: Beim Tragen fände ich

»With a little help of my friends« ganz schön. Das *Darth Vader*-Thema aus Stars Wars wäre aber auch stark. Nehmt bitte beides.

Sollte ich zunächst aufgebahrt werden, könnten mich zwei Bluetooth-Boxen flankieren. Die könnten automatisch anspringen, sobald jemand an mir vorbeigeht. Am besten mit »Against all odds« von Phil Collins. Allem voran wegen der Textzeile »Take a look at me now«. Genauso gut kann ich mir in der Situation den Wham!-Klassiker »Wake me up before you go-go« vorstellen.

Wenn bis zu meinem Ableben Weltraumbestattungen günstiger geworden sind – die Preise sind derzeit einfach nur Wucher –, nehme ich so eine. Ist doch bestimmt eine interessante letzte Reise. Zur musikalischen Untermalung wäre sicher Frank Sinatra ganz nett, und zwar mit »Fly me to the moon«.

Musik und Menschen mit Behinderungen

Wenn wir jetzt schon so persönlich sind, kann ich auch erzählen, dass es in meiner engen Familie eine Person gibt, die von Geburt an schwerbehindert ist. Es liegt eine körperliche und geistige Behinderung vor. Musikalisch mag sie Hansi Hinterseer, Helene Fischer und Florian Silbereisen. Bei Besuchen beeindruckt es mich immer wieder, wie gut sie rechnen kann und welche Jahreszahlen sie sich merkt. Sie weiß über Hochzeitstage entfernter Verwandter besser Bescheid als teilweise die betroffenen Personen selbst. Trotz einer geistigen Behinderung können natürlich nicht nur mathematische, sondern auch musikalische Talente vorliegen. Seit etwa 30 Jahren gibt es die Formation Station 17. Ein Bandprojekt, bei dem Menschen mit und ohne geistige Behinderung zusammenfinden. Fettes Brot brachte 2008 zusammen mit Station 17 die Single »Ohne Regen kein Regenbogen« auf den Markt. Aus Finnland gibt es auch ein starkes Beispiel. Es handelt sich um die Punkband PKN. 2015 wurde sie vom finnischen TV-Publikum als Vertreter des Landes beim Eurovision Song Contest gewählt. Die Punkband besteht aus vier Mitgliedern, bei denen jeweils eine Lern- beziehungsweise geistige Behinderung vorliegt.

Die Anzahl von Musiker*innen mit einer rein körperlichen Behinderung scheint mir subjektiv deutlich höher. Einige Beispiele können Mut machen, sich trotz einer Einschränkung bei der Liebe zur Musik nicht aufhalten zu lassen.

Erfolg trotz Beeinträchtigung

Als ich zum ersten Mal Liverpool besuchte, staunte ich nicht schlecht. Es war ein Dienstagabend im Herbst und entgegen des Klischees regnete es nicht. Dafür sollte sich zu meiner großen Freude ein anderes bewahrheiten: Liverpool ist eine pulsierende Musikstadt. Egal welchen Club, welche Bar oder Kneipe ich an diesem Abend der noch so jungen Woche hoppend aufsuchte, überall gab es Livemusik. Die Performance eines Gitarristen packte mich besonders. Optisch eine Mischung aus Jimi Hendrix, Prince und einem Indie-Rockstar, der mindestens schon drei Mainstream-Hits hingelegt hatte. Der Traum eines jeden A&R-Managers. Fluffiges Haar, eine Jacke, die nach Straße und Bühne zugleich aussah, und ein Bandana am Handgelenk. Er sang aus vollem Herzen und spielte extrem schnelle Gitarren-Soli. Das Bandana flog über den Gitarrenkorpus hinweg. Dann sah ich, was ich erst kaum glauben konnte: Er hatte nur eine Hand. Die linke Hand war voll funktionstüchtig. Alle fünf Finger griffen am Gitarrenhals die Bünde ab. Doch am Ende des rechten Arms saß offenbar nur ein Stumpf. Darüber eine silberne Prothese, die zangenartig ein Gitarrenplektrum festhielt. Damit gab er den sechs Saiten den Schwung.

Gut 15 Jahre ist diese Erinnerung nun her. Ich blieb daraufhin fast 1,5 Jahre zum Studieren in der Stadt am Mersey River. Manchmal verklären wir die Dinge mit dem zeitlichen Abstand, aber meine erste Begegnung mit Liverpool fühlte sich wie ein Rausch an. Ganz ohne Halluzinogene, höchstens zwei, drei Guinness als Abendbrotersatz. In den letzten Jahren grübelte ich ab und an, ob ich mir das nicht alles eingebildet hatte. So surreal wirkte die Situation damals auf mich. Beim Schreiben dieses Buches googelte ich und wurde schnell fündig. Der Musiker heißt Keith Xander. In einer Dokumentation des Senders BBC Three, die auf YouTube verfügbar ist, demonstriert er, wie er die Prothese an- und ablegen kann. Dann spielt er Gitarre. Ich bin immer noch fasziniert. Auch von seinem Outfit übrigens.

Keith Xander ist mit seiner Einschränkung zur Welt gekommen. Natürlich können aber auch Unfälle die körperlichen Möglichkeiten eines Musikers radikal verändern. Am Silvesterabend des Jahres 1984 fuhr Rick Allen mit einer Corvette auf einer Landstraße und verlor die Kontrolle über das Fahrzeug. Das Auto überschlug sich. Seine Freundin auf der Beifahrerseite wurde nur leicht verletzt. Rick Allen war allerdings nicht angeschnallt gewesen und verlor seinen linken Arm. Als Drummer der Hardrock-Band Def Leppard schien seine Karriere vorbei. Nach eigener Aussage hatte er jede Zuversicht verloren, jemals wieder Musik zu machen. Seine Band und Familie sprachen ihm jedoch Mut zu. Zudem wurde ein eigens auf ihn angepasstes, teilelektronisches Schlagzeug entwickelt. Mit mehreren Pedalen auf dem Boden konnte sein linker Fuß nun das kompensieren, was zuvor sein Arm geleistet hatte. Am 16. August 1986, keine zwei Jahre nach dem Unfall, stand er bei einem großen Festival wieder auf der Bühne. Ein Jahr später veröffentlichte er mit Def Leppard *Hysteria*, eines der erfolgreichsten Hardrock-Alben der Musikgeschichte. Es verkaufte sich mehr als 20 Millionen Mal.

Bereits mit Ende 20 bemerkte Beethoven eine zunehmende Schwerhörigkeit. Er nutze Hörrohre, um äußere akustische Signale zu verstärken. Ab 1816 begann er sich bei persönlichen Begegnungen über handschriftliche Notizen zu verständigen. Weitverbreitet ist die Legende, dass Beethoven irgendwann vollständig taub war, zum Beispiel als er die 9. Sinfonie schrieb. Bereits im 19. Jahrhundert kursierte ein Witz, den Harald Schmidt in den 90er-Jahren in seinem Kabarettprogramm aufgriff: »Beethoven war so taub, dass er ein Leben lang dachte, er malt.«

Der amerikanische Musikwissenschaftler Theodore Albrecht publizierte 2020, zum 250-jährigen Jubiläum von Beethoven, eine Reihe von Belegen (handschriftliche Notizen des Komponisten, Berichte von Weggefährten), die zeigen, dass Beethoven bis kurz vor seinem Tod noch vereinzelt Geräusche wahrnehmen konnte. Die starke Hörbeeinträchtigung steht aber außer Frage. Genau wie seine Genialität, die ihm dazu verhalf, unter diesen Umständen noch zahlreiche komplexe Kompositionen zu schaffen.

In der Musikgeschichte gibt es keinen prominenteren Fall eines tauben Musikers. Das faszinierende Narrativ, das dahintersteckt, wollte sich noch jemand anderes zu eigen machen. Mamoru Samuragochi wurde in seinem Heimatland Japan viel Ruhm zuteil. Er wurde unter anderem für die Hiroshima-Sinfonie gefeiert, die sich auf Tonträgern mehr als 100.000-mal verkaufte. Ein Klassik-Hit, der den Opfern des Atombombenangriffs von 1945 gewidmet war und der 2011 nach der Tsunami-Katastrophe zu einer Art Hymne des Nichtaufgebens wurde. Allerorten wurde eine Biografie Samuragochis kolportiert, die erstaunliche Parallelen zu Beethovens aufwies: In der Kindheit und Jugend habe er hören können, dann habe es erste Probleme gegeben, und schließlich habe sich im Alter von 35 Jahren ein Totalverlust des Hörvermögens eingestellt. Komponiert habe er trotzdem. Dank seiner großen musikalischen Vorstellungsfähigkeiten sei dies möglich gewesen. Die Presse feierte ihn. Man kürte ihn zum »Beethoven Japans«. Doch alles Lug und Trug. Samuragochi hatte mit einem Ghostwriter zusammengearbeitet. Zunächst angeblich erst ab dem Zeitpunkt, als sich seine Taubheit eingestellt hatte. Doch der Ghostwriter, Takashi Niigaki, ein Teilzeit-Musiklehrer, gab an, er habe schon viel früher im Auftrag von Samuragochi gearbeitet. Im Übrigen könne sein Auftraggeber gar keine Partituren schreiben. Und als wäre das nicht schon schlimm genug gewesen, stellte sich auch noch heraus, dass Samuragochi gar nicht taub war. Er flog unter anderem auf, weil er bei einem Interview plötzlich aufstand, als es an der Tür klingelte. Blöd gelaufen. Mamoru Samuragochi – eine Art Milli Vanilli der Klassik.

Wer ernsthaft Einschränkungen beim Hören kennt, ist Paul Stanley. Der Sänger und Gitarrist der Rockband Kiss wurde mit einer Mikrotie geboren, einer Ohrmuschelfehlbildung. Er kam auf dem rechten Ohr taub zur Welt und nimmt Töne auf dieser Seite nur über die Vibration des Schädelknochens wahr. In seiner Autobiografie berichtet er davon, dass er bis zu einem chirurgischen Eingriff im Alter von 30 Jahren nicht lokalisieren konnte, aus welcher Richtung ein Schallereignis kam. Noch schlimmer sei gewesen, dass er Menschen nicht verstehen konnte, wenn es im Hintergrund unruhig war. In der Folge ging er sozialen Situationen bewusst aus dem Weg. Erfolgreiche Künstler denken und fühlen häufig anders als die breite Masse. Dadurch entstehen außergewöhnliche Ideen. Eine körperliche Einschränkung kann demnach prägend für den Karriereweg sein.

Es gibt kaum ein Betätigungsfeld, auf dem blinde Menschen solch einen Ruhm erlangen können wie in der Musik. In dem Wikipedia-Eintrag »List of blind people« – der etwas missverständlich klingt, aber natürlich prominente Menschen meint – ist »Music« die mit Abstand umfangreichste Kategorie.

Manchmal wird böswillig davon gesprochen, dass Menschen mit Einschränkungen gewisse Vorteile hätten. Von einem »Behindertenbonus« ist dann die Rede – schrecklich. Und in der Musik ist das ganz sicher nicht der Fall. Es ist schwer genug, sich nach vorne zu kämpfen und in den industriellen, nicht behindertenfreundlichen Strukturen zu behaupten. Und wenn dann eine Stimme im Radio erklingt, differenziert niemand, ob diese Person denn nun sehen kann oder nicht. Ich selber habe bestimmt 30 Jahre lang an jedem Weihnachten »Feliz navidad« im Radio gehört, ohne zu wissen, dass der Sänger und Komponist des Liedes, Grammy-Gewinner José Feliciano, von Geburt an blind ist.

Mit blinden Musikern verbinden sich ganz außergewöhnliche Karrieren und Lieder, die Generationen ergriffen und inspiriert haben. Art Tatum, Ray Charles, Andrea Bocelli und viele mehr. Für meine Musiklaufbahn ist Stevie Wonder sehr wichtig. Ich liebe seine Songs, vor allem die Kooperationen, die er mit anderen Popstars eingegangen ist: »How come, how long« mit Babyface, »Just good friends« mit Michael Jackson oder auch »Faith« mit Ariana Grande. Diese Songs sind von ihrer Energie her allesamt grandios. Die Musik von Stevie Wonder ist einerseits eingängig, andererseits kompositorisch komplex. Bei manchen Songs huscht er den halben Quintenzirkel durch. Da habe ich in meinen ersten Jahren als Popmusik-Klavierschüler viel gelernt.

Und auch sein Humor ist nicht zu unterschätzen. Kurz bevor Trump zum US-Präsidenten gewählt wurde, zeigte Stevie Wonder klare Kante und erklärte in einem Zeitungsinterview: *»Voting for Trump is like asking me to drive.«* Für Trump zu stimmen sei so, als würde man Stevie bitten, Auto zu fahren. Guter Mann.

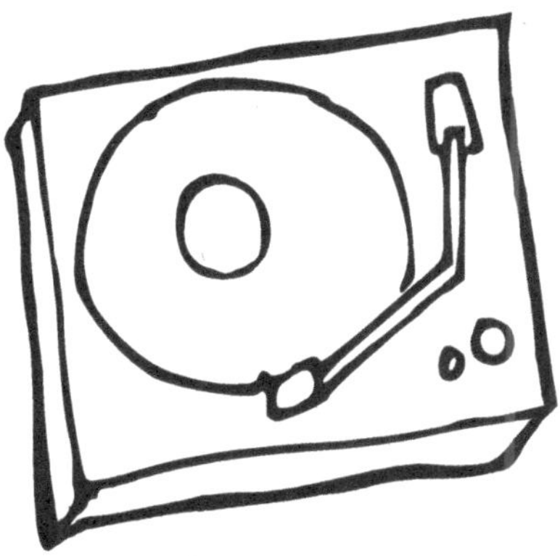

Die Musik steckt nicht in den Noten.
Sondern in der Stille dazwischen.
Wolfgang Amadeus Mozart
1756–1791

10

Da Da Da

Philosophie

Ein abgefackeltes Klavier, eine musizierende Gießkanne und eine Partitur aus Stille – es wurden schon zahlreiche Versuche unternommen, unsere gängigen Vorstellungen von Musik aufzubrechen. Nicht nur im Hinblick auf den Klang, auch auf die Frage hin, wie lang oder kurz Musik sein kann. Unter welchem Einfluss entstehen Werke und wie könnte die Musik der Zukunft klingen? Und was wäre eine philosophische Abhandlung zum Thema Musik ohne die Dichter und Denker der Gegenwart? Ich meine jene aus dem Deutsch-Rap. Dieses Schmankerl heben wir uns für das Ende des Kapitels auf.

Das Piano brennt

Von irgendwoher muss Musik ja kommen. In unserer romantisierten Vorstellung sitzt da jemand an einem Instrument, einsam für sich, vielleicht leidet er sogar und überführt seine Emotionen in Klänge. Alles aus sich heraus. Es entsteht etwas Einzigartiges. Plattenfirmen werden nicht müde, so etwas in Pressetexte zu schreiben.

Wir, das Publikum, sehnen uns nun mal nach Authentizität. Nur was ist das eigentlich, diese »Echtheit«? Fakt ist, Musik entsteht nie im luftleeren Raum. Allein die Tatsache, dass wir im westlichen Musikraum zwölf Töne haben und das meiste aus Dur und Moll zusammenbasteln, ist schon eine gewisse Festlegung. Versuche, dies aufzubrechen, findet man in der »Neuen Musik« – ein avantgardistisches Genre der Klassik. Die können relativ harmlos aussehen. Man legt Messer, Gabel, Löffel in einen Flügel und schaut, wie sich der Klang verändert. Die extremere Variante: Man fackelt den Flügel ab, während man dran spielt. Yōsuke Yamashita hatte diese Idee 2008. Nach Eingabe der Suchworte »Burning Piano« kann man sich auf YouTube anschauen, wie der japanische Pianist in einem feuerfesten Anzug fast zehn Minuten lang die Tasten zum Glühen bringt. Oder sie ihn.

Philosophische Gedanken helfen uns, Licht ins Dunkel zu bringen, eingefahrene Denkmuster zu hinterfragen und neue Perspektiven zu gewinnen. Und das geht mit deren musikalischen Umsetzungen doppelt gut.

Streicher in der Luft, Fisch in der Badewanne

»Neue Musik« kann auf den ersten Blick recht ulkig anmuten. Karl-Heinz Stockhausen (1928–2007) zum Beispiel komponierte das »Helikopter-Streichquartett«. Wenn Sie das zu Hause nachspielen wollen, benötigen sie ein Streichquartett (kann man organisieren). Sie brauchen außerdem vier funktionstüchtige Hubschrauber (schon schwieriger). Die Komposition ist tatsächlich so angelegt, dass die vier Streicher jeweils in einem Helikopter sitzen und durch die Lüfte schweben. Dabei spielen sie. Bislang gab es Aufführungen davon in Holland, Deutschland, Österreich und in der Schweiz. Jedes Mal ein Spektakel. Die geplante Erstaufführung in Österreich wurde zunächst abgesagt, da es Protest hagelte und man die Performance als recht sinnfreie Umweltverschmutzung empfand. Stockhausen – der als genialer Vorreiter der elektronischen Musik gilt und von den Beatles auf dem legendären *Sgt. Pepper*-Album neben anderen Persönlichkeiten verewigt wurde – provozierte ohnehin ganz gern. Den 11. September bezeichnete er als »das größte Kunstwerk, das es je gegeben hat«. Er entschuldigte sich, Konzerte wurden trotzdem abgesagt.

Etwas umweltbewusster, aber nicht minder aufrüttelnd ist das Gesamtwerk von John Cage (1912–1992). Viele seiner gut 250 Kompositionen sind legendär. Zum Beispiel der »Water walk«. Eine Komposition mit Gießkanne und Gong in der Badewanne.

Hier ein kleiner Auszug aus der Original-Komposition:

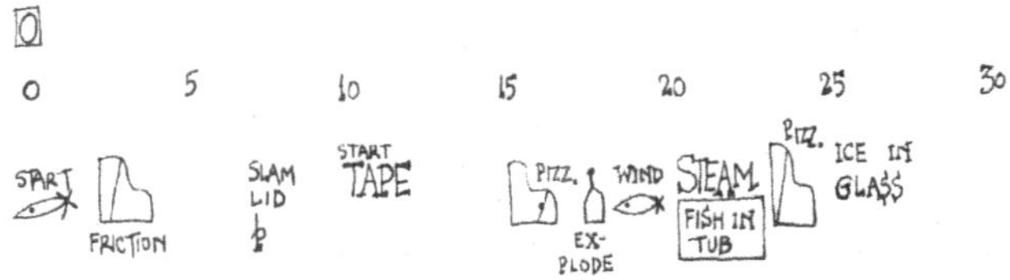

Auszug aus der Partitur »Water walk« von John Cage. Ruhig mal zu Hause nachspielen.

Sie sehen richtig: »*Fish in tub*« – Fisch in der Badewanne. Ich kann Sie beruhigen, der Fisch war nicht echt. Zumindest nicht in der TV-Performance von John Cage im Jahr 1960, die Millionen US-Amerikaner bezeugten. Der Moderator sagte dem Publikum, sie könnten ruhig lachen, wenn ihnen danach ist. Das taten sie auch. John Cage reagierte charmant: »Ich ziehe das Lachen den Tränen vor.«

Ganz ernsthaft waren die Bemühungen von John Cage zu zeigen, dass Musik und Komponieren auch anders gedacht werden können. Er brachte den Zufallsfaktor ein. In einem Werk gingen Orchesterstimmen auf Losentscheidungen zurück. Mit Münzwürfen oder dem chinesischen Orakelbuch *I Ging* traf er Entscheidungen zum Fortlauf einer Melodie. Es schien, als wolle Cage keinen Stein auf dem anderen lassen. Ihn interessierte auch, ob Stille wirklich das Gegenteil von Musik sei.

Wenn Stille erklingt

Im Jahr 1952 entstand durch John Cage eines meiner Lieblingslieder überhaupt. Ich höre es jeden Tag. Sie auch. Obwohl – tun wir das wirklich, wenn wir uns nicht bewusst darauf einlassen? Die Rede ist von »4'33"«. Eine Komposition, bei der in der Partitur nur Stille vermerkt ist. Das Werk ist in drei Sätzen verfasst und weist keine einzige Note auf. Es gibt sogar Orchesteraufführungen davon. Der Dirigent setzt an, das ganze Ensemble an den Instrumenten auch – doch nichts passiert. 4 Minuten und 33 Sekunden lang Stille. Das Stück fordert unsere Wahrnehmung heraus. Gehört die Klimaanlage im Konzertsaal nun zur Musik? Das Husten im Publikum?

Ich erinnere mich, dass unsere Musiklehrerin in der Schule eine CD einlegte und uns selbiges Stück vorspielte. Sie verriet nicht, worum es sich handelte. Zwei Mitschüler meinten, ganz leise eine Melodie zu hören. Da war aber nichts. Im Raum hörte man höchstens das Atmen der Jugendlichen oder das Knarzen des Schulmobiliars. Derart aufmerksam wie in diesem Moment war unsere Klasse selten. So abstrus die Idee von John Cage auf den ersten Blick wirken mag, so genial ist sie auf den zweiten. Denn sie bringt unsere Vorstellung von Musik in Bewegung. Sie zeigt, wie wichtig wir als Zuhörende für die Wahrnehmung eines Musikereignisses sind. Und ist Musik überhaupt existent, wenn sie nicht gehört wird? Eine Definition von Musik lautet: Sie entsteht, wenn wir Schall in einem sozialen Kontext Sinn geben. Können wir vier Minuten und 33 Sekunden Stille oder Rauschen Sinn geben und hören wir damit Musik?

Endlich mal eine Partitur, die man ohne Notenkenntnis gut lesen und spielen kann. Im Bildteil können Sie mal reinschauen.

Es gibt zahlreiche Coverversionen von dem Werk. Das Label Mute Records brachte mit *Stumm433* eine ganze Kompilation mit Interpretationen des Stücks heraus. Beteiligte Künstler sind unter anderem Einstürzende Neubauten, Yann Tiersen und Depeche Mode. Für die Late-Night-Show mit Stephen Colbert wurde eine Interpretation des Stücks von Nola dargeboten. Dazu muss man wissen: Nola ist eine Katze. Sie war sehr notensicher, denn ihr kam nicht mal ein Schnurren über die Lippen.

Wie lang kann Musik sein?

John Cage hat noch mehr kluge und zugleich unterhaltsame Dinge ersonnen. Eines seiner Meisterstücke stammt aus seiner späten Phase und es wird ihm noch viele Hundert Jahre Gehör verschaffen: »ORGAN²/ASLSP«. Ein etwas sperriger Titel, der nach Auflösung der Akronyme schnell Sinn ergibt. ASLSP steht nämlich für *As slow as possible*. Das Stück soll sehr langsam gespielt werden, und zwar so langsam, dass man 639 Jahre dafür benötigt. Da braucht man ganz schön viel Sitzfleisch. Beim Spielen und beim Zuhören. John Cage hat damit das längste Orgelstück der Welt erschaffen. Seit 2001 wird es in einer Kirche in Halberstadt aufgeführt. Und es läuft folglich noch bis ins Jahre 2640. Alle paar Jahre wird ein Ton geändert, und Menschen aus aller Welt reisen an, um das Spektakel zu bezeugen. Wer braucht da noch das Brandenburger Tor oder Schloss Neuschwanstein? Auf nach Halberstadt! Denn lässt man sich auf das Stück ein, wirbelt es unsere Zeitwahrnehmung gründlich durcheinander. Fragen zur eigenen Vergänglichkeit und zur Schnelllebigkeit der Welt werden laut. In der Kirche in Halberstadt bleibt also ein bisschen die Zeit stehen, und das ist schön.

Im Gegensatz zu »ORGAN²/ASLSP« existiert auch ein besonders kurzes Musikstück. Mit 1,316 Sekunden wird es vom *Guinness World Records*-Buch als das kürzeste jemals aufgenommene Lied geführt. Es ist von der Heavy-Metal-Band Napalm Death und trägt den Titel »You suffer«. Es hat Ohrwurmqualitäten. Schlagzeug, Gitarre und Bass schmettern richtig los, der Sänger auch, doch nach 1,316 Sekunden ist schon wieder alles vorbei. Die vollständigen Textzeilen des Liedes lauten »*You suffer, but why?*«. Aber so richtig haben die Worte nicht mehr in die Musik reingepasst. Es klingt eher einsilbig.

Empfinden wir dieses Stück wirklich als ein vollständiges Musikwerk oder als kreativen Scherz? Genau wie »4'33"« übt »You suffer« eine große Faszination aus. Es hat zahlreiche Coverversionen nach sich gezogen. Zum Beispiel eine aus Australien, eingespielt mit dem Didgeridoo. Wunderschön. Ohne dass es hier einen schöpferischen Zusammenhang gab, ist »You suffer« im selben Jahr entstanden wie »ORGAN²/ASLSP«, 1987. Offenbar eine fruchtbare Zeit für experimentelle und philosophische Gedanken in der Musik.

Die Tatsache, dass die meisten Popsongs etwa drei bis vier Minuten lang sind, geht übrigens auf die frühen Schallplatten zurück. So viel Spiellänge war damals möglich. Das Format schien auch gut geeignet, um genügend Abwechslung ins Radioprogramm zu bringen. Ganz am Anfang waren bei Schellackplatten zum Teil nur zwei bis zweieinhalb Minuten Spielzeit möglich. Mittlerweile bewegen sich Songs wieder in diese Richtung. Grund dafür sind Streamingdienste, die Songs abrechnen, wenn sie 31 Sekunden gelaufen sind. Und wenn ein Song sehr kurz ist, kann er öfter neu angeklickt werden. Viele Acts und Bands bauen ihre Songs deswegen recht monoton, damit sie in Dauerschleife gehört werden können und damit möglichst viele entlohnte Streams entstehen. Philosophisch betrachtet, eine Rückentwicklung um 100 Jahre.

Philosophisch-literarische Einflüsse

Philosophische Schriften und Gedanken finden sich überall in der Musik wieder. *Also sprach Zarathustra,* ein Hauptwerk Nietzsches, wurde gleichnamig von Richard Strauss (1864–1949) in eine sinfonische Dichtung überführt. Richard Wagner (1813–1883) habe *Die Welt als Wille und Vorstellung* von Schopenhauer gleich viermal durchgeackert und sich in seiner weiteren Schaffensphase in mancher Hinsicht davon leiten lassen. Und auch Popmusiker sind von Büchern und Schriften mit philosophischen Gedanken beeinflusst worden. David Bowie war von George Orwells *1984* ergriffen und nahm das Buch in Nietzsche-Strauss-Manier zur Grundlage eines Songs. Die Rockband Franz Ferdinand taufte einen Song »Ulysses«, zum einen wegen des Romans von James Joyce und zum anderen unmittelbar wegen des Bezugs zur griechischen Mythologie rund um Odysseus. Manchmal ist die Verknüpfung zu einem anderen Werk aber loser, als man zunächst annehmen könnte. Coldplay veröffentlichten einen Song mit dem Titel »42«, was unmittelbar an das Buch *Per Anhalter durch die Galaxis* von Douglas Adams erinnert. Hier spuckt ein Computer als Antwort auf die Frage aller Fragen die Zahl 42 aus. Das *Q-Magazin* wollte vom Coldplay-Sänger Chris Martin wissen, ob das die Entstehung des Songs erklärt. Er antwortete: »Schon. Aber auch irgendwie nicht. 42 ist halt meine Lieblingszahl.«

Wer erschafft ein Werk?

Prinzipiell muss man sich fragen, ob man Werkerklärungen überhaupt bei den Künstler*innen selbst suchen möchte. Traditionell tun wir das unheimlich gern. Es ist einfach, und wer sollte schon besser drüber Bescheid wissen? Aber es gibt auch Zufallswerke, die uns begeistern. Gemälde von Affen zum Beispiel. Ein Werk des Schimpansen Congo erzielte vor nicht ganz so langer Zeit mehr als 20.000 Euro bei einer Auktion. In seiner frühen Schaffensphase schuf

Congo mehr als 400 Bilder, im Alter von zwei bis vier Jahren. Das ist mehr als manch einer in seinem ganzen Leben hinbekommt. Ich zum Beispiel. Ich kann gar nicht malen. Im Grunde genommen braucht es keine klar identifizierbaren Urheber, damit uns Kunst berührt. Doch wenn wir erfahren, dass jemand seine Lieder nicht selber schreibt, enttäuscht uns das. Ja, man fühlt sich sogar betrogen. Eine erhebliche Anzahl von Popsongs wird heute allerdings in Songwriting-Camps kreiert. Teilweise arbeiten zehn Leute an einer Komposition. Jemand baut einen Beat, der andere kümmert sich um Synthesizer-Flächen, und ein sogenannter *Topliner* ist für die Hookline zuständig, also die Gesangsmelodie, die uns in Form eines Ohrwurms nicht mehr loslassen soll. Ein hocheffizienter Arbeitsprozess. Nicht ganz neu, nur die Personenanzahl nimmt zu.

Das Musiklabel Motown wurde 1959 in der Autostadt Detroit gegründet – daher der Name, zusammengesetzt aus *Motor* und *Town*. Und genau wie Autos sollten hier Hits am Fließband entstehen. Das gelang auch hervorragend, zum Beispiel durch das kongeniale Autorentrio Holland-Dozier-Holland, das Evergreens wie »You can't hurry love« für die Supremes oder »How sweet it is (to be loved by you)« für Marvin Gaye schuf. Auch klassische Komponisten machten nicht immer alles allein. Sie hatten Arrangeure, Schüler und Kollegen um sich herum. Da gab es regen Austausch. Das wird in der Geschichtsschreibung großer »Alleingenies« nur selten kommuniziert.

Schaut man sich gegenwärtige Produktionsbedingungen an, arbeitet der Computer am Werk tüchtig mit. Das gilt sowohl für die Klassik also auch für die Popmusik. Programme wie Melodyne können einzelne Orchesterstimmen herausfiltern und Einzeltöne korrigieren. Gespenstisch, spart aber wahnsinnig viel Geld; wenn mal ein falscher Ton dabei ist, muss nicht alles neu eingespielt werden. Üblich ist auch, dass im Computer synthetisch hergestellte Sounds mit akustisch eingespielten Klängen gemixt werden. Bei Filmmusik ist das häufig der Fall.

Auch in der Popmusik komponiert der Computer manchmal mit. Im Musikprogramm Ableton lässt sich mit der Option »Random« ein Zufallsgenerator anwerfen, der eigenständig Melodiesequenzen herstellt. John Cage wäre begeistert. Dabei lässt sich einstellen, wie ausgiebig er das machen darf, also, wie viel Freiheit wir ihm geben.

Rhythmische Figuren und Beats lassen sich im Musikprogramm wunderbar geradeschieben. Quantisieren nennt man das. Das ist mit einem Mausklick zu bewerkstelligen. Wenn man will, kann man dem Computer sagen, er soll das Quantisieren nicht so auffällig gestalten und eher »menschlich« lösen. Die Option nennt sich dann »Swing«, »Groove« oder »Humanize«. Welch schönes philosophisches Paradoxon: Wir sagen dem Computer, wie stark er menscheln soll.

Wie klingt die Musik der Zukunft?

Beim Nachdenken über vorausliegende Dinge sprechen wir meist von *der* Zukunft. Als könne es nur eine geben. Unsere Entscheidungen in der Gegenwart, der Faktor Zufall und unvorhersehbare Ereignisse lassen vielmehr die Vorstellung ganz unterschiedlicher Zukünfte zu. Vielleicht wird es das Bedürfnis nach deutlich mehr akustischer, tatsächlich handgemachter Musik geben, und gleichzeitig könnten in der elektronischen Musik ganz neue Klangfarben entstehen. Ziemlich sicher ist, dass die technischen Möglichkeiten immer größer werden. Seit 1998 gibt es Auto-Tune, eine Weltsensation und einer breiten Masse bekannt geworden durch den Song »Believe« von Cher. Auf Deutsch übersetzt heißt Auto-Tune so viel wie »automatische Tonhöhenkorrektur«. Und das ist ganz hilfreich bei Sängerinnen und Sängern, deren Stärke nicht im Gesang liegt. Durch diese technische Wunderwaffe kann quasi jeder singen, die Software schiebt schiefe Töne zurecht. Wenn der Effekt extrem ausgesteuert wird, klingt jede Stimme gleich. Nach Auto-Tune halt. Nutzt man den Effekt nur dezent, dann klingt der Gesang zwar sauber, aber nicht unbedingt schön. Das ist etwas, was Musikprogramme (zum Glück) noch nicht herstellen können: eine Charakterstimme, die Gänsehaut garantiert. Mit EQ, Hall, Delay und sonstigen Effekten lässt sich viel anstellen, eine Stimme, die wirklich berührt, spuckt der Computer momentan nicht aus. Weit weg von dieser Entwicklung sind wir aber nicht. Mit der Software Vocaloid lässt sich künstlicher Gesang erzeugen, der der menschlichen Stimme schon sehr nahekommt. Die Software ist Grundlage für eine vollständig animierte 3-D-Popstar-Figur, die in Japan Arenen füllt. Ihr Name ist Hatsune Miku. Sie war bereits Vorband bei Lady Gaga und hatte einen Gastauftritt in der *Late Show with David Letterman*. Der erste Eindruck des virtuellen Popstars wirkt auf einige Menschen verstörend. Ein singendes 3-D-Hologramm ist für uns noch nicht so selbstverständlich wie für manche das Sprechen mit Alexa oder Siri. Übersetzt heißt der Künstlername Hatsune Miku übrigens »Klang der Zukunft«.

Gut möglich ist, dass Streaminganbieter immer mehr auf unsere Vorlieben und Gemütszustände eingehen werden. Die Algorithmen errechnen bereits laufend, was uns gefallen könnte, damit wir die Dienste tüchtig nutzen. Möglicherweise sind die Apps irgendwann so weit, dass sie just im Moment der Nutzung Lieder für uns komponieren – mit Random-Humanize-Funktion. Will man das? Die natürliche Reaktion wäre wohl ein klares Nein. Allerdings lassen wir uns bereits jetzt recht selbstverständlich von Algorithmen Lieder empfehlen. Wer dem entgegenwirken mag, muss wieder mehr Musikzeitschriften kaufen und gute Radioprogramme hören, wo es tatsächlich menschliche Eingriffe gibt.

Ich finde es faszinierend, wie in Science-Fiction-Filmen »Musiken« der »Zukünfte« imaginiert werden, etwa in *Star Wars* oder *Star Trek*. Häufig wird auf ein klassisches Instrumentarium zurückgegriffen, das mit elektronischen Klängen gemischt wird. Hier und da ein Schleif- oder Mikroton, um den Aufbruch des üblichen, »westlichen« 12-Ton-Vorrats anzudeuten. Mit solchen Zukunftsaussichten kann ich ganz gut leben.

Philosophie nach dem Deutsch-Rap

Oh, welch Genuss. Diese Aphorismen, diese poetischen Geniestreiche, die uns der Deutsch-Rap beschert. Was wäre ein Kapitel über Philosophie und Musik, wenn man sich gegenüber diesem Ertrag der Hochkultur verschließen würde? Es wäre nichtig. Ein Vertreter dieser Zunft trägt den Namen Capital Bra. Von seinen Freunden auch liebevoll Capi genannt. Mittlerweile hat er in der deutschen Charts-Geschichte mehr Nummer-1-Hits gelandet als ABBA, die Rolling Stones oder die Beatles. Wer die Rechtmäßigkeit des Erfolgs anzweifelt, ist ein Narr. Denn nur weil das Chartssystem umgestellt wurde und nun nicht mehr der absolute Verkauf von Tonträgern und Downloads zählt, sondern auch der Verkauf von Merchandisingprodukten wie T-Shirts, Geldscheinprüfern und anderem Plastikramsch in sogenannten Fan-Boxen eingerechnet wird, hat es weiterhin Aussagekraft. Es sollte erwähnt werden, dass Charts schon nachweislich mit gehackten Accounts auf Streamingdiensten manipuliert wurden, aber das nur am Rande. Von seiner Gefolgschaft wird Capital Bra auch als Gangster-Rapper angesehen. Denn er ist böse. Hört, hört, welch freches Wort ihm beim Sprechgesang in seinem Werk »Kennzeichen B-TK« in Vers 1 entfleucht:

»Rolle mit 'nem Panamera, über meine Mathelehrer.« Touché! Diese lyrische Schönheit. Zunächst bringt es uns in Fahrt, dieses rasante Sprachbild mit dem Luxusgefährt. Und dann, nichts ahnend, taucht er auf, der Antagonist. Der ewige Feind. Der Mathelehrer. Wer hat ihn noch nicht verwünscht? Er begegnet uns hier sogar im Plural, was die Erinnerung an das autoritäre Trauma nur verstärkt. Doch Capi löst den immerwährenden Konflikt stellvertretend für uns, indem er die Mathelehrer überfährt. Alle auf einmal. Warum sie zusammen mitten auf der Straße stehen, wird sein ewiges Geheimnis bleiben. Das macht den lyrischen Zauber nur noch größer. Nachfolgende Generationen werden immer neue Interpretationen zutage fördern. Was uns Capi in der Dichtung nicht verrät, wir aber erahnen können: Er hat alle seine Lehrer überfahren.

Die Prosa Bras entführt uns gänzlich, trotzdem dürfen wir nicht vergessen, dass in seiner glanzvollen Schaffensperiode auch andere Meister wirken. Summer Cem zum Beispiel, das selbst gewählte Pseudonym bereits ein Genuss. Der eigene Vorname wird mit dem Chart-Hit »Summer jam« aus dem Jahr 2000 spielerisch in Verbindung gebracht. Keck. Von ihm stammen die Zeilen »Egal, wo ich hingeh', ich werd' erkannt. Fragt mal, warum, weil ich bin bekannt«. (Lied »Tamam Tamam«, Vers 2) Den einen lässt es ratlos zurück, dem anderen schießen Tränen der Rührung ins Aug'. Ich möchte dem Ganzen nur entgegnen: »Meine Mutter ist mir bekannt, denn ich bin mit ihr verwandt.« Summer Cem steht noch nicht im Glanz des Ruhmes wie ein Capital Bra, doch auch er schenkt uns

Zeilen für die Ewigkeit: »Drogen sind wie Türen, man kann sie drücken oder ziehen.« (Lied »Katapult«, Vers 2)

Genug der zitierten Worte, ich bin beflügelt und inspiriert. Ich möchte selber einige Zeilen zum Besten geben. Zunächst zum zentralen Gangster-Rap-Thema Kriminalität und Drogen:

Meine Nase fährt Ski
In 100 Tonnen Schnee
Ich hab so viel geklaut
Auch mein eigenes Portemonnaie

Wichtig scheint mir auch das Motiv der Mutter-Beleidigung. Ohne das kaum ein Rap.

Deine Mutter kann nicht kochen
Was sie kocht schmeckt zu fad
Gib ihr Salz, gib ihr Pfeffer
Und 'ne Prise Muskat

Und nun die politische Agenda. Da mischen sich Gangster-Rapper auch mit Vorliebe ein. Deswegen werden zum Beispiel sogar Musikpreise wie der ECHO eingestampft. Sie nehmen sich gern seichte Themen vor, die für jedermann leicht zu durchschauen sind. Beim Thema Nahostkonflikt könnte das rappend so klingen:

Ich bin Gaza
Du bist der Streifen
Weißt Du was ich mein'?
Ich kann's selber nicht begreifen

I'm not a businessman,
I'm a business, man!
Jay Z
**1969*

11

I need a dollar

Geld verdienen

Mit Musik werden sehr geschickt Umsätze gesteigert. Sei es im Supermarkt, im Textilgeschäft oder im Restaurant. Unsere Kaufentscheidungen werden gelenkt und spendabler werden wir auch. Rund um das Thema Musik wird oft gut Geld verdient. Das fing schon in der Klassik an. Mit Totenmasken und Haarlocken, von denen die Fans gar nicht genug bekommen konnten. In der Gegenwart sieht es ähnlich aus. Das Schlagerduo Die Amigos lässt Gedenkmünzen von sich prägen und für ein Meet & Greet mit den Stones muss man ordentlich in die Tasche greifen. Doch wer ein Milliardenvermögen mit Musik machen will, sollte gar nicht erst mit dem Musizieren anfangen. Die Gründung eines Streaminganbieters reicht völlig aus.

Musik im Supermarkt

Musik kurbelt die Wirtschaft an. Mit ihr steigen die Umsätze. Besonders im Supermarkt. Sie verlängert die Verweildauer im Geschäft und animiert die Kunden zum Zugreifen. Zum Teil auch mit subtilen Botschaften. In meiner Kindheit hörten meine Großeltern ganz gern den Song »Merci chéri« von Udo Jürgens. Ich dachte jahrelang, dass das eine Schokoladenwerbung sei. Für gleich zwei Sorten auf einmal: Merci und Mon Chéri. Dem war nicht so. Sobald aber irgendwo »Like ice in the sunshine« lief, konnten meine Großeltern sicher sein, dass ich sie nach einem Eis fragte.

Tatsächlich lenken Art und Inhalt von Musik unsere Kaufentscheidungen mit. In einer Untersuchung in England wurde über zwei Wochen hinweg in der Weinabteilung eines Supermarktes abwechselnd französische und deutsche Musik gespielt. Die Musikauswahl des Untersuchungsteams entsprach der Holzhammer-Methode. Stellvertretend für Frankreich musste Akkordeonmusik her und im Falle von Deutschland Blasmusik. Das musste vermutlich auch so sein, denn die meisten von uns denken beim Einkaufen an den Einkaufszettel oder an ganz andere Dinge. Selten steht man da und sagt sich, o ja, was dieses Geschäft wohl gerade für eine Musik einsetzt, um mich geschickt zu beeinflussen?!

Die Studie ergab, dass die Kunden entsprechend mehr zum Wein desjenigen Landes griffen, dessen Klischeemusik gerade lief – das überrascht jetzt nicht, kann man sich aber ruhig mal bewusst machen. Hätte man spanische Musik genommen, wäre gewiss mehr edler spanischer Wein verkauft worden. Ein schöner Rioja vielleicht. Mit Musik von Andrea Berg wäre ratzfatz der Wein im Tetra Pak ausverkauft gewesen.

Einige Supermarktketten haben eigene »Radiosender«, die zentral gesteuert ihre Filialen beschallen. Andere nutzen spezialisierte Musikdienstleister. Der bekannteste Vertreter dieser Art ist historisch gesehen die Firma Muzak. In den USA wird das Wort *Muzak* synonym für Hintergrundmusik gebraucht. Der Begriff ist auch in den deutschen Sprachgebrauch und in den Duden eingegangen: Die Muzak sei eine gefällige, anspruchslose Musik. Ich denke aber, mit Wein lässt sie sich schönsaufen.

Musik im Textilhandel

Wenn Sie mögen, achten Sie mal darauf, welche Musik beim Klamottenkauf läuft. Es ist meistens moderne, dynamische Musik. House-Beats, flächig, positiv. Neue Mode macht uns Versprechungen, jung, aktuell und im Trend zu sein. Das muss sich in der Musik widerspiegeln. Manche Läden übertreiben es allerdings. Die haben Soundsysteme installiert, mit denen kann man mittelgroße Clubs beschallen. Ein Gespräch in Zimmerlautstärke ist dann nicht mehr drin. Das soll man auch nicht führen. Man soll sich auf die Klamotten konzentrieren und ein Gefühl bekommen, als mache man sich fürs Weggehen fertig.

Freitagabend, das Wochenende klopft an. Die basslastige Musik simuliert ein Club-Gefühl. Ein Ort, an dem man die neu zu erwerbende Kleidung am liebsten zur Schau trägt. Den ersten Flirt gibt es bereits im Geschäft. Man kommt rein und das Verkaufspersonal begrüßt einen. Der Blick sagt: *Wenn du reden willst, ich bin da. Ich lege hier noch ein, zwei T-Shirts zusammen, aber ich verkauf dir gern was.* Verkaufen funktioniert über Vertrauen. Musik hilft dabei. Im Textilhandel ist jeden Tag Freitag.

Mehr Trinkgeld mit Musik

Damit wir im Restaurant spendabel sind, hilft es, wenn man freundlich zu uns war. Wenn es dann noch geschmeckt hat, umso besser. Obendrein hat Musik einen erheblichen Einfluss darauf, wie viel Trinkgeld wir geben. Ein Stück weit sogar unabhängig von den ersten beiden Faktoren. In Frankreich fand über sechs Wochen hinweg in einem Restaurant eine Untersuchung statt. 786 Gäste wurden gezählt. Es gab drei verschiedene Versuchsanordnungen: Man setzte auf Stille, man spielte relativ neutrale Musik ein und man nutzte Musik mit Liedtexten, in denen es um sozialen Zusammenhalt geht. So etwas wie »We are family« – nur auf Französisch halt. Tatsächlich ergibt der internationale Vergleich, dass es im französischen Sprachraum deutlich mehr Songs mit solchen Themen gibt.

Wenn es im Restaurant still war, gab es das wenigste Trinkgeld. Mit neutraler Musik wurde es mehr, und mit letzterer Variante war das Ergebnis am höchsten. Gemeinschaftsgefühl macht Menschen spendabler. Das erklärt auch, warum Hilfsorganisationen um die Weihnachtszeit die höchsten Einnahmen verzeichnen.

Wenn Sie sich wundern, warum Sie beim letzten Restaurantbesuch so großzügig aufgerundet haben – vielleicht lief im Hintergrund die ganze Zeit »I need a dollar« von Aloe Blacc. Das ist schön sozial-appellierend und recht unverblümt in seiner Aussage: »Come on share your dollar with me«, singt der da.

Aber nicht nur der Faktor Empathie ist ausschlaggebend. Die Frage, wie wohlhabend wir uns persönlich fühlen, ist elementar. Und da scheint Klassik als Genre für die Gastronomie einem Goldesel gleichzukommen. Einer britischen Studie zufolge fühlen wir uns durch Klassik automatisch kultivierter und wohlhabender als sonst. Die erhabene Klischeewirkung von Klassik macht was mit uns. Nicht nur beim Trinkgeld, wir geben generell mehr für den Abend aus und lassen uns von den höheren Preisen auf der Karte nicht abschrecken.

Von »I need a dollar« gibt es übrigens eine schöne Klassikversion, arrangiert mit zarten Streichern. Sollte die in ihrem Lieblingsrestaurant laufen, nehmen Sie besser einen Kredit auf.

Von Totenmasken und Gedenkmünzen

Die Musikindustrie war schon immer sehr kreativ im Geldverdienen. Der Absatz von Tonträgern ging im Zeitraum um die letzte Jahrtausendwende herum arg zurück, dafür wurden Ticketpreise teurer. Die Aura des Stars kostet was. Für einen Platz in der ersten Reihe bei einem Elton-John-Konzert darf man dann gerne mal 482 Euro berappen. Meet-&-Greet-Pakete sind teurer. Die Rolling Stones verlangen bis zu 35.000 Dollar für solche Events. Aber dann kriegt man auch ein Selfie. Für viele wichtiger als ein Autogramm, denn das Selfie kann man teilen und kriegt Likes, auch eine Art Währung heutzutage. Das soll kein Generationen-Bashing sein, denn Bildnisse von prominenten Musikern hatten früh einen Wert. Nach dem Tod von Beethoven im Jahre 1827 wurde von seinem Gesicht ein Gipsabdruck gefertigt. Josef Danhauser hieß der Schöpfer. Eine Kopie davon konnte man kaufen und dadurch hatte man auch eine Art Meet & Greet mit Beethoven. Wenn auch nicht mehr ganz so lebendig.

Ein Exemplar der Beethoven-Totenmaske lässt sich für 59,90 Euro im Shop des Beethoven-Hauses in Bonn erstehen. Beethoven schaut da übrigens ziemlich ernst. Kann man auch verstehen, wenn man tot ist. Trotzdem eine schöne Geschenkidee für den nächsten Anlass: »Schau mal, Schatz, ich hab dir eine Totenmaske mitgebracht.«

Apropos Totenmaske: Auch von den Amigos werden Bildnisse vertrieben. Zum 50-jährigen Bandjubiläum wurde eine Gedenkmünze entworfen. Sie haben richtig gelesen, eine Amigos-Gedenkmünze! Vertrieben übers Shopping-TV. Ich konnte nicht widerstehen und musste aus Recherchegründen ein Exemplar bestellen. Nach genauer Betrachtung kam ich zu dem Schluss: Als Altersvorsorge taugt das Ding nicht. Die Herstellungskosten für das runde Teil mit dem Konterfei des Duos dürften überschaubar gewesen sein. Der Verkaufspreis dahingegen happig: 50 Euro plus 7 Euro Versand. Aber damit hat man schon etwas sehr Außergewöhnliches. Sollten Sie damit nach Hause kommen und sagen: »Schau mal, Schatz, ich habe dir eine Amigos-Gedenkmünze mitgebracht«, könnte es sein, dass Ihr Gegenüber so begeistert guckt wie Beethoven bei seiner Maskenfertigstellung.

Haariger Ruhm

Der letzte Schrei unter Fans – teilweise im Wortsinn – waren über Jahrzehnte hinweg allerdings nicht Totenmasken, sondern Locken. Man wollte eine echte Haarlocke vom Künstler haben. 2007 wurde ein kleines Büschel Haare von John Lennon für umgerechnet 34.000 Euro versteigert.

Er hatte sie selbst in Plastikfolie gepackt, in sein Buch *A Spaniard in the Works* geklebt und der Friseurin Betty Glasow geschenkt. Sie war für die Haare der Beatles in so manchem Musikfilm der 60er-Jahre zuständig. Als Widmung schrieb der Musiker: »*To Betty lots of love and hair from John Lennon.*« Sollte Klontechnik irgendwann problemlos möglich sein, bleibt zu hoffen, dass der Auktionsgewinner noch ein Haar übrig hat.

Von Beethoven gäbe es auch noch welche. Darüber konnte man in Wien bei der Gerichtsmedizin Erkenntnisse über seine Todesursache gewinnen. Wie ein Rockstar trank er viel zu viel und bekam eine Leberzirrhose. In den Haaren konnte man eine zu hohe Bleibelastung feststellen – achtzigfach über Normalwert. Beethoven trank also offenbar zu viel gepantschten Wein. Damals süßte man saure Weine nämlich mit Bleizucker.

Die Haare können ganz schön verräterisch sein. Es gibt die These, dass sich Britney Spears damals den Kopf kahl rasierte, damit man in ihren Haaren keine Drogenrückstände feststellen konnte. Die Haare von Britney gingen in den Müll, eine Locke von Beethoven wurde versteigert. 2019 kam sie bei Sotheby's in London unter den Hammer und wechselte für 39.000 Euro den Besitzer. Das lag unter dem Preis, der 2015 für eine Locke von Mozart gezahlt wurde, nämlich umgerechnet 50.000 Euro. Vielleicht lag es daran, dass von Beethoven genug Haare im Umlauf sind. Angebot und Nachfrage halt. Das Beethoven-Haus besitzt allein elf Locken. Und das hat historische Gründe. Zu Beethovens Beerdigung kamen einige Gäste, um in stiller Trauer Abschied zu nehmen. Andere kamen vorbei, um in stiller Schnippelei mit einer Schere ein Andenken mitzunehmen. Es ist verbrieft, dass Beethoven auf seinem Totenbett völlig kahl war.

Tatsächlich ist das Locke-Behalten nicht völlig aus der Mode gekommen. In aktuellen Ratgebern zum Thema

Trauer findet man mitunter den Vorschlag, sich etwas Haar vom Verstorbenen zu bewahren. Die Hochzeit des Lockensammelns liegt jedoch eindeutig im 19. Jahrhundert. Und nicht nur posthum. Franz Liszt verdiente sich zu Lebzeiten ein attraktives Zubrot mit seiner lockigen Pracht. Seine Haare waren sein Merchandise. Er schnitt sie ab, und weibliche Fans konnten kaum genug davon bekommen. Um die hohe Nachfrage nach seinen Locken befriedigen zu können, schaffte er sich der Legende nach irgendwann einen Hund an. Der Vierbeiner wurde zum zuverlässigen Haarlieferanten. Ich hoffe, für jedes Löckchen gab's ein Leckerchen.

Wer sich fragt, warum die Jacob Sisters jahrelang Pudel mit sich herumschleppten und mit ihnen nicht nur die Bühne, sondern auch die Frisur teilten, der dürfte jetzt seine Antwort bekommen haben.

Reich werden mit Musik, ohne Musik zu machen

Mit Musik lässt sich richtig gutes Geld verdienen. Nur wenn Sie besonders viel Zaster machen wollen, überlassen Sie das Musizieren lieber anderen. Sie können einen Weltkonzern aufbauen und Milliardär werden. Ein Blick in die jüngere Mediengeschichte zeigt das ganz gut. Als am 1. August 1981 MTV den Sendebetrieb aufnahm, war das Konzept so einfach wie genial. Man bot eine Plattform für Musikvideos, die die Plattenfirmen schön auf eigene

Kosten herstellen durften. Man bekam hochwertigen Content, der teilweise ein Millionenbudget verschlang. Und zwischendurch schaltete man, genau, Reklame. Gut 15 Minuten nach der Geburtsstunde von MTV kam schon der erste Werbeblock. Ein Musik-Werbesender, der zwischendurch Werbung schaltete also. Aber natürlich lohnte sich das Geschäftsmodell auch für die Plattenfirmen. Zu »Take on me« von a-ha gibt es zwei Videos. Das erste wurde 1984 produziert. Es war ganz nett, man sah die Band ihren Song performen. Nicht sonderlich innovativ. In Europa wurden etwa 300 Platten abgesetzt. Damit kriegt man manchmal nicht mal die Kosten fürs Catering bei einem Musikvideodreh wieder rein. Ein Jahr später gab es ein zweites Video zu exakt demselben Song. Diesmal originell animiert. Eine Mischung aus gezeichneten Bildern und Realfilm. MTV setzte das Video auf die höchste Rotation. Die Menschen liebten es und nun sah es mit dem Absatz schon besser aus. Über acht Millionen Tonträger wurden verkauft. Die Single war in 36 Ländern auf Platz 1.

Mit Formaten wie MTV-Unplugged und zahlreichen Award-Shows wurde der Sender zum zentralen Player im Musikbetrieb. Bis heute erreicht MTV nach eigenen Angaben 500 Millionen Haushalte. Das Logo ist weltweit ähnlich bekannt wie das von McDonalds oder Mercedes. Die große Zeit des Musiksenders scheint wegen wachsender Online-Angebote vorüber, für den Mutterkonzern ViacomCBS Networks International bringt er aber weiterhin stattliche Umsätze. Und viele Menschen sind mit ihm sehr reich geworden.

Eine ähnliche Erfolgsgeschichte verbindet sich mit YouTube. Nicht im Fernsehen, dafür im Internet stellte man ein Portal zur Verfügung, bei dem andere Content einbringen sollten. Copyright-Verletzungen sah man nicht so eng. War ja nur das Internet. Alles sollte hochgeladen werden, um möglichst viele Nutzer anzulocken. Die Nutzungsdauer und Relevanz stiegen. Ein perfektes Argument für Aktionäre und Werbekunden, bei YouTube einzusteigen. Nach 15 Jahren Bestehen liegt der Umsatz der Plattform bei gut 15 Milliarden US-Dollar, und die generieren sich fast ausschließlich über Werbeeinnahmen.

Spotify, das größte Musikstreaming-Unternehmen der Welt, ist ähnlich jung. 2006 wurde es in Stockholm von Martin Lorentzon und Daniel Ek gegründet. Knapp 4.500 Menschen beschäftigt der Konzern gegenwärtig, wobei die wichtigsten Mitarbeiter*innen extern angesiedelt sind. Es ist das musizierende Personal, das Content liefert, auf dem das Geschäftsmodell von Spotify basiert. Für etwa zehn Euro im Monat können Nutzer*innen weltweit so viel Musik hören, wie sie wollen. Bei über 300 Millionen Premium-Accounts kommt da ganz schön was zusammen. Durch kostenfreie Accounts werden noch ordentlich Werbeeinnahmen generiert. Bei den Bands und Solo-Acts bleibt wenig hängen. Wenn ein Song tausendmal gespielt wurde, zahlt Spotify etwa drei Euro aus. Toll. Nur wer monatlich millionenfach gestreamt wird, erzielt auf Dauer relevante Einnahmen. Das System Spotify belohnt außerdem relativ kurze Songs, die in Dauerschleife gehört werden können. Intros könne man heutzutage vergessen, sagt Herbert Grönemeyer im *Zeit*-Podcast *Alles Gesagt?* auf die Frage hin, wie sich das Songwriting durch Streaminganbieter verändert habe. Das App-Publikum müsse sofort vom Song gepackt werden, damit man den Stream bloß nicht wegklickt.

Daniel Ek stammt aus normalen Verhältnissen, hat früher selber ein bisschen Musik gemacht, scheint aber leider etwas die Bodenhaftung verloren zu haben. In einem Interview mahnte er an, die Kreativen da draußen sollten sich nicht mehr drei bis vier Jahre Zeit lassen, bis es zu einer neuen Veröffentlichung kommt. Außerdem müssten sie sich viel mehr Gedanken ums Storytelling rund um ein Album machen. Die Reaktionen ließen nicht lange auf sich warten. Mike Mills, der Bassist von R.E.M., gab zu verstehen, dass Musik für ihn kein Produkt sei, das am laufenden Band produziert werden sollte. Seinen Tweet rundete er mit folgenden Grußworten in Richtung Ek ab. Zitat: »*Go fuck yourself.*« Eks Haltung ist derweil ganz im Sinne des Spotify-Angebots. Die Nutzer*innen sollen ständig neuen Content bekommen. Quantität vor Qualität. Das Vermögen des Spotify-Gründers und CEOs wird übrigens auf 4,6 Milliarden US-Dollar geschätzt. Viermal so hoch wie das von einem der erfolgreichsten Künstler der Musikgeschichte: Paul McCartney. Und der hat ein paar mehr Hits als Daniel Ek geschrieben.

Mit einem Hit ausgesorgt

Ich möchte Sie aber ermutigen: Machen Sie Musik. Denn schon mit einem Welthit haben Sie ausgesorgt. In der Musik gibt es diese schönen Vom-Tellerwäscher-zum-Millionär-Geschichten, und eine habe ich aus erster Hand erfahren. Dave Jackson arbeitete als Friseur in Paderborn. Er war mit dem britischen Militär aus England nach Ostwestfalen gekommen. In den 70er-Jahren schrieb er Lieder, machte viel Livemusik und erzielte kleine Achtungserfolge. 1978 wurde ein Song von ihm auf der Musikmesse Midem in Frankreich präsentiert. Das war die Zeit, als Songwriter ihr Material noch nicht mit einem Mausklick quer durch die Welt verschicken konnten. Er hatte das Lied gemeinsam mit seinem Bruder Mick und seinem Freund Elmar Krohn komponiert. Vor Ort in Frankreich waren zahlreiche Song-Scouts unterwegs, so auch der Manager der Band The Jacksons (früher The Jackson Five). Er fertigte einen Mitschnitt an, kehrte in die Staaten zurück und spielte Michael Jackson und seinen Geschwistern die Aufnahme vor. Alle waren Feuer und Flamme, begaben sich schnurstracks ins Tonstudio und nahmen den Song auf. Wenig später wurde er zum Welthit: »Blame it on the boogie«. Dave staunte nicht schlecht, als er irgendwann im Radio den Song hörte – gesungen von *dem* Michael Jackson. Ursprünglich hatte Daves Bruder dem Lied seine Stimme geschenkt. Und der heißt kurioserweise bürgerlich ebenfalls Michael Jackson – »Mick« war von Kind auf sein Spitzname. Bei den Verwertungsgesellschaften sorgte die Namensgleichheit der Brüder in Ostwestfalen zunächst für Verwirrung, die Tantiemen wanderten aber irgendwann auf die richtigen Konten. Und das nicht zu knapp. Ein Welthit lohnt sich. Wer richtig erfolgreich werden möchte, dem sei gesagt: Werden Sie zunächst Friseur in Paderborn!

Die Ursprungsversion von »Blame it on the boogie« findet man leicht im Netz. Songtitel und »Mick Jackson« in die Suchmaschine eingeben, und Sie stoßen rasch auf ein charmantes 70er-Jahre-Plattencover und einen Audio-Stream.

Der erste eigene Hit

Dave hatte ich in einem Dortmunder Musikstudio kennengelernt. Wir arbeiteten an einem Song, den ich mit 17 Jahren im Anschluss an einen Malta-Aufenthalt geschrieben hatte. Ich war inspiriert vom BJ's Live Music Club, den es seit 40 Jahren auf der Insel gibt. Dave half mir vor allen Dingen beim Text, damit er nicht zu sehr nach dem Schul-Denglisch eines 17-Jährigen klang. Ich sage mal so, von meinen Textzeilen blieb nicht so viel übrig. Im Grunde genommen bekam ich einen völlig neuen Text. Aber die Musik war von mir. Ich hatte das Lied am Klavier geschrieben und war damals sehr von Joshua Kadison beeinflusst. »Jessie« und so, Sie erinnern sich vielleicht. Ein Jahr später war ich wieder auf Malta. Auf wundersamen Wegen war mein Song vom Dortmunder Studio über eine Plattenfirma auf Malta gelandet. Der Sender Radio 101 lud mich ein und sie spielten meinen Song. Anmoderiert von einem Moderator, der damals den Weltrekord in der längsten, jemals am Stück moderierten Radiosendung hielt. Ich hörte also zum ersten Mal einen Song von mir im ausländischen Radio. Einen Mitschnitt bekam ich auch. Etwa drei Jahre später gab es eine GEMA-Abrechnung dazu. Die Verwertungsgesellschaften sind international vernetzt, nur bis das Geld ankommt, dauert es. Als Betrag für ein internationales Airplay stand dort nun schwarz-weiß: 2,27 Euro. Nun ja, ich hatte es recht schnell auf den Kopf gehauen. Doch in dem Moment, als der Song im Radio lief, war das mein kleiner Welthit.

Kleine Musikjobs

Um mein Studium zu finanzieren, ging ich vielen musikalischen Tätigkeiten nach. Ich begann Songs für andere zu schreiben, machte Filmmusik und vertonte Industriefilme. Das macht mehr Spaß, als man denken könnte. Die flammenden Bilder einer Stahlgießerei mit Pauken und Trompeten zu untermalen – herrlich. Eine Zeit lang spielte ich parallel in drei Bands. Eine trug den Namen Starfuckers und hatte sich ausschließlich auf das Covern von Rolling-Stones-Songs spezialisiert. Da gab es regelmäßig Buchungen. Ich stand an den Keyboards, was ein sehr dankbarer Job war. Schließlich fällt es beim Rolling-Stones-Repertoire kaum auf, wenn sich der Keyboarder mal verdrückt oder zumindest ein paar Takte aussetzt. Gefühlt spielten wir jedes Wochenende auf dem runden Geburtstag irgendeines Herrn, der entweder 50 oder 60 Jahre alt wurde. Ich werde nie vergessen, wie ein Gast nach seinem siebten oder achten Bier zu mir kam, sich »Hey Jude von den Stones« wünschte und zurück an seinen Platz wankte. Wir spielten »Angie« und er hob zufrieden den Daumen.

Etwas später bekam ich kleinere Jobs von Sony Music und EMI zugeschustert und half beim Produktmarketing. Ich war im Team rund um eine Pop-Punk-Band, die am Hype von Avril Lavigne anknüpfen sollte. Sie landete schließlich im ZDF-Fernsehgarten bei Andrea Kiewel. Für manch einen Act ein riesiger Erfolg, für andere der Anfang vom Ende. Hier traf wohl leider Letzteres zu. Ich weiß nicht, ob es daran lang, dass der Teamleiter uns montags im Briefing erst mal immer stundenlang erzählte, auf welchen Partys er am Wochenende abgehangen hatte, aber mit Leib und Seele schien er für seine Schützlinge nicht bei der Arbeit zu sein. Natürlich habe ich auch sehr nette Personen innerhalb der Musikindustrie kennengelernt. Und für ein Projekt durfte ich sogar einmal zu Harold Faltermeyer persönlich nach Hause. Vom Grammy-Gewinner gab es selbst gebrautes Bier und viele unvergessliche Einblicke in das Hollywood-Musikindustrie-Kapitel der 80er-Jahre. Was will man mehr. Seinen Hund fand ich auch sehr beeindruckend. Ein Jagdhund, der senkrecht die Berghänge hochläuft, um geschossenes Wild abzutransportieren. Ich liebe Hunde. Nur vor diesem besonderen Exemplar blieb ich kurzzeitig erstarrt stehen. Solche Pfoten hatte ich noch nie gesehen. Höchstens bei einem Löwen vielleicht.

Der Hund bestand quasi nur aus Muskeln. Wenzel heißt er. Der Name wird auch in einem *Playboy*-Porträt über Harold Faltermeyer verraten, das sich auf seiner offiziellen Homepage in der Presseschau wiederfindet. Der vierseitige Artikel trägt übrigens den Titel »Sex, Drugs and Hirschgeweih«.

In einigen Fällen sollte ich für Major-Labels sogar Plattencover gestalten. Die Tatsache, dass ich farbenblind bin (kein Scherz), hielt mich nicht von der Aufgabe ab. Mit der Zeit bekam ich merkwürdigerweise aber nur noch Aufträge für psychedelisch angehauchte Techno-Projekte, bei deren Entstehung Drogen im Spiel gewesen sein mussten. Mit dem Argument: »Du stellst immer so interessante Farbkombinationen zusammen, auf die sonst keiner kommt. Das passt so gut.« Mein Erfolgsgeheimnis war wahlloses Herumgeklicke auf den Farbpaletten im Grafikprogramm, das behielt ich aber für mich. Für mich war es genau richtig, immer nur kleine Nebenjobs in der Musikindustrie auszuüben. Eine Festanstellung strebte ich nicht an. Ganz sicher darin wurde ich mir, als ich 2008 bei der letztmalig stattfindenden Popkomm in Berlin vor Ort war. Auf der Bühne performte gerade eine junge Künstlerin, die ein sehr ordentliches Debüt-Album abgeliefert hatte: Aura Dione. Das Publikum bestand nur aus Profis der Szene. Niemand hörte zu. Man unterhielt sich, lachte, trank. Aura Dione ackerte sich auf der Bühne ab. Ich war perplex: Das ist doch *eure* Künstlerin! Davon lebt ihr. Die Gleichgültigkeit konnte ich mir einfach nicht erklären. Ich fuhr nach Hause und arbeitete von da an nicht mehr für Major-Labels.

Zum Glück gibt es viele andere Jobs, die man rund um das Thema Musik machen kann. Musikunterricht ist weit vorne, Konzerte veranstalten, Musikjournalismus, Video- und Fotoproduktion, Pressetexte schreiben, Social-Media-Tätigkeiten von Acts unterstützen etc. Und wer sich auf das Komponieren und Musizieren konzentrieren mag, dem sei gesagt, dass es hier eine erfreuliche Entwicklung gibt. 2003 lag der Umsatz von selbstständigen Musiker*innen und Komponist*innen in Deutschland bei 241 Millionen Euro. 2019 ist der Umsatz auf 387 Millionen Euro angewachsen. Die Anzahl der sozialversicherungspflichtigen Musikjobs war in den letzten Jahren relativ konstant, sodass der Anstieg nicht durch eine Wanderung von der Festanstellung in die Selbstständigkeit zu erklären ist. Die Corona-Pandemie wird sicher ein Loch reinreißen. Das gilt natürlich leider auch für andere Jobs.

Man kann festhalten: Sollte jemand sagen »Kind, mach bitte was Anständiges«, ist die Antwort »Klar doch, ich mach was mit Musik« sicherlich okay. Sollte man sich für einen anderen Beruf entscheiden, bringt einen die Musik trotzdem weiter …

Wer Musik macht, hat bessere Berufschancen

Viele von uns kennen das – Bewerbungsgespräche können zäh sein. Dinge, die auflockern, helfen allen Beteiligten. Stellen Sie sich vor, die verantwortliche Person im

Unternehmen blickt auf Ihre Bewerbungsunterlagen und fragt: »Oh, Sie spielen Klavier?« oder »Spannend, was genau ist eine Nasenflöte?«. Jetzt sind Sie auf sicherem Terrain. Sie können Leidenschaft zeigen und die Fragen mit Ihrer Expertise lässig beantworten. Wenn man eine Fremdsprache als Kompetenz angibt, ist es gut möglich, dass Sie in dieser angesprochen werden. Der Wahrheitsgehalt Ihrer Angabe wird dann direkt getestet. Beim Thema Musik können Sie ganz entspannt bleiben. Sehr selten liegt ein Instrument parat, auf dem Sie sich nun beweisen müssen. Es sei denn, Sie bewerben sich an einer Musikschule.

Tatsächlich wird Musikmachen als Hobby von vielen Unternehmen geschätzt. Durch das Erlernen eines Instruments hat man Ausdauer und Fokussierung bewiesen.

Hans Thomann, Chef des gleichnamigen Musikunternehmens mit 850 Millionen Euro Umsatz, erzählte der *Frankfurter Rundschau*: »Dass Thomann so gut läuft, hat auch damit zu tun, dass wir viele Musiker beschäftigen. [...] Die meisten spielen ja in einer Band oder in einem Orchester, da kannst du deinem Ego keinen freien Lauf lassen, du musst aufeinander hören und miteinander spielen.«

Jetzt könnte man meinen, ist doch klar, dass er das sagt. Der will ja noch mehr Instrumente verkaufen. Solche Aussagen kommen jedoch selbst von globalen Beratungsunternehmen wie McKinsey. In einem *Spiegel*-Artikel wird der Karriereweg eines Geigers und Dirigenten nachgezeichnet, der über ein Werk von Felix Mendelssohn Bartholdy promovierte und mittlerweile große Industrieunternehmen und Behörden berät. »Berater ohne BWL –

die bringen Farbe in die Firma« heißt der Artikel und offenbar auch das Motto in der Personalabteilung bei einigen Unternehmensberatungen.

Also, geben Sie Ihre Musikkompetenz selbstbewusst an. Sollten Sie im Gespräch überzeugen und den Job bekommen, kann es sein, dass Sie auf der Weihnachtsfeier der neuen Firma musizieren müssen. Ihr Arbeitgeber spart sich Kosten und ergreift die Chance, Sie der gesamten Belegschaft etwas näher vorzustellen. Aber Achtung! Auch auf der Nasenflöte will »O Tannenbaum« gekonnt sein.

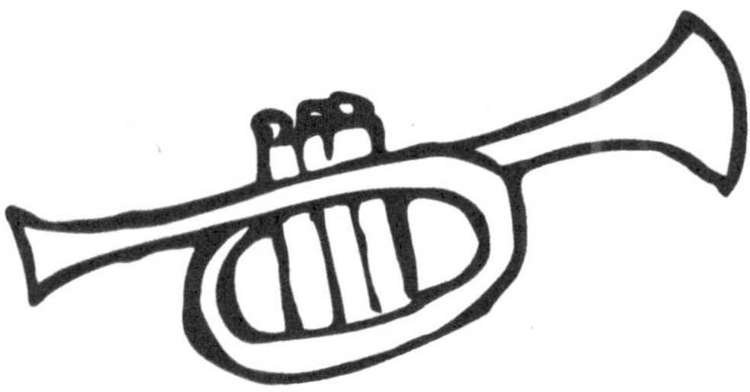

Es gibt zwei Möglichkeiten,
vor dem Elend des Lebens zu flüchten:
Musik und Katzen.
Albert Schweitzer
1875–1965

12

Strawberry fields forever

Pflanzen & Tiere

Es ist erstaunlich, auf was für Ideen manche Menschen kommen. Pflanzen werden beschallt, damit sie besser wachsen, und Kühe müssen Mozart und die Wildecker Herzbuben hören, damit sie mehr Milch geben. Noch erstaunlicher ist es, wenn solche Versuche erfolgreich sind. Aber wie schaut es generell mit dem Musikgeschmack von Tieren aus? Ist es wahr, dass sich Termiten schneller durchs Holz fressen, wenn sie Heavy Metal hören? Warum haben Marienkäfer nach Dubstep keine Lust mehr auf Sex? Spannend ist auch die Frage, wie unsere Haustiere, Hund oder Katze, eigentlich zur Musik stehen. Außerdem erfahren Sie, dass Walweibchen sapiosexuell sind, warum der Koalabär der Barry White unter den Tieren ist und welches Lied die Zaunkönigin mit ihrem Mann nach der Hochzeit singt.

Pflanzenwachstum mit Musik

Viele Menschen sprechen gerne mit Pflanzen. Und unter gewissen Voraussetzungen können diese dadurch besser wachsen. Ein Forscherteam in England war ganz verblüfft, dass die Pflanzen, mit denen gesprochen wurde, besser gediehen als jene, denen nichts erzählt wurde. Die Bewässerung war gleich, die Lichtbedingungen ebenso, und bei der Erde gab es auch keine Unterschiede. Sind Pflanzen also sensibel und haben kleine Öhrchen? Irgendwann fiel bei der Untersuchung der Groschen. Man hatte keinen Spuckschutz verbaut. Die Pflanzen hatten durch den Zuspruch eine Extraportion CO_2 und mehr Wasser abbekommen. Das müssen Forscher mit einer besonders feuchten Aussprache gewesen sein.

Und wie verhält es sich mit Musik? Fangen Sträucher und Blätter an zu tanzen, wenn ein schönes Lied erklingt, oder war es dann doch nur der Wind? Manche Bauern schwören darauf, dass ihre Saat mit Musik besser sprießt. Auf einem Weingut in Italien werden Reben dauerhaft mit Mozart beschallt. Und wie durch ein Wunder seien dadurch die Stöcke kräftiger, die Blätter grüner und die Trauben schneller reif. Kann das sein? In Kanada unternahmen Biologen der Universität Ottawa bereits in den 70ern ein Experiment: Verschiedensten Pflanzen wurden unterschiedliche Musikstile und Einzeltöne vorgespielt. Parallel dazu musste jeweils eine Kontrollgruppe derselben Pflanzenart ohne Unterhaltungsprogramm auskommen. Die Musikstile brachten keinen erkennbaren

Unterschied – aber siehe da, ein Frequenzton bei 5.000 Hz führte scheinbar zum Durchbruch. Der Marquis-Weizen wuchs ganz prächtig. Nach Bekanntwerden dieses Ergebnisses witterten einige Plattenfirmen ein dickes Geschäft. So kam zum Beispiel eine grüne Schallplatte mit dem programmatischen Titel »Music to grow plants« auf den Markt. Stilistisch in Richtung Easy-Listening-Jazz. Aufgrund des Untersuchungsergebnisses war allen Songs ein durchgehender Ton von 5.000 Hz unterlegt. Eine Art versteckte Botschaft an die Pflanzen, die da hieß: Genieß es und wachs mal schön. So etwas kannte man in den 70er-Jahren ganz gut. Allerdings waren es damals in der Regel Rockplatten mit satanischen Botschaften. Saatbotschaften waren neu. Ein auditives Düngemittel für die heimische Bepflanzung. Das einzigartige Plattencover zu dieser Veröffentlichung können Sie im Bildteil bestaunen – auf Seite 7. Dr. George Milstein trägt Schlips und hält glücklich eine Pflanze in der Hand.

Das Geschäftsgebaren setzte sich fort. Für Großplantagen wurden Düngemittel in Kombination mit Tonträgern auf den Markt gebracht, auf denen vermeintlich ertragssteigernde Geräusche zu hören waren. Die nächste Studie ließ nicht lange auf sich warten. Dorothy Retallack wollte es 1973 mit den Musikstilen noch einmal genauer wissen. Sie nutzte für ihre Untersuchungen Versuchskammern, in denen die Pflanzen die gleichen Licht-, Sauerstoff- und Temperaturbedingungen haben sollten. Der einzige Unterschied war die Beschallung. Für die einen wurde Rockmusik eingespielt, von Led Zeppelin und Jimi Hendrix, für die anderen gab es Klassik und indische Sitar-Musik auf die Blättchen. Hier entschied sich Retallack für Bach und Ravi Shankar. Retallacks Auswertung war verblüffend.

Bei Rockmusik wuchsen anstelle von Blättern keine Lederkutten, nein, stattdessen wurden die Wurzeln dünn und die Pflanzen gingen ein. Bei der Klassik und indischen Musik genau das Gegenteil: kräftige Wurzeln und ein längeres Leben. Die Nachricht löste ein großes Medienecho aus, weltweit wurde darüber berichtet.

Gut, jetzt könnte man sagen, das Ergebnis lag auf der Hand: Beethovens »Mondscheinsonate« ist schließlich etwas für Nachtschattengewächse und Vivaldis »Vier Jahreszeiten« ist perfekt für die Fotosynthese. Aber hier ist einmal mehr die menschliche Projektion am Werk. Mit einer konservativen Klischee-Sicht. Die Klassik als Heilsbringer für alles. Der Mozart-Effekt für grünes Gestrüpp.

Die Untersuchungsergebnisse ließen sich rasch widerlegen. Retallack hatte des Ruhmes wegen getrickst. Bei den Fotos zur Studie wählte sie Perspektiven, die nur den Anschein erweckten, die einen Wurzeln seien dicker und die anderen dünner. Beim Versuchsaufbau war außerdem keine seriöse wissenschaftliche Vergleichbarkeit gewährleistet worden.

Und was ist mit der 5.000-Hz-Studie? In nachfolgenden Tests konnte man das Ergebnis nicht verifizieren. Trotzdem werden fehlerhafte Studien dieser Art immer wieder herangezogen, um Pflanzen ein musikalisches Gehör anzudichten. Im Buch *Das geheime Bewusstsein der Pflanzen* (2016), bei dem man sich zur Titelfindung und Zielgruppenausrichtung möglicherweise beim Weltbestseller *Das geheime Leben der Bäume* (2015) inspirierte, heißt es:

> *Pflanzen hören: Jede ihrer Zellen hat eine Membran, empfindlicher als das menschliche Hörorgan. Musik, das zeigen jahrelange Feldforschungen, fördert ihre Gesundheit.*

Nun ja, Pflanzen können Frequenzen aussenden und wahrnehmen, das stimmt. Sie können sich auch dahin orientieren, wo Wasserströme sind. In vielen Texten wird das als »Hören« beschrieben. Aber mit dem menschlichen Gehörsinn hat das nichts zu tun. Es ist auch so, dass sich Pflanzen teilweise zu Lautsprecherboxen hin orientieren, aus denen Musik kommt. Dafür gibt es aber einfache physikalische Erklärungen. Schallwellen verändern Luftströme. Ohne Luft, kein Schall. Darum ist es auch Quatsch, wenn man in Science-Fiction-Filmen Laser-Geballer im Weltraum hört. Im All ist es für Menschen still. Und wenn sich auf der Erde Luftströme verändern, wirkt sich das auf Temperaturen aus. Auf so etwas reagieren Pflanzen natürlich. Eine Sonnenblume blüht jetzt eher selten im Winter.

Eine Palme, die von der Philharmonie träumt, eine Schlamm-Segge, die gern im Matsch von Wacken dabei wäre – alles schöne Gedanken, nur faktisch nicht haltbar. Wir mögen Anthropomorphismen. Das Vermenschlichen von Naturphänomenen ist so alt wie die Menschheit selbst.

Die Überzeugung, dass Pflanzen Musik mögen, wird sich vermutlich noch lange halten. Es klingt ja auch einfach schön, wenn wir hören, die Trauben unseres Weines hätten Mozart genossen. Man sollte sich nur dessen bewusst sein, dass man diese Art Marketing anteilig beim Weinkauf mitfinanziert.

Daheim können Sie Ihren Pflanzen gerne mal etwas vorsingen, aber dann bitte mit feuchter Aussprache.

Geben Kühe mehr Milch mit Musik?

In Milch steckt ganz schön viel Musik drin. So oft wie Kühen schon Musik vorgespielt wurde. Seit Jahrzehnten wird erforscht, ob sich die Milchmenge dadurch steigern lässt. Bereits 1936 gab es eine Studie, bei der Kühe Caruso und Operettenlieder zu hören bekamen. Eine Art Stall-DJ legte Schellack-Platten auf und los ging's. In einem Operetten-Lied hieß es: »O Mädchen, mein Mädchen, wie lieb' ich dich«. Das sollte den Kühen wohl schmeicheln.

Und siehe da, die Eimer waren tatsächlich voller als sonst. Allerdings lag es weniger an den Kühen. Es stellte sich heraus, dass die Melker durch die Musik motivierter bei der Arbeit waren. Es wurde rhythmischer gemolken.

Eine Originalausgabe der Studie habe ich in einem Hamburger Antiquariat gekauft, und ich glaube, ich lasse sie mir irgendwann rahmen.

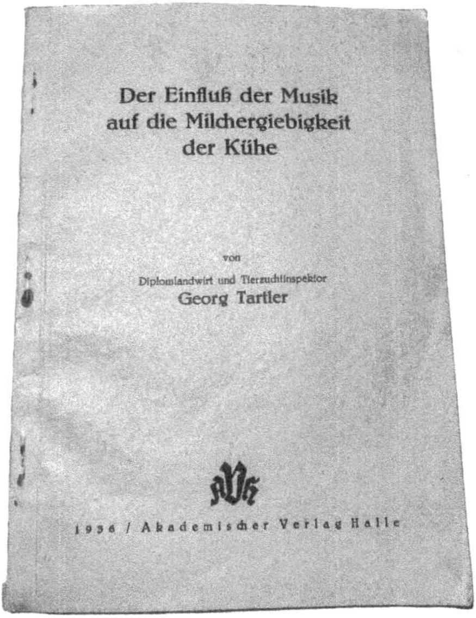

Antiquarischer Schatz. Studie von 1936 zur Milchergiebigkeit durch Musik.

In den 90er-Jahren wurde die Studie wiederholt. Diesmal mit Melkmaschinen, um den menschlichen Faktor auszuklammern. Den Kühen wurde Mozart vorgespielt. Die Steigerung des Milchertrags lag bei 0,6 Prozent. Wissenschaftlich nicht wirklich signifikant. Interessant war hingegen der Rückgang der Milchmenge um fast drei Prozent, als folgendes Lied kam: »Herzilein« von den Wildecker Herzbuben. Ein Wunder, dass die Kühe da nicht aus dem Stall ausbrachen.

Nicht auszumalen, was passiert, wenn man den Kühen heutzutage in solchen Untersuchungen den Wendler vorspielt! Dann wird die Milch vermutlich direkt sauer. Aber vielleicht mögen die heutigen Kühe ja Gangster-Rap: »Gib mal Milch, du Opfer.«

Bei Spaziergängen in ländlichen Regionen kann man tatsächlich aus manchen Ställen Musik vernehmen. Einige Bauern schwören darauf, dass die Musik beruhigend und angenehm auf die Kühe wirkt. Das Wohlbefinden der Kühe sei schließlich entscheidend für den Milchertrag. Allerdings kann dies auch an den Bauern gekoppelt sein. Wenn der die Musik mag und gut drauf ist, sind auch die sensiblen Kühe relaxter.

Trotzdem, ein Forscherteam an der Universität Leicester wollte es noch mal genauer wissen. Sie gingen systematischer und repräsentativer vor. Über 1.000 Kühe wurden diesmal für den Test berücksichtigt. Ihr Ergebnis: Kühe mögen Klassik und Rockballaden. Alles müsse im Tempo rund um 100 bpm sein. Dann gebe es mehr Milch. Widerlegt ist die Studie bislang nicht.

Auf YouTube kann man sich einen Clip anschauen, bei dem ein Bauer namens Derek in den USA seinen Kühen Posaune vorspielt. Eine schöne Melodie im gemäßigten Tempo. Die Kühe kommen angetrabt. Dutzende. Sie stellen sich in Reihe auf und antworten zum Teil in Call-and-Response-Manier. 20 Millionen Aufrufe hat der anrührende Clip. Wir fassen zusammen: Kühe mögen Klassik, Rockballaden und Posaune. Aber nichts von den Wildecker Herzbuben.

Warum Haie Heavy Metal mögen

Die Kuh scheint mit verschiedenen Arten Musik gut klarzukommen. Das ist gut zu wissen. Sollte man im ländlichen Raum unterwegs sein und ein Wanderliedchen auf den Lippen haben, brechen sie nicht gleich aus. Wenn Sie im Meer tauchen und dabei Musik hören, sieht es schon anders aus. Das kann nämlich Haie anlocken und hungrig machen. Fragen Sie mich nicht, wie man auf so einen Versuchsaufbau kommt, aber man hat tatsächlich Unterwasserboxen installiert und Haie mit AC/DC beschallt. »Shook me all night long« und »If you want blood (you got it)« waren auf der Playlist. Gut, was anderes hätte ich auch nicht genommen. Die Meerestiere kamen angeschwommen und rieben sich an den Boxen. Und warum? Einige Frequenzen der Heavy-Metal-Musik hätten Ähnlichkeit mit den Lauten, die ein Beutefisch von sich gibt, wenn er mit dem Tod kämpft, so die Erklärung der Forscher. Das Erfolgsgeheimnis ihrer Musik dürfte selbst für AC/DC neu gewesen sein.

Wie reagieren Insekten auf Musik?

Was haben Insekten und Haie gemeinsam? Sie scheinen beide auf verzerrte Gitarren zu stehen. Termiten fressen sich doppelt so schnell durchs Holz, wenn sie Heavy Metal hören. Der Funfact findet sich mittlerweile tausendfach im Netz. Eine große Firma zur Schädlingsbekämpfung drehte zu der Frage einen unterhaltsamen Werbespot, sodass man auf den ersten Blick nicht mehr erkennen kann, ob etwas Wahres an der Info ist oder nicht. 1968 machte man in Florida tatsächlich eine Untersuchung, bei der man den Holzfressern rockige Klänge vorspielte. Heavy Metal als Genre war da gerade erst in seiner Entstehungsphase. Und allem Anschein nach hatten die Frequenzen die kleinen Wesen beim Holzfuttern stimuliert.

Marienkäfern vergeht durch Rockmusik allerdings der Appetit. Man setzte sie 18 Stunden lang AC/DC aus. An der Mississippi-State-Universität stellte man fest, dass sie nur noch knapp die Hälfte der Blattläuse im Vergleich zu sonst aßen. Das verstehe ich. Ich mag AC/DC, aber 18 Stunden lang? Da hätte ich auch keinen Hunger mehr.

Gelbfiebermücken schmeckt Musik gar nicht. Sie haben dadurch fünfmal weniger Sex als sonst und scheinen generell demotivierter bei der Arbeit (Stechen und Saugen). Ein Forscherteam in Thailand gab ihnen Musik von Skrillex zu hören. Das geht so in die Richtung Electro, Dubstep, Trap. Sehr lebhaft, regt zum Tanzen an. Wenn Sie bei der nächsten Gartenparty diese Art Musik zu laut abspielen und der Nachbar kommt rüber und beschwert sich, dann sagen Sie selbstbewusst: »Ich versuche nur, die Mücken abzuhalten.«

Mag mein Haustier meine Musik?

In Deutschland leben mehr als 34 Millionen Haustiere. Mit Abstand den größten Anteil machen Katzen und Hunde aus. Und viele von uns haben sie schon gesehen, Internetvideos, wo Katzen Klavier spielen oder Hunde in ein Duett einsteigen. Da singt ein Golden Retriever einfach mal das wunderschöne Lied »Nessun dorma« mit Luciano Pavarotti zusammen. Kritische Stimmen könnten jetzt sagen, der Hund jault. Und da ist auch was dran. Der Hund reagiert auf die lang gehaltenen Töne des Opernsängers und tritt in einen Dialog. Genauer gesagt meldet sich der Wolf im Hund. Wölfe heulen und jaulen, um ein Territorium zu markieren, die Gemeinschaft im Rudel zu stärken oder die Bereitschaft zur Jagd zu signalisieren. Gut möglich, dass Ihr Hund also nach dem Singen Lust auf ein Leckerchen bekommt.

Katzen klimpern gern am Klavier, weil es eine Reaktion gibt. Das Pfötchen drückt wo drauf und es kommt ein Ton raus. Das ist bei Mäusen manchmal ähnlich. Und Katzen spielen ganz gern mit Beute, die noch lebt. In der Verhaltensbiologie geht man davon aus, dass Katzen das machen, um ihre Jagdfähigkeit zu trainieren. Bei großem Hunger würden sie das nicht tun. Da ihnen aber täglich Futter vor die Nase gestellt wird, setzen sie intuitiv die Prioritäten anders. Eine Klaviertaste ist für eine Katze zwar nicht wie eine Maus, aber sie wird zu einem Spielzeug. Und Spielen schult bei Tieren elementar die Jagdfähigkeit. Es stärkt aber auch die soziale Bindung, und da kommen Sie ins

Spiel. Angenommen, Sie singen und das Tier kuschelt sich ran, dann spürt es vermutlich die guten Energien, die die Musik bei Ihnen auslöst. Das ist beim Musikhören genau dasselbe. Tiere bauen nachweislich gute Assoziationen zu Ihrer Lieblingsmusik auf. Weil sie wissen, die tut Ihnen gut. Natürlich gibt es Ausnahmen. Die Musik sollte auf keinen Fall zu laut sein, unangenehme Frequenzen und Donner sind auch nichts für Vierbeiner. Da entsteht der »Silvester-Effekt« und man hat ein verängstigtes Tier. Seien Sie aufmerksam, achten Sie auf die Reaktion Ihres Tieres. Angenommen, Ihr Mops legt plötzlich was von den Flippers auf, das würden Sie auch nicht wollen.

An der Universität Glasgow wollte man wissen, wie Tiere ohne die Anwesenheit von Menschen auf Musik reagieren. Man arbeitete dafür mit einem Tierheim und der Tierwohlfahrt zusammen. Softe Rockmusik und Reggae erzielten hier ganz gute Ergebnisse, allerdings von Tier zu Tier komplett unterschiedlich. Manche Tiere wurden dadurch beruhigt, andere interessierte das gar nicht und wieder andere schienen leicht irritiert. Die positiven Effekte könnten durch positive Assoziationen mit Situationen entstanden sein, die die Tiere vorher im Kontakt mit Menschen erlebt hatten. In den meisten Fällen bevorzugen Haustiere tatsächlich Stille und den Musikgeschmack von Haien teilen sie eher selten.

Wie finden Affen Musik?

Bei Untersuchungen mit Affen hatte man sich erhofft, große Erkenntnisse über die Musikverarbeitung des Menschen zu erlangen. Es sind ja schließlich unsere nächsten Verwandten, wie wir alle aus diversen Alltagssituationen wissen. Aber die Ergebnisse waren ein bisschen ernüchternd. Musik lässt Affen relativ kalt. Sie konnten sich in einem Versuchsaufbau zwischen zwei Orten entscheiden, wo Musik erklang. Dann wurde die Aufenthaltsdauer gemessen. Je leiser die Musik, desto besser. Ob es Mozart war oder eine sehr kakofonische Musik, völlig egal. Und fangen wir erst gar nicht an mit Rhythmik. Mit einem Werkzeug Nüsse aufschlagen, ja, das geht. Im Takt einen Rhythmus halten – uninteressant. Dafür sind die Gehirnstrukturen nicht gemacht. Ein anderes Tier springt uns da lieber zur Seite.

Der rhythmische Papagei

Snowball ist ein früher Star der YouTube- und Forschungsszene. Der weiße Kakadu mit gelber Punker-Mähne hat zu »Another one bites the dust« von Queen oder diversen Songs von Michael Jackson getanzt und damit Millionen Menschen verzückt. 2009 wurde er berühmt. 2019 erschien eine wissenschaftliche Arbeit, die bei Snowball 14 verschiedene Tanz-Moves identifizierte. Einige hatte er von Menschen abgeschaut, besonders von denen, die hinter der Kamera standen und ihm auch etwas vortanzten. Snowball muss während der Aufnahmen ein Stück weit animiert worden sein, auch wenn das Einspielen der Musik den Eindruck vermittelt, es käme nur durch sie. Papageien ahmen nämlich gerne Bewegungen nach, das ist Teil ihres Sozialverhaltens. Allerdings, und das ist schon eine Sensation, war Snowball choreografisch selber kreativ. Spontaneität und rhythmische Kreativität sind damit nicht exklusiv Menschen vorbehalten, schlussfolgert das vierköpfige Forschungsteam in der Fachzeitschrift *Current Biology*. Voraussetzung, dass das alles klappt, ist der Motorkortex, der beim Papagei gut ausgebildet ist. Tanzen ist schon ein kleines Wunder der Biologie, das die Forschung noch nicht vollständig erklären kann.

Machen Tiere Musik?

Tiere bereichern mit ihrer Musikalität unsere Welt. Und manchmal holen wir uns das zur Entspannung nach Hause. Zum Beispiel mit einer »Zwitscherbox« mit Vogelgesang, die manche Menschen im Badezimmer stehen haben. Die analoge Form, echter Vogel im Käfig, gibt es auch. Doch ist das überhaupt Musik, was Vögel von sich geben?

In der Verhaltensbiologie heißt es teilweise Nein, denn das Erzeugen von Lauten und Tönen sei kein bewusster Prozess. Für mich ist das kein Argument. Ich kenne genug Situationen, in denen Menschen singen und das auch kein bewusster Prozess mehr ist. Im Karneval oder beim Oktoberfest. Für mich ist das Tierreich ziemlich musikalisch, wie viele Beispiele zeigen.

Das Froschkonzert

Der Begriff Froschkonzert kommt nicht von ungefähr. Die kleinen Amphibien sitzen zwar nicht mit Frack und Instrument im Sumpfgebiet, trotzdem hat ihre Darbietung einen konzertierenden Charakter. Was langsam und sanft beginnt, steigert sich nach und nach in ein sinfonisches Feuerwerk. Ähnlich wie bei Gustav Mahler. Nur ist die Darbietung ziemlich männlich dominiert. Wie traditionell in der Klassik mit alten, weißen Männern liegt hier ein Fall mit alten, grünen Fröschen vor. 99 Prozent der quakenden Frösche sind männlich.

Sie machen den dicken Max. Je lauter und kräftiger, desto höher die Chancen bei den Weibchen. Und das alles im Matsch. Kennt man weniger von der Philharmonie, mehr von Rock am Ring. Die Froschweibchen gehen davon aus, dass die kräftiger quakenden Frösche bessere Gene haben. Ein Trugschluss, den man vom *Bachelor* auf RTL kennt.

Sapiosexuelle Wale

Bei Walen ist es anders. Hier kommt es nicht auf die Lautstärke, sondern auf die Kreativität der Melodielinie an. Weibliche Wale können sich für ausgefeilte Melodien begeistern. Walmännchen, die gerne Jazz hören und improvisieren können, sind also klar im Vorteil. Für die

Weibchen sind Intelligenz und Sensibilität attraktiv, weil man damit besser nahrungsreiche Regionen erschwimmen kann. Bei der Kommunikation gibt es ebenso Vorteile. Ein intelligenter Wal kann sich gewählter ausdrücken. Die Kompetenzen werden an den Nachwuchs weitergegeben. Walweibchen sind demnach sapiosexuell.

Der Barry White unter den Tieren

Bei Koalabären kommt ein weiterer Aspekt zum Tragen. Nicht laut oder kreativ – nein, tief muss es sein. Die normale Kommunikation eines Koalabären läuft mit mittelhohen, dezenten Lauten ab. Und auch nicht zu ausschweifend. Koalabären sind keine Plaudertaschen. Wenn ein Koalabärmännchen so richtig Bock hat, dann holt er den Barry White in sich heraus. Es entstehen überraschend tiefe Laute, die man dem possierlichen Tierchen auf Anhieb gar nicht zutrauen mag. Wer möchte, gibt jetzt mal bei YouTube »*Koala bear sounds*« ein. Viel Spaß. Nehmen Sie sich den restlichen Tag lieber frei.

Unerhörte Tiermusik

Wenn eine männliche Maus um die Gunst eines Weibchens buhlt, dann wird es virtuos musikalisch. Davon haben wir im wahrsten Sinne des Wortes noch nicht so viel gehört, weil es im Ultraschallbereich liegt, also oberhalb der menschlichen Hörschwelle. In einem Frequenzbereich von 30.000 und 100.000 Hz legen die Nager richtig los. Und dabei lassen sich Gesangsabschnitte feststellen, die Strophe und Refrain ähneln. Es sind wahre Liebeslieder, die erst erklingen, wenn der Lockstoff eines Weibchens zu vernehmen ist. Sagen wir, wie es ist, es handelt sich um Urin. Mit Spezialmikrofon haben zwei Forscher diese Erkenntnisse gewonnen und im Journal *PLOS Biology* publiziert. Für sie ist die Sachlage eindeutig – auch wenn es der Mensch nicht hören kann, so stehen Mäuse den gefiederten Virtuosen des Gesangs im Tierreich in nichts nach.

Vogelgesang

In der Biologie sind momentan 5.700 verschiedene Arten von Singvögeln bekannt. Einen wichtigen Beitrag zur Vogelkunde verdanken wir James Bond. Der Ornithologe ist nicht nur der Namensgeber für die Roman- und Filmfigur, er leistete auch wichtige Forschungsbeiträge. Dabei war seine Methodik etwas unkonventionell. Er untersuchte jeden Vogel auf Verhalten und Gesang. So weit, so gut. Nur, dann aß er ihn. Von jeder Vogelart, die er untersucht hat, soll er auch mindestens einen Vertreter gegessen haben. Für manche könnte er damit eher einen James-Bond-Bösewicht darstellen.

Vögel faszinieren Menschen seit Urzeiten. Schon aus dem 13. Jahrhundert liegen uns wissenschaftliche Abhandlungen vor. Erste Versuche, Vogelgesang in Musik zu überführen, gab es spätestens um 1500 herum. Von Clément Janequin (1485–1558) ist eine Partitur mit dem Titel »Le chant des oyseaux« erhalten, die stark an Nachtigallgesang erinnert. Mozart hielt einen Star in seiner Wohnung. Und zwar in dem Zeitraum, als er die »Kleine Nachtmusik« komponierte. Stare sind Meister der Imitation. Sie können den Klang von Dampfkesseln nachmachen und selbst Hundegebell kriegen sie täuschend echt hin. Sie kommen aber auch selber auf kreative Melodien. Nicht auszudenken, was wäre, wenn der wahre Urheber der hohen Töne in der Nachtmusik gefiedert war. So einen Plagiatsfall hätte die Welt noch nicht gesehen. Die eingängige Melodie aus der »Zauberflöte« scheint ja auch von einer Nachtigall übernommen zu sein. Und die ist übrigens eine wahre Meisterin des Musizierens. Sie ist in der Lage, mehr als 200 verschiedene Melodielinien zu variieren. Das sind 199 mehr als Pietro Lombardi hinbekommt. Bei der männlichen Rotrücken-Spottdrossel (was für ein cooler Name) ließen sich sogar 2.000 verschiedene Melodien im Repertoire nachweisen.

Beeindruckend. Zum Vergleich: Vor ihrem ersten Album hatten die Beatles 500 Songs auf Lager. Auch hervorragend. Aber das ist schon mit die erfolgreichste Band der Musikgeschichte. Und die männliche Rotrücken-Spottdrossel singt ganz allein. Genau wie der Star ist sie ein Imitationsgenie. Bei einer Untersuchung fand man heraus, dass sie 150 Melodien nachahmen konnte, die auf Vögel zurückgingen, die in ihrem Revier herumkreisten. Laden Sie die männliche Rotrücken-Spottdrossel zu ihrer nächsten Karaokeparty ein. Das wird ein voller Erfolg.

Es gibt Amselarten, die spielen »Ich packe meinen Koffer«: Das Weibchen gibt eine Melodie vor und zwei Männchen müssen sie wiederholen. Anschließend müssen sie selber etwas draufsetzen, was der andere wiederum wiedergeben muss. Das Männchen, das als erstes nicht mehr alles richtig wiedergeben kann, verliert und ist für die Paarung uninteressant. Bühnen werden auch gebaut. Manche Amseln suchen sich eine besonders schöne Waldlichtung. Sie warten auf das optimal einfallende Sonnenlicht (ähnlich wie einige Influencer) und fangen dann erst an zu singen.

Doch die rührendste Vogelbeobachtung kommt aus Panama. Dort gibt es eine ganz besondere Zaunkönigart. Das Weibchen gibt eine Melodie vor und viele Männchen fangen mit dem Balzen an. Sobald sich das Weibchen für einen Partner entschieden hat, singen die zwei für immer diese eine Melodie. Allerdings ergänzt das Weibchen nach der Hochzeit die Melodie um eine weitere Strophe, was andere Männchen nun fernhält. Das Paar lebt monogam und hat seine Lebensmelodie gefunden. Ein bisschen wie bei Jennifer Warnes und Joe Cocker »Love lifts us up where we belong«.

Ob bewusst produziert oder nicht, wunderschön ist die Musik von Tieren allemal.

Ich liebe Beethoven,
vor allem seine Gedichte.
Ringo Starr
**1940*

13

Genie in a bottle

Kreativ & kurios

Genie und Wahnsinn liegen ja oft nah beieinander. Wenn Sie von sich selber denken, manchmal bin ich irgendwie komisch, dann lesen Sie mal, was einige Genies der Klassik und Repräsentanten der Popwelt so angestellt haben. Vielleicht mögen Sie sich auch von Mariah Carey inspirieren lassen, wie man nachts in ein Hotel eincheckt. Einen Künstlernamen kann man sich auch zulegen. Das birgt nämlich viele Vorteile. Nur DJ Bobo sollte man sich besser nicht nennen, damit können Sie an einigen Orten dieser Welt nicht aufschlagen. Man kann aber Instrumentenerfinder und gleichzeitig Geheimdienstmitarbeiter sein, jawohl. Und wer bei der taiwanischen Müllabfuhr arbeitet, hört den ganzen Tag klassische Musik. Kuriose Geschichten aus Klassik und Pop finden sich in diesem Kapitel, zudem eine Top 5 der schönsten Hotelzertrümmergeschichten.

Kreativität in der Musik

Wenn man etwas aus dem Ärmel schütteln will, muss man vorher was reingetan haben. Eine Erkenntnis, die von Showmastern wie Kurt Felix, Rudi Carrell und Harald Schmidt schon häufig bemüht wurde. Will sagen: Spontaneität und Schlagfertigkeit sind kein Zufall. Ähnlich verhält es sich mit der Kreativität. Wenn man auf Ideen kommen will, muss man zunächst wie ein Schwamm vieles aufgesaugt haben. Und das machen Musiker*innen permanent. Das fängt schon mit der ersten Klavierstunde an. Da spielt man aufsteigend auf den weißen Tasten sechs Töne und hat »Alle meine Entchen« in C-Dur gelernt. Für die Refrain-Melodie von Emilias »Big, big world«, Sie erinnern sich, waren nur vier Töne nötig. Auch auf den weißen Tasten in C-Dur. Woher da wohl die Idee herkam …

Es hilft der Kreativität auf die Sprünge, wenn man mit Fremdsprachen in Berührung kommt. Das eröffnet neue Perspektiven. Im Deutschen heißt es »*der* Mond«, im Spanischen ist »luna« weiblich. Solche Feinheiten stimulieren unser Gehirn, eine Sache anders zu betrachten. Ähnlich ist es in der Musik. Wer nicht nur Elektro, sondern auch Jazz als Genre-Sprache spricht, bringt beim Komponieren andere Ideen hervor. Was die Kombination aus Schlager und Reggae erzeugt, möchte ich mir aber nicht ausmalen.

Als Kreativtechnik gibt es die Empfehlung, mal rauszukommen und andere Eindrücke zu sammeln. Alban Berg, Johannes Brahms, Joseph Haydn und auch ABBA hatten eigene »Komponierhäuschen«. Beethoven wählte einen radikaleren Weg. Er zog ständig um. Laut der Eintragungen im Melderegister in Wien tat er das allein in seiner Zeit dort 69-mal.

Ich möchte Sie jetzt nicht auf dumme Gedanken bringen, aber viele Stars der Klassik und des Pops verhalten sich recht exzentrisch. Das kann ein Grund dafür sein, warum sie auf besondere Ideen kommen. Sie fühlen, denken und handeln anders, als man es unter »normal« verbuchen würde. Wenn Sie mögen, probieren Sie das für sich mal aus. Lassen Sie's krachen. Ein Welthit zwischendurch könnte helfen, damit Ihr Umfeld die Wandlung akzeptiert.

Kurioses aus der Klassik

Komponisten stehen buchstäblich auf einem hohen Sockel. Auf Statuen und Büsten können wir die ernsten Mienen der Herren bewundern. Die gucken immer so, als hätten sie gerade Besseres zu tun, als einfach nur herumzustehen. Trotzdem vermittelt das Antlitz viel Erhabenheit. Ich habe noch nie eine Büste gesehen, wo jemand gerade in ein Brot beißt. In elitären Diskussionen werden die weißen europäischen Männer zu »Alleingenies« erklärt. Alles sei aus ihnen selber herausgekommen, und sie hätten nur künstlerische Ambitionen gehabt. Ganz so ist es nicht.

Johann Sebastian Bach hat sich offenbar häufig einer guten alten Kreativtechnik bedient, die da »Klauen« heißt. Er hat sich zumindest tüchtig von anderen Werken »inspirieren lassen«. In der Musikwissenschaft gibt es Stimmen, die das enorm hohe Schöpfertum Bachs skeptisch macht. Er hätte quasi jede Minute seines Lebens darauf verwenden müssen, die Stücke direkt in der Endfassung niederzuschreiben, bei der Menge, die ihm zugeschrieben wird. Er schuf Werke für Messen, Hochzeiten, Beerdigungen oder Orgelweihen – auf Bestellung. So hart es auch klingen mag, Bach war Dienstleister. Um dem Auftragsvolumen Herr zu werden, schrieb er ab. Bei sich selber und bei anderen. Bis heute ist umstritten, ob die berühmte »Toccata in d-Moll« überhaupt vollständig von ihm ist. Ich hoffe schon. Sonst würde der gute alte Reim nicht mehr gelten: »Macht die Orgel Krach, ist es Bach.«

Plagiate werden Ludwig van Beethoven nicht nachgesagt. Ironischerweise vermutete er einmal selber eines bei sich. Am Rand einer Partitur notierte er: »Die ganze Stelle ist gestohlen aus der Mozartschen Sinfonie in C [...]« Doch er unterlag einem Irrtum, geklaut war da nichts. Beethoven machte mit anderen Auffälligkeiten von sich reden. Er soll sich dauernd eiskalte Eimer Wasser über den Kopf geschüttet haben, um auf Ideen zu kommen. Eine ganz frühe Form der Ice-Bucket-Challenge, falls die noch jemand kennt.

Er war Messie, grölte nachts laut zur Musik und müllte den Hausflur zu – in Berlin würde man sagen, ein ganz normaler Nachbar. Er flog aus Wohnungen oder zog freiwillig um. Gleichzeitig war er in anderen Dingen ganz pedantisch. Morgens sollen es exakt 60 Kaffeebohnen gewesen sein, die er vor dem Aufbrühen zählte. In der Liebe war es wie in seiner Wohnung, es herrschte Chaos. Er war ständig verliebt, und das meistens unglücklich. In Liebesbriefen, häufig an unerreichbare Klavierschülerinnen aus gutem Hause gerichtet, schmachtete er nur so dahin:

> *Mein Engel, mein alles, mein Ich. […] Schon im Bette drängen sich die Idee zu dir meine Unsterbliche Geliebte, hier und da freudig, dann wieder traurig, vom Schicksaale abwartend, ob es uns erhört – leben kann ich entweder nur ganz mit dir oder gar nicht […]*

Das ging über Seiten so. Schicken Sie die Zeilen bitte mal per WhatsApp oder Signal an Ihren Schwarm, mal gucken, was passiert.

Wenn Beethoven richtig verschossen war, widmete er den Damen eigene Melodien. Schon ganz süß. Nur war die Frequenz, mit der er stets aufs Neue verliebt war, nicht gerade gering. Aus diesem Grund gibt es unter dem Titel *Beethoven und die Frauen* nicht nur eine Buchpublikation, sondern auch Ausstellungen in Museen. Stellen Sie sich mal vor, Ihr Liebesleben wird in einem Museum ausgestellt. Mit Postkarten und Jutebeuteln im Museumsshop! Ein Glück, dass Beethoven kein Tinder hatte, er wäre nicht mehr zum Komponieren gekommen.

Wolfgang Amadeus Mozart war sich vollkommen bewusst, dass er auch kommerziell komponieren musste. Auf Ohrwurm quasi. Sein Vater Leopold mahnte ihn einst in einem Brief: »Vergiss also das so genannte Populare nicht, das auch die langen Ohren kitzelt.« Mit langen Ohren meinte er das breite Publikum, das nicht so viel Ahnung hat. Bisschen gemein. Aber ähnliche Dialoge finden heutzutage in Tonstudios und Plattenfirmen statt. Mozart war circa 1,60 Meter groß – so wie Prince –, und er liebte extravagante Kleidung – so wie Lady Gaga. Ein Vermögen soll er dafür ausgegeben haben. Laut den Aufzeichnungen eines Zeitgenossen habe Mozart es geliebt, Katzen zu imitieren. Wenn ihm bei Proben langweilig war, kletterte über Stühle und Tische und machte Miau.

Edvard Grieg war abergläubisch. Bei Auftritten hatte er immer einen kleinen Talisman dabei: einen Frosch aus Ton. Der war sicher in seiner Fracktasche platziert. Seinen großen Hit »In der Halle des Bergkönigs« fand er selber ganz fürchterlich. Er schrieb dazu:

> *Das anzuhören, kann ich aber selbst nicht ertragen, denn es klingt derart nach Kuhmist, nach Norwegertum und Sich-selbst-genug-Sein!*

So eine kritische Distanz zum eigenen Werk ist selten. In seinem Leben hatte Grieg gleich zwei Komponierhütten bewohnt, um dort in Ruhe zu arbeiten. Nicht einmal seine Ehefrau durfte ihn dort besuchen. Nur eine Haushälterin war bei ihm. Es kamen Gerüchte auf, dass Grieg eine Affäre mit ihr hatte. Grieg wagte nämlich nie einen Schritt vor die Tür. Dass er so vertieft in seine Arbeit war, nahm man ihm nicht ab. Auf Drängen seiner Frau musste Grieg schlussendlich das Konzept Komponierhütte hinter sich lassen.

Extravagante Popstars

Mit Affen haben wir einiges gemeinsam. Zum Beispiel, dass wir Klatsch und Tratsch lieben. In einem kleinen Versuch bot man Affen an, entweder ihre Lieblingsspeise vernaschen zu können oder sich Bilder von ranghöheren Artgenossen anzusehen. Sie entschieden sich für die Bilder. Das erklärt den ganzen Berufsstand der Paparazzi. Wir sind ganz verrückt danach, besondere Exemplare unserer Art anzuschauen. Manchmal sind wir fasziniert von ihren Eskapaden, weil ein kleiner Teil in uns sagt: Das würde ich mir auch gern erlauben können … Mariah Carey ist seit Jahren ein zuverlässiger Lieferant solcher Geschichten. So wird berichtet, dass sie kein Hotel betritt, vor dem nicht ein roter Teppich für sie ausgerollt wird. Ihr Management hätte selbst bei einem Check-in um ein Uhr nachts dafür gesorgt. Zudem sei verlangt worden, seitlich des Teppichs Kerzen in einem Meter Höhe aufzustellen. Gut, wer von uns checkt nicht so ins Hotel ein?

Mariah Carey muss man lassen, dass sie viele Lieder selbst geschrieben hat. Das ist nicht bei allen Stars so. Elvis Presley hat das nach eigener Aussage nie gemacht. Und auch der Welthit des Pianisten und Balladensängers Barry Manilow mit dem Titel »I write the songs« (Ich schreibe die Lieder) ist nicht von Barry Manilow, sondern von Bruce Johnston. Diese Erkenntnis finde ich besonders schön. Bei Frank Sinatra sieht es ähnlich aus. Alle großen Welthits stammen nicht aus seiner Feder. Da war teilweise ein deutscher Komponist am Werk, Bert Kaempfert, der Schöpfer von »Strangers in the night«. Bei Eskapaden war Sinatra allerdings sehr kreativ.

Eine meiner allerersten Hausarbeiten an der Uni schrieb ich über ihn. Und ich werde nie vergessen, was ich da in stichhaltigen Quellen zu lesen bekam. So soll er einen vollen Pott Spaghetti gegen seinen Butler geschleudert haben, weil die Nudeln nicht perfekt al dente gekocht waren. Dass er völlig neurotisch in hoher Frequenz seine Unterhosen wechseln musste und das zum Teil vor versammelter Mannschaft im Fernsehstudio bei der Aufzeichnung der *Frank Sinatra Show* tat, gehört noch zu den harmloseren grenzüberschreitenden Berichten. Nicht alle Geschichten ringen uns ein Lächeln ab. Manchmal lassen sie uns kopfschüttelnd zurück.

Sympathischer sind die Erzählungen von Musikjournalist und Autor (*The Story Behind*) Thomas Steinberg. Er hat rund 3.000 Interviews geführt, unter anderem mit Weltstars wie Bruce Springsteen, David Bowie, Elton John, Liza Minnelli, Taylor Swift, Quincy Jones oder Stevie Wonder. Auf Nachfrage hin konnte ich ihm ein paar Anekdoten entlocken.

Bryan Adams fuhr eine Zeit lang immer mit zwei Mercedes-S-Klassen durch die Gegend. Aus Sorge, eine könne kaputtgehen. Dafür brauchte es zwei Fahrer, aber das war ihm die Sache wert. Wer kennt das nicht – zack, ist schon wieder die S-Klasse kaputt. Wenn man auf Reisen ist, packt man ja auch eine zusätzliche Unterhose ein. Joe Jackson bestand darauf, nach einem Interview den Raum zu wechseln. Mit dem Argument, die Luft in dem Raum sei nun verbraucht. Joan Baez brachte ebenfalls zum Ausdruck, was ihr bei einem Gespräch wichtig war. Nämlich, dass vor dem Hotel, in dem das Interview stattfand, ein Baum stand. Vermutlich, damit Bryan Adams mit seiner S-Klasse nicht ungebremst ins Hotel fährt.

Die Magie von Künstlernamen

Als Künstlerin oder Künstler kann man sich einen eigenen Namen aussuchen. Das macht Spaß und bringt viele Vorteile. Wenn Sie es selber mal probieren wollen, denken Sie an eine heldenhafte Figur Ihrer Kindheit und setzen Sie ein DJ davor. In meinem Fall wäre es DJ Benjamin Blümchen. In der Regel wird ein Pseudonym gewählt, wenn der bürgerliche Name nicht knackig genug erscheint. Ella Marija Lani Yelich-O'Connor ist nicht ganz so günstig wie Lorde. Und Alecia Beth Moore klingt weniger gut als Pink. Bei dem Namen lässt sich außerdem eine alternative Schreibweise mit Ausrufezeichen verbreiten: P!nk. Durch einen Künstlernamen kann das Image klarer werden und man verrät auch gleich, welches Instrument im Mittelpunkt steht. Alicia Augello-Cook hat sich daher für Alicia Keys entschieden.

Künstlernamen tragen zur Identitätsfindung bei. Wer eigentlich von Geburt an Stefani Joanne Angelina Germanotta heißt und bei den MTV Music Awards in einem Fleischkleid aufschlägt, dem steht der Künstlername Lady Gaga recht gut.

In einigen Fällen ist der bürgerliche Name okay, der Künstlername verströmt aber eine schönere Sprachmelodie: Aus Elisabeth Woolridge Grant wird dann Lana Del Ray. Bestätigen wird Ihnen das auch Peter Gene Hernandez, der lieber Bruno Mars genannt werden will.

Prince und Madonna mussten bei ihren Künstlernamen nicht lange suchen. Sie haben sich bei ihren Vornamen bedient und den Rest weggelassen. Im deutschen Schlager haben es Nicole und Michelle genauso gemacht.

Mit Künstlernamen kann man sich auch klar in eine Rolle hineinversetzen und sich neben der Zuhilfenahme von Perücke und Sonnenbrille etwas Anonymität bewahren. Das hat Michael Engels alias Mickie Krause auch bitter nötig. Mit Textzeilen wie »Geh mal Bier holen, du wirst schon wieder hässlich« hat man nicht überall Fans. Am Ballermann schon.

Falco klang überzeugender als Johann Hölzel. Vor allem über die Grenzen Österreichs hinaus. DJ BoBo heißt im echten Leben René Peter Baumann. Blöd ist nur, wenn der Künstlername bei der internationalen Karriere für Schwierigkeiten sorgt. Im Spanischen bedeutet Bobo »Dummkopf«, und im Japanischen kann mit dem Wort der weibliche Intimbereich gemeint sein. Dass DJ BoBo es im Leben nicht immer leicht hatte, wurde auch von findigen Buchhändler*innen bemerkt. In einem Buchladen stieß ich auf die Autobiografie des Schweizers. Und wo war sie eingeordnet? Kein Scherz, in der Kategorie »Schicksale«. Ein Beweisfoto erwartet Sie im Bildteil.

Theremin – Vom Musikinstrument zur Spionage

Den Reiz eines Künstlernamens erkannte auch Lew Sergejewitsch Termen für sich, der später als Leon Theremin in die Musik- und Mediengeschichte einging und unter der Überschrift »Kreativ & kurios« auf keinen Fall fehlen darf. Eine außergewöhnliche, bisweilen komisch-tragische Persönlichkeit. Leon Theremin wurde 1896 in St. Petersburg geboren. 1920, im Alter von 24 Jahren, entwickelte er das erste kontaktlose Musikinstrument der Welt. Und bis heute gibt es praktisch kein zweites, das vollkommen ohne Berührung gespielt werden kann. Mit zwei Händen beeinflusst man ein elektrisches Feld, das dauerhaft Schwingungen von sich gibt, die über einen Lautsprecher verstärkt werden. Die Hände steuern zwischen zwei Antennen die Höhe und Lautstärke des Tons. Und das stufenlos. Wenn man das Instrument noch nicht so richtig beherrscht, ist das Klangergebnis in der Regel ein bisschen lustig oder gruselig. Vielleicht auch beides zusammen. Kennt man von den ersten Versuchen an einer Geige.

Allerdings kommt hier im Vergleich zur Geige noch ein magisches Momentum hinzu. Denn wenn die Hände durch die Luft schweben und mit jeder Nuance Einfluss nehmen, könnte man meinen, man hätte Fähigkeiten wie Darth Vader, Harry Potter oder Siegfried und Roy. (Für die jüngeren Leser: Siegfried und Roy waren so eine Art Ehrlich Brothers, nur mit mehr Tigern auf der Bühne.) Zauberei mit den Händen – ein archaisches Faszinosum. So etwas zieht Menschen seit jeher in den Bann. Nur folgerichtig, dass Theremin mit seiner klangvollen Erfindung auf große Tournee ging. 1927 wurde die Weltneuheit in Paris vorgestellt. Die Pariser Oper platzte aus allen Nähten. Technikinteressierte wurden an den Kassen abgewiesen und prügelten sich teilweise mit der Polizei. (Für die Jüngeren: so ähnlich wie vor ein paar Jahren im Apple-Store, wenn es ein neues iPhone gab.)

Seine Erfolgstour führte Theremin quer durch Europa bis in die USA. Und weil er in all diesen Ländern auf andere wissbegierige und zugleich auskunftsfreudige Forscher traf, wurde er für den russischen Geheimdienst interessant. Über Theremin wollte man an Informationen zu technischen Innovationen kommen. Für den KGB baute er mit seinem technischen Geschick die erste *passive* Wanze der Welt, mit der man den amerikanischen Botschafter in der UdSSR abhörte. Passiv, weil sie keine Batterie oder eine sonstige externe Energiequelle benötigte. Sie bestand aus einer Schwingungsmembran, deren Signale man aus einiger Entfernung, auch außerhalb eines Gebäudes, aufgreifen konnte. Theremin wusste also nicht nur, wie man Töne erzeugt, sondern auch, wie man sie einfängt.

Ganze sieben Jahre hing diese Wanze in der US-Botschaft in Moskau, ehe sie entdeckt wurde. Von 1945 bis 1952. Der Groll der Amerikaner war offenbar nicht groß genug, um nichts mehr von der musikalischen Erfindung des Russen wissen zu wollen: Mitte des 20. Jahrhunderts baute der aus New York stammende Robert Moog nämlich Theremins Musikinstrument nach und war dadurch inspiriert, eigene elektronische Klangerzeuger zu entwickeln. Mit seinen Moog-Synthesizern schrieb er Musikgeschichte. 1966 legten die Beach Boys mit »Good Vibrations« einen Welthit hin. Das Theremin ist im Refrain eingeflochten und ganz entscheidend für den Sound des Evergreens. Und auch die britische Band Led Zeppelin, eine der erfolgreichsten Rockformationen aller Zeiten, baute 1969 in die Rock-Hymne »Whole lotta love« das Theremin ein. Allerdings nicht im Refrain, sondern in einem experimentellen Zwischenteil, der für Fans und Rockmusik liebende höchst artifiziell und für andere nach einer Zahnwurzelbehandlung klingt.

Mit dem Theremin begann 1920 das Zeitalter der elektronischen Musik. Und für Leon Theremin selbst ein facettenreicher Karriereweg, der ihm Verdienstorden, aber auch Gefängnisaufenthalte einbrachte. Mit den Jahren hat das Theremin nicht nur zahlreiche Songs um interessante Klangfarben bereichert, für manche Musiker*innen ist es sogar zum Hauptinstrument geworden. Für Carolina Eyck zum Beispiel. Sie kann sich mit ihrem virtuosen Theremin-Spiel unter Orchester-Begleitung über volle Konzertsäle und mehr als 100.000 Abonnenten auf YouTube freuen. In Elektrofachgeschäften ist das Theremin als Bausatz relativ kostengünstig erhältlich. Ein großer Spaß, um Kindern Grundlagen zu elektronischen Feldern zu vermitteln. Nur passen Sie bitte auf, dass sich Ihre Kinder nach der erfolgreichen Zusammensetzung der Bestandteile nicht vom Geheimdienst anwerben lassen.

Das gute alte Hotelzimmerzertrümmern

Obwohl Theremin so viel auf Tour war und zum globalen Star avancierte, ließ er Hotelzimmer heil. Eigentlich gehört es zum guten Ton, bei einer internationalen Karriere mindestens einmal eine Herberge spontan umzudekorieren. Das schmückt jede Rockstarbiografie. Vorfälle dieser Art sind leider seltener geworden. Grund dafür ist wahrscheinlich der wachsende Einfluss von sozialen Medien. Zum einen gehen viele Stars Kooperationen mit Hotels ein, um sich Unterkunftskosten zu sparen und auch noch was rauszubekommen. Der Luxus-Lifestyle wird dann werbeträchtig über *Stories* und *Postings* inszeniert. Zum anderen werden heutzutage Legenden anders gesponnen. Ein Star macht sich lieber nahbar und gibt Einblicke in seine vermeintliche Privatsphäre. Das Exzentrische, Destruktive ist gerade nicht so im Trend. Schade eigentlich. Denn die »künstlerische Zerstörungswut« hat als Narrativ eine Funktion in unserer Gesellschaft (trotzdem ist sie natürlich abzulehnen, wie die Rechtsabteilung meines Verlags an dieser Stelle anmerken möchte). Das Randalieren von Rockstars steht stellvertretend für Gefühlsausbrüche, die jeder von uns emotional nachvollziehen kann. Doch wir Normalos reißen uns meist zusammen. Das Krasseste, was viele von uns im Hotel bringen, ist, vielleicht ein paar Teebeutel und die Badezusätze mitgehen zu lassen – und selbst das mit schlechtem Gewissen. Sich kindlich, trotzig alles erlauben zu können und am nächsten Tag einfach in die nächste Stadt zu reisen, kann als Gedankenspiel etwas Befreiendes haben. Eskapismus pur.

Hier meine Top 5 der schönsten Hotel-Randale-Legenden. Zum Reinfühlen, aber bitte nicht zum Nachmachen (liebe Grüße von der Rechtsabteilung).

Platz 5

Keith Richards im Hyatt-Hotel. West Hollywood, helllichter Tag. Die Rolling Stones sind Anfang der 70er-Jahre auf Tour und Richards hält von der Regel »Kein Bier vor vier« recht wenig. Zudem ist er eher dem harten Alkohol zugeneigt. Gut angeheitert entkabelt er das TV-Gerät seines Hotelzimmers und trägt es mithilfe des Saxofonisten Bobby Keys auf den Balkon. Vor dem Wurf vergewissern sich beide verantwortungsbewusst, ob die Luft da unten rein ist. Ist sie. Dann wird das Ding standesgemäß auf den hoteleigenen Parkplatz geworfen. Gut 25 Meter saust der Röhrenfernseher nach unten und zerschellt auf dem Asphalt. Festgehalten als Video-Dokument, das man mit den Suchworten »Keith Richards TV« rasch auf YouTube findet. Die Einsteigervariante für den Hotel-Vandalismus.

Platz 4

Auch Popmusiker können medienträchtig austicken. Britney Spears, spätestens mit dem Abrasieren ihrer Haare 2007 in den Olymp der exzentrischen Stars aufgestiegen, checkt 2009 in ein Hotel ein. Im Rahmen einer großen Comeback-Tour macht sie halt in Connecticut. Im Schlepptau hat sie ihre beiden Jungs, damals drei und vier

Jahre alt. In einem unbeobachteten Moment entscheiden sich die zwei Kinder, mit Wachsmalstiften die Wände der 2.000-Dollar-Suite zu verschönern. Die Seidenvorhänge werden anschließend heruntergerissen und eine kostbare Vase kommt zu Bruch. Im Hotelpool gibt es von den Kindern noch eine Hinterlassenschaft, die eigentlich in die Windel oder ins Töpfchen gehört.

Eine interessante Variante, dem Nachwuchs den Vandalismus zu überlassen. Zwei Kids im Rockstar-Praktikum. Man kann nie früh genug mit der Erziehung beginnen.

Platz 3

Ozzy Osbourne ist nie zimperlich mit Tieren umgegangen. 1982 biss er live auf der Bühne einer Fledermaus den Kopf ab. Eine ziemlich kopflose Aktion, die – wie man heute weiß – sogar eine Pandemie auslösen kann. Auf Tour mit Black Sabbath war er in einem Hotel eingecheckt, das direkt an der Küste lag. So nah, dass man eine Angel aus dem Fenster ins Meer halten konnte. Laut der Biografie des Black-Sabbath-Gitarristen Tony Iommi machte Ozzy Osbourne eines Tages genau das. An seinem Angelhaken hing nur irgendwann kein kleines Fischchen, sondern ein Hai. Sie haben richtig gelesen, ein Hai. Anstatt den Meeresbewohner voller Schrecken in die Fluten zurückzuwerfen, nahm er ihn mit aufs Zimmer. Im Kampf mit ihm demolierte er selbiges. Alles sei voller Blut gewesen, erinnert sich Iommi, nachdem Osbourne den Hai auch noch zerlegt hatte. Eine haarsträubende Geschichte, die nicht nur Tierschützer erschaudern lässt. Auf die Frage beim

Auschecken »Hatten Sie etwas aus der Minibar?« bot sich für Osbourne zumindest die originelle Antwort: »Nein, aber aus dem Meer.«

Platz 2

Billy Idol bewohnt das Penthouse eines Luxushotels in Thailand. Ganze drei Wochen lang. Sex und Drogen stehen auf dem Tagesplan. Verbunden mit Tumult und Krawall. Bis zu dem Zeitpunkt, als unten durch den Türschlitz die Rechnung geschoben wird. Gut 250.000 Dollar stehen auf dem Zettel. Das sind fast 12.000 Euro pro Tag. Minibar und Pay-TV sollten damit abgedeckt sein. Das Hotel bekommt die Rockikone nicht aus dem Haus. Man versucht es erst gar nicht mit der Polizei: Das Militär rückt an und holt Billy Idol unter Verwendung von Betäubungsgewehren (!) aus dem Gebäude. Chapeau. Diesen Room-Service bekommt nicht jeder.

Platz 1

Die Nummer-1-Geschichte kommt von einer legendären Band, deren Mitglieder als Pioniere des Hotelzertrümmerns gelten: The Who. 1967 im Holiday Inn in Michigan eingebucht. Die Feier des gerade 21 Jahre alt gewordenen Drummers Keith Moon steht an. Und was macht man, um so einen Ehrentag ein bisschen exquisiter zu gestalten? Genau, man stellt die Möbel aus dem Hotelzimmer in den Fahrstuhl und schickt sie nach unten in die Lobby. Ein guter Anfang. Ein kaltes Buffet und eine große Geburtstagstorte sind hergerichtet. Die Torte hat die Form eines

Schlagzeugs – wie aufmerksam. Ab zehn Uhr morgens wird getrunken. Der Kuchen wird allerdings weniger zum Verzehr, sondern mehr als Wurfgeschoss hergenommen. Die Süßspeise bleibt auf Wänden, kostbaren Teppichen und auf einigen halb nackt umherlaufenden Groupies hängen. Ein großer Spaß für die Band, weniger fürs Hotel, das sich irgendwann nicht mehr zu helfen weiß und die Polizei um Hilfe bittet. Bei Ankunft der Ordnungshüter beschließt Keith Moon, sich seiner Kleidung zu entledigen, nach unten zu rennen und sich in einen nagelneuen Lincoln Continental zu setzen. Er löst die Bremse und fährt das Fahrzeug mitten in den Hotelpool rein. Er selbst taucht auf, der Lincoln Continental nicht mehr. Die nächsten Geburtstagsgratulanten tragen Uniform und müssen bei Keith Moon ein Zimmer-Downgrade durchsetzen: vom Luxushotel in die Gewahrsamszelle. Die Kosten für den ganzen Spaß liegen in Höhe von etwa zehn Jahresgehältern des damaligen Durchschnittsverdienstes.

BITTE NICHT NACHMACHEN!

Ihre Rechtsabteilung

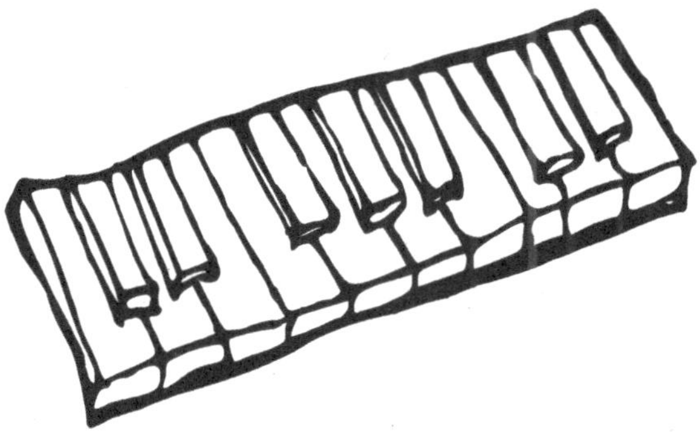

If music be the food of love,
play on.
Henry Purcell
1659–1695

14

Music was my first love

Liebe zur Musik

Musik lässt uns träumen, nimmt uns gedanklich mit auf Reisen, führt uns an besondere Orte. Zum Beispiel in einen Musikladen, wenn wir dort unser erstes Instrument kaufen wollen. Oder man entdeckt im Urlaub ein Instrument, das einem vorher noch nicht untergekommen war. Bei mir war es so in Lissabon, als ich zum ersten Mal Cigar-Box-Gitarren aus nächster Nähe sah. Es gibt Musikmetropolen wie Stockholm oder Liverpool, aber auch kleine Städte wie Markneukirchen in Sachsen oder Freiburg in der Schweiz, in denen man sehr besondere Musikattraktionen bewundern kann. Und wer nach Taiwan reist, kann seinen Müll trennen, während Beethoven erklingt.
Das finale Kapitel möchte ermutigen, Musik überall auf der persönlichen Reise mitzunehmen und das Unperfekte im Leben ruhig mal zuzulassen.

Das erste eigene Instrument

Meine ersten Versuche am Klavier unternahm ich mit 13 Jahren. Ich klimperte an einem älteren Instrument herum, das in einem Gemeindezentrum herumstand. Meine Eltern dachten irgendwann, der Junge muss ganz schön religiös geworden sein, so oft wie ich zur Kirche ging. Aber es gab dort einen Jugendtreff und eben ein solches Klavier. Ganz schön durchgerockt. Der Pfarrer und die Küsterin hatten darauf bestimmt nicht nur Kirchenlieder gespielt. Für mich haben ältere Klavier eine besondere Aura. Als hätten sich dort über die Jahre gute Emotionen gebündelt. Rein dekorative Instrumente, die zum Staubfänger in Villen werden, tun mir leid. Die würde ich gern befreien. Falls Sie also Ihren Flügel von Steinway & Sons nicht mehr brauchen, melden Sie sich gern bei mir. Transport geht auf mich!

Mein erstes eigenes Instrument (neben der Blockflöte im Alter von sechs Jahren) sollte ein Clavinova-E-Piano werden. Mein Vater und ich fuhren zu Piano Schmitz nach Essen. Ich liebe den Geruch in Klavierfachgeschäften. Ein Duft nach Holz, Lack und manchmal auch Espresso, der solventen Personen durch die Nase wehen soll. Der Verkäufer war sehr nett, bemerkte aber schnell, dass wir uns aus Budget-Gründen nicht für die Flügel oder Wandklaviere im Hauptteil des Ladens interessierten, sondern auf die E-Pianos schielten. Mein Vater ließ mich mal machen und ich spielte »Für Elise« an. Die ersten fünf Töne waren kein Problem. Ich war sicher, das hatte der Klavierhändler noch nie gehört. Schnell war ich im rockigen Repertoire angekommen. Eine kleine Improvisation über d-Moll und C-Dur, die ich einem Klavierbuch von Jürgen Moser entlehnt hatte.

Ich hatte mich bald an einem E-Piano festgespielt, das im mittleren Preissegment lag, für mich aber ein Vermögen bedeutete. Uns dreien im Geschäft war klar – das sollte es sein. Der Verkäufer holte einen Taschenrechner heraus und tippte ein bisschen darauf herum. Es gab Nachlass. Vielleicht weil wir keinen Espresso getrunken hatten.

Meine Eltern schlugen mir einen fairen Deal vor: Ein Drittel nahmen wir von meinem Sparbuch, ein Drittel gaben sie dazu und das andere Drittel musste ich mir selbst verdienen. Meine Erwerbstätigkeit begann. Mein erster Arbeitgeber war der Blumenladen um die Ecke. Ich verteilte Werbepost zu besonderen Straußangeboten (analoges Marketing) und kehrte den Hof (analoges Cleaning). Es muss Herbst gewesen sein, denn für unsere Hausbesitzerin sammelte ich daraufhin im Garten Blätter zusammen. Riesige Blättersäcke bedeuteten ein paar Scheine. Ich expandierte. In der ganzen Straße fragte ich, ob jemand Hilfe beim Fegen bräuchte. Das klappte ganz gut. Nur ein Kunde zahlte nicht, der dachte, ich mache das aus Spaß.

Und dann stand das Clavinova irgendwann in meinem Zimmer. Ich war so froh. Es roch wie im Klaviergeschäft, nur nach weniger Espresso. Man konnte es mit Kopfhörer spielen, also war ich an keine Nachtruhe gebunden.

Für Bandproben und Liveauftritte schaffte ich mir zwei Jahre später ein leichteres, transportables E-Piano an, das ich einem Musiklehrer in Duisburg abkaufte. Bis zu meinem ersten richtigen Klavier mussten noch mal 15 Jahre vergehen. Ich war Anfang 30 und hatte mir fest vorgenommen, endlich ein richtiges Klavier zu besitzen. Jemand sagte mal zu mir: Das schlechteste echte Klavier ist besser als das teuerste E-Piano. Ganz so radikal würde ich es nicht sehen, aber ich verstehe schon, welcher Gedanke dahintersteckt: Das physikalische Erlebnis Klavier mit echten Saiten und der analogen Aura ist digital kaum reproduzierbar.

In Berlin fand ich einen Laden, der ältere Klavier aufkaufte und sie wundervoll in Schuss brachte. Ich verliebte mich in die Tastatur und den Klang eines Instruments mit Kerzenhalter links und rechts – es war von 1890. Bei der Lieferung kamen zwei bärenhafte Männer mit Glatze vorbei. Vom Klischee her Fußballfans, die einer »dritten Halbzeit« aufgeschlossen gegenüberstanden. Doch ich nahm bei ihnen eine große Sensibilität wahr. Ich hatte das Gefühl, dass sie das Klavier mit sehr viel Sorgfalt und Respekt hineintrugen. Von der Klavierverkäuferin hatte ich vier Plastikuntersetzer bekommen und den Tipp, Filze darunterzukleben. Das tat ich. Ich legte die fertig gebastelten Untersetzer auf die gewünschte Position und die zwei Klavierträger stellten das altehrwürdige Instrument darauf ab. »Ich habe gerade noch Filze druntergeklebt!«, sagte ich, warum auch immer, vermutlich, um in der Aufregung irgendwas zu sagen. »Filze?«, fragte einer der Träger. »Ja«, antwortete ich. »Nun, die braucht es nicht«, wurde ich informiert. »Die Plastikteile sind dafür gemacht, dass man das Klavier auf dem Holzboden verschieben kann. Mit den Filzen können sogar Schrammen entstehen«, erfuhr ich vom Klavierträger, der das Klavier nun ruckartig anschob. »Sehen Sie«, sagte er. Ich hatte eine Schramme im Boden. Mit einem Mal wurde der Klavierträger rot. Bei großen Männern mit Glatze fällt das noch ein bisschen mehr auf als sonst. Ihm wurde klar, dass die Demonstration nicht die beste Idee gewesen war. Ich sagte nichts weiter dazu. Er auch nicht. Vor der Verabschiedung schob er noch sehr liebevoll die Kerzenhalter in die richtige Position. Die waren für den Transport eingeklappt worden. Ich übergab das bereitgelegte Trinkgeld – doppelt so viel wie bei einer Waschmaschinenlieferung – und wir wünschten uns allen noch einen schönen Tag. Schrammen sind manchmal wie Narben. Erst mal schmerzhaft, aber irgendwann erzählen sie etwas vom Leben. Jedes Mal, wenn ich auf die Schramme im Boden schaue, freue ich mich über den Tag, als mein erstes richtiges Klavier bei mir zu Hause einzog. Ich bin gespannt, ob sich meine Vermieterin auch so sehr darüber freut, wenn ich ausziehe. Sollten Sie Erfahrung mit Schleifmaschinen und Holzböden haben, schreiben Sie mir bitte.

Die Gitarre aus Lissabon

In Lissabon besuchte ich die LX Factory. Ein ehemaliges Fabrikgelände, auf dem sich viele Kreative und Geschäfte für Kunst und Kultur angesiedelt haben. Mit einem der schönsten Buchläden, den ich je gesehen habe. Ler Devagar heißt er, was »langsam lesen« bedeutet. Die Bücherwand im hinteren Teil des Geschäfts hat 20 Regalebenen. Atemberaubend. Dafür allein würde sich ein Besuch der LX Factory lohnen. Und gleich daneben ist ein charmantes Café angeschlossen. Zum Zeitpunkt meines Besuches hingen dort Gitarren an der Wand. Nicht irgendwelche, sondern ganz außergewöhnliche Exemplare. Selbst gebaut. Ich ging näher ran und sah, dass die Bauweise in der Tradition der sogenannten Cigar-Box-Gitarren stand. Zur Zeit der Großen Depression in den USA der 30er-Jahre wurden viele Gitarren dieser Art gebaut. Für kostspielige Instrumente fehlte das Geld. Es wurden alte Zigarren-Holzkisten als Resonanzkörper hergenommen, in deren Mitte man ein Loch sägte. Dann wurden Steg, Hals und Saiten angebracht, und fertig war die Klampfe Marke Eigenbau. Klingt einfacher, als es ist. Ich würde mir das nicht ohne Weiteres zutrauen. Offenbar schien hier jemand die Tradition wieder aufblühen lassen zu wollen. Die Gitarren waren zudem sehr geschmackvoll bemalt. Auf meine Nachfrage hin, wer diese Kunstwerke geschaffen hatte, führte die Kellnerin ein, zwei Telefonate. Sie schrieb mir einen Namen auf und eine E-Mail-Adresse. *Antonio* las ich. Dazu gab sie mir den Hinweis, der Herr sei schon etwas betagter. Ich bin mir nicht ganz sicher, aber ich meine, etwas von 86 Jahren verstanden zu haben. Ich schrieb Antonio an und er antwortete nach ein paar Tagen. Es entwickelte sich eine E-Mail-Brieffreundschaft. Über viele Wochen hinweg tauschten wir uns aus. Antonio erzählte mir von seinen Anfängen an der Gitarre vor vielen Jahrzehnten und seiner Leidenschaft, sich selber Instrumente zu bauen. Er schickte mir Fotos seiner Werke. Eine Cigar-Box-Gitarre schöner als die andere. Auf meine Frage hin, ob ich ihm eine abkaufen könnte, antwortete er: »*My friend, I will build one for you.*« Der vorgeschlagene Preis war sehr fair. Er nannte mir eine Kontonummer und ich überwies direkt. Etwa vier Wochen später bekam ich eine wunderschöne Gitarre nach Deutschland geschickt. Dazu ein Begleitheftchen mit Fotos, die die einzelnen Arbeitsschritte zeigten. Eine Art Tutorial und Dokumentation zugleich. Herrlich. Ich war gerührt, inspiriert und begeistert. Welch schöne Farbgestaltung Antonio doch gelang. Wenn Sie schauen wollen, im Bildteil gibt es ein Foto. Einige Wochen nach meiner Reise nach Lissabon hatte ich nicht nur eine tolle Gitarre im Leben dazugewonnen, sondern auch einen Freund.

Reisetipps für Musikfans

Unterwegs kann man spannende Musikentdeckungen machen. Und das ganz zufällig. 2019 bin ich mit dem Fahrrad nach Kopenhagen gefahren, jawohl. Darauf bin ich auch sehr stolz. Gut, das Fahrrad war hinten im Kofferraum vom Auto drin, aber egal. Es war dabei. Ich machte Halt in Odense auf der dänischen Insel Fünen. Im Kunstmuseum Brands gab es gerade eine Ausstellung vom Fotografen Anton Corbijn mit Fotografien und Plattencovern von Aimee Mann, Lenny Kravitz, George Michael, Herbert

Grönemeyer, Metallica, Pink, Nirvana, Nick Cave, U2, Tom Waits und vielen mehr. Von der Insel sah ich daraufhin nicht mehr viel. Hatte aber auch geregnet. Und wer will da schon Fahrrad fahren.

Neben Zufallsentdeckungen gibt es für musikaffine Menschen natürlich viele spannende Ziele in der ganzen Welt. Hier ein paar Empfehlungen:

Das SMEM in Freiburg in der Schweiz

An kleinen Orten lässt sich Großes erleben. Keine 40.000 Einwohner, aber Tausende Synthesizer. Im Schweizerischen Museum für elektronische Musikinstrumente sind Tastenfans im Paradies. Klangerzeuger aus allen Dekaden sind hier ausgestellt. Im Playroom darf man selber Töne erzeugen. Das ist das Schöne an Synthesizern: Man spielt eine Taste, dreht etwas an den Knöpfen und erlebt unmittelbar eine Klangveränderung. Daran kann sich jeder mal versuchen, auch ohne musikalische Vorkenntnisse.

Das ABBA-Museum in Stockholm

Der Tipp klingt für manche vielleicht etwas cheesy. Und das Museum fällt auch etwas kleiner aus, als ich es ursprünglich angenommen hatte. Aber die ausgestellten Kostüme der berühmtesten aller Schweden sind schon beeindruckend. Auch das nachgebaute Komponierhäuschen ist inspirierend im Hinblick darauf, wie wichtig der Blick in die Natur beim kreativen Arbeiten sein kann. Wer es sich leisten mag, kann nebendran noch im ABBA-Hotel übernachten. Günstig ist das alles nicht, aber was ist das in

Schweden schon? Die vielen tollen Eindrücke machen das absolut wett.

Das Schwedische Museum für darstellende Kunst zählt für mich dazu. Hier wird die Leistung schwedischer Popstars wie Ace of Base, Avicii, Roxette oder Max Martin gewürdigt. Stockholm ist schließlich neben Los Angeles, New York und London eine Welthauptstadt der globalen Popindustrie.

Musikinstrumentenmuseum in Markneukirchen

Ein Ort mit 7.000 Einwohnern in Sachsen, Tschechien fußläufig erreichbar. Hier gibt es ein sehr liebevoll gestaltetes Musikinstrumentenmuseum zu entdecken, spezialisiert auf Blas-, Streich- und Zupfinstrumente. Klassisch orientiert wie die meisten Museen, die Musikinstrumente zeigen, etwa in Leipzig oder in Berlin. Das ist traditionell durch die Trennung zwischen E- und U-Musik bedingt. Also, ernster Musik und Unterhaltungsmusik. Ein Relikt aus dem letzten Jahrhundert, das hoffentlich irgendwann überwunden sein wird. André Rieu gibt mir da sicherlich recht. Im MIM in Berlin gibt es immerhin schon ein Yamaha DX7. Ein Synthesizer der 80er-Jahre, der in unzähligen Pop-Produktionen erklingt. Ein Anfang.

Hansa Studios in Berlin

Und wenn Sie dann schon in der Hauptstadt sind, können sie auch gleich noch ein legendäres Tonstudio in der Nähe vom Potsdamer Platz besuchen. Hier werden geführte Touren angeboten. Depeche Mode, David Bowie, Iggy Pop und andere Weltstars haben dort schon Hits aufgenommen. An das Tonstudio ist der Meistersaal angeschlossen, in dem es einen ganz charakteristischen Hall gibt. Klatscht man in die Hände, hat man exakt das Hallerlebnis, das David Bowie bei der Produktion von »Heroes« im Jahr 1977 hatte.

UNSECO Cities of Music

Erwartet man jetzt nicht direkt, aber in Halle an der Saale gibt es ein Beatles-Museum. In Liverpool auch – Überraschung. Die pulsierende Musikstadt ist ohnehin immer eine Reise wert. Das Beethoven-Haus in Bonn zeigt Haarlocken, Hörhilfen und handschriftliche Notizen des Kompositionsgenies. Weitere Inspirationen für musikalische Städtereisen findet man bei der UNSECO, die seit 2004 das Siegel »City of Music« verleiht. Unerklärlich, dass bislang ein Epizentrum großer Musikalität ausgespart wurde: Halberstadt in Sachsen-Anhalt mit dem längsten Orgelstück der Welt.

Musik bei der Müllabfuhr

Für ein Klangerlebnis der ganz anderen Art muss man ein bisschen weiter reisen – nach Taiwan. Hier wird die Müllentsorgung melodiös unterlegt. Sobald der Müllwagen um die Ecke biegt, erklingt eine klassische Musikeinspielung. Zumeist »Für Elise« von Beethoven, manchmal auch »Das Gebet einer Jungfrau« von Bądarzweska. Dann wissen die Menschen, es ist Zeit, den Müll herunterzubringen. Der

Vorgang wird zum sozialen Event. Man trifft die Nachbarn und wird in Windeseile nach strengen Trennungskriterien seine Abfälle los. Das Ganze ist Bürgerpflicht, denn als kleiner Inselstaat ist mit den Jahren der Platz auf den Mülldeponien knapp geworden. Alle müssen ran, um die Mülltrennung und die Recycling-Quote ordentlich nach vorne zu bringen. Manche wohlhabenden Bürger*innen leisten sich allerdings Personal, um der Müllbeseitigung in dieser Form nachzukommen. Ein Minister kam auf die Idee, »Für Elise« als Erkennungsmelodie für die Müllfahrzeuge zu nutzen, nachdem er das Lied dauerhaft beim Klavierunterricht seiner Tochter vernahm – fasziniert und nicht gequält, wie es heißt. Und nun klingen die Müllfahrzeuge in Taiwan wie Eiswagen, die aus der Ferne ihre Ankunft ankündigen. Sie bringen nichts mit, sondern holen etwas ab. Ansonsten dasselbe Prinzip. Allerdings ist jetzt jeder Mensch in Taiwan darauf geeicht, bei »Für Elise« an Müll zu denken. Beethoven hätte sich die Locken gerauft.

Die Entsorgungszeremonien finden ab nachmittags bis Mitternacht statt. Dann, wenn die meisten Leute von der Arbeit zurück sind. Bis zu dreimal am Tag hält das Fahrzeug an derselben Stelle, dann öffnet sich ein kleines Zeitfenster zum Müllabladen. Zuspätkommende rennen oder fahren dem Lkw hinterher. Das kann ulkige, aber auch recht gefährliche Szenen provozieren. Wie im Film – und die Filmmusik läuft gleich mit.

Auch in Deutschland macht die Müllbeseitigung akustisch auf sich aufmerksam. Allerdings sehr früh am Morgen und eher auf die Heavy-Metal-Art.

Plattenläden

Ich liebe Bibliotheken, Buchläden und auch den Musikalienfachhandel. Man kann mich in manchen Geschäften bequem einen halben Tag lang parken und ich bin so froh wie früher als Kind im Phantasialand bei Köln. Und auch Plattenläden haben mich in den letzten Jahren vermehrt in den Bann gezogen. Obwohl man dort was auf die Ohren bekommen kann, sind es Orte zur inneren Einkehr. Man berührt die Plattencover und schaut sie andächtig durch. Man googelt nicht, man blättert. Die Schätze werden nach Hause gebracht, aufgelegt, und das Knistern entführt einen langsam in die Musik. Würde mich nicht wundern, wenn die buddhistische Meditationslehre das als Übung anerkennt.

Am Anfang stand eine Laus. Genauer gesagt eine weibliche Lackschildlaus. Ohne sie hätte es keine Schallplatten gegeben. Aus dem Sekret des possierlichen Tierchens lässt sich nämlich Schellack herstellen, das Grundbindemittel für Schellackplatten und folglich für die Grammofon-Ära. In der Mitte des 20. Jahrhunderts löste der Kunststoff Polyvinylchlorid das Material ab. Er war stabiler, zuverlässiger. Als meistverkaufter Tonträger aller Zeiten gilt allerdings eine Platte, die 1943 noch als Schellack-Scheibe in Umlauf kam – *White Christmas* von Bing Crosby. Gut 50 Millionen Exemplare wurden abgesetzt.

Nur durch den Verkauf von Platten oder CDs wird heute niemand mehr reich. Sonst hätte Elon Musk vielleicht schon ein Tonträgerpresswerk in Brandenburg gebaut.

Der Absatz von Schallplatten geht allerdings wieder hoch. In Deutschland hat er sich seit 2006 verzehnfacht. Damals gingen jährlich 300.000 Platten über die Ladentheke, heute sind es rund drei Millionen.

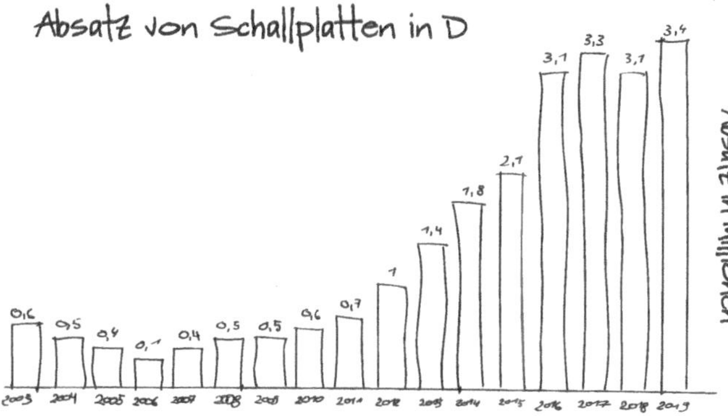

Bemerkenswerte Absatzentwicklung von Schallplatten in Deutschland

Absolut gesehen wirkt die Zahl überschaubar, sie bezieht sich allerdings nur auf neue Pressungen. Auf dem Gebrauchtmarkt ist richtig was los. Und das ist gut für die Musikszene insgesamt. Ein natürlicher Gegenentwurf zur Streamingkultur, in der alles jederzeit verfügbar scheint und Cover nur als kleine digitale Bildchen existieren.

Mit dem akustischen und haptischen Erlebnis Schallplatte verbinden sich auch persönliche Geschichten. Der amerikanische Konzeptkünstler Rutherford Chang hat daraus ein Kunstprojekt gemacht. Er hat über 2.000 Exemplare des *White Albums* der Beatles aufgekauft. Die Idee dahinter war es, zu zeigen, wie ein kulturelles Massenprodukt personalisiert wird. Auf manchen Covern fanden sich kunstvolle Zeichnungen, auf anderen Widmungen, und manche zeigten schlicht Gebrauchsspuren, die in sich auch viel Schönes transportieren können. In den Deichtorhallen in Hamburg gab es eine Ausstellung zu diesem Projekt. Ein Foto dazu finden Sie auf der letzten Seite des Bildteils.

Schallplatten können mal springen, leicht zerkratzt sein, trotzdem können sie uns so viel bedeuten, dass wir sie ein Leben lang mit uns führen wollen. Eine Platte muss nicht perfekt sein, damit sie uns berührt. Und das ist auch ein Wesensmerkmal von Musik.

Mut zum Unperfekten

Musik kann uns ermuntern, das vermeintlich Unperfekte zuzulassen. Das ist schwer genug. Der Karriereweg, Beziehungen, der eigene Körper – vieles ist mit Perfektionsansprüchen belegt. Foto-Uploads ohne Filter oder Photoshop? Selten. Dabei kommt das Menschliche häufig erst dann zum Vorschein, wenn etwas mal nicht glattläuft oder aussieht. Unsere Individualität entsteht durch Abweichungen von dem, was als Norm verstanden wird.

Ähnlich ist es in der Musik. Wenn wir sagen, etwas »swingt« oder »groovt«, dann nehmen wir eine Lebendigkeit wahr, die durch Mikro-Abweichungen in der Rhythmik entsteht. In Pop-Produktionen kommt es oft vor, dass die Drums beziehungsweise der Beat programmiert werden, die Bass-Linie aber von Hand eingespielt wird.

Im Jazz werden Töne manchmal beiläufig angestrichen und es wird mit sogenannten Blue Notes gearbeitet. Es entstehen charakteristische Zwischent-öne, die unser westlich geprägtes 12-töniges Tonsystem um viele Facetten erweitern. Und auch bei der Intonation, also wie sauber ein Ton gesungen oder gespielt wird, kann durch leichte Ungenauigkeiten der Zauber eines Liedes entstehen. Als Herbert Grönemeyer 2002 bei *Wetten, dass … ?* vor mehr als zehn Millionen Fernsehzuschauern »Der Weg« intonierte – ein Lied, das er seiner an Krebs verstorbenen Frau widmete –, stimmten meiner Erinnerung nach nicht alle Töne, aber das Gefühl. Nach etwa einer Minute im Lied verpasste er offenbar einen Einsatz, nach zwei Minuten wechselte er zwischen Schleiftönen und Gesprochenem und nach drei Minuten klappte sogar das Mikrofon nach unten. Hinzu kam, dass er zu einem Playback sang. Das Orchester im Hintergrund war nur Staffage, und er selbst saß an einem riesigen Steinway-Konzertflügel, obwohl es in dem Lied nicht einen akustischen Klavierton, sondern nur E-Piano-Töne gibt. Und die klingen komplett anders.

Aber das war egal. Seine Darbietung war ergreifend. Ob am Bildschirm oder in der Halle, die Menschen nahmen ihm die Emotionen ab und waren teilweise zu Tränen gerührt. YouTube erinnert auch diesen besonders berührenden Moment. Wer nachschauen mag, über die Suchworte »Grönemeyer, Wetten dass, 2002« wird man leicht fündig.

Es gab Standing Ovations. Aber meinem Empfinden nach nicht diese, die es gibt, wenn jemand den Preis für sein Lebenswerk bekommt und es klar ist, jetzt steht man nun mal auf. Es waren Standing Ovations, die Ausdruck von ehrlicher Empathie und Anerkennung waren. Das Holprige, vermeintlich Fehlerhafte fiel kaum auf. Vielleicht war es sogar der Grund für einen perfekten Auftritt.

Ja zur Musik!

Als ich »Popmusik und Medien« studierte, wurde ich oft gefragt: »Und was macht man dann damit?« Die richtige Antwort darauf habe ich mittlerweile gefunden: »Glücklich werden.« Natürlich ist bei allem Geisteswissenschaftlichem und besonders bei Musik die Frage legitim, ob es sich irgendwann davon leben lässt. Aber noch wichtiger ist die Frage, ob man ohne sie leben könnte. Die Antwort lautet nein. In keiner Epoche und Kultur kamen Menschen ohne Musik aus. Sie hat evolutionär ihre Funktion. Es gibt kaum etwas, was uns so glücklich macht und dabei ganz ohne Nebenwirkungen auskommt. Schokolade macht auch glücklich, aber ab zwei Tafeln pro Tag wird es kritisch. Zwei Alben am Tag hören, gar kein Problem.

Gewisse Musikphänomene kommen von Generation zu Generation wieder. Nicht ohne Grund. Sie unterstützen uns emotional und machen uns froh. Jede Generation hat zum Beispiel einen Schmusesänger. Früher war es Julio Iglesias, zu meiner Zeit der Sohn Enrique Iglesias. Der hat seine Lieder nicht gesungen, er hat sie geweint. Kaum ein Regenschauer in meiner Jugend, zu dem ich nicht das Video von »Hero« nachstellen wollte.

Musik gibt es noch nicht richtig auf Rezept, selber verschreiben geht aber. Schenken Sie sich oder Ihrem Nachwuchs ein Instrument. Singen Sie mehr unter der Dusche, da muss auch gar nicht immer Wasser rauskommen, der Hall reicht. Wenn Sie mögen, unterstützen Sie eine Musikschule oder eine Organisation, die sich um die Musikförderung von Kindern aus benachteiligten Familien kümmert. Die Stiftung *Kinder brauchen Musik* von Monika und Rolf Zuckowski zum Beispiel.

Als »Dr. Pop« bin ich sehr daran interessiert zu erfahren, welche Fragen Sie beim Thema Musik bewegen. Schreiben Sie mir gern eine Nachricht an: fragen@dr-pop.de. Und vielleicht sehen wir uns mal bei einer Musikkabarett-Veranstaltung von mir, in einem Theater bei Ihnen vor Ort. Oder bei einer Open-Air-Veranstaltung im Sommer. Und sollte es da mal regnen, singen wir einfach zusammen »Hero« von Enrique.

Viel Freude mit der Musik.

Ihr Dr. Pop

Quiz

1. Wer hat den Hit »I write the songs« von Barry Manilow geschrieben?

a) Barry Manilow ☐

b) Nicht Barry Manilow ☐

2. Wer hat ein berühmtes Musikinstrument erfunden und auch für den russischen Geheimdienst gearbeitet?

____

____

3. An welchem Welthit arbeitete ein Friseur aus Paderborn mit?

____

____

4. Wie viele Kaffeebohnen zählte Beethoven angeblich jeden Morgen?

____

____

5. Welches Hormon entsteht bei einem Baby beim Vorsingen eines Wiegenlieds?

____

____

6. Welcher Musiker hat ein Hotelzimmer zertrümmert, indem er einen Hai geangelt und ihn in die Badewanne gelegt hat?

____

____

7. Was kommt besser beim Flirten an, eine Sporttasche oder ein Gitarrenkoffer?

____

____

8. **Welcher Musiker ersteigerte im Jahre 2000 das Klavier, auf dem »Imagine« von John Lennon komponiert wurde?**

____

____

9. **Durch welche Musikkompetenz schnarcht man weniger?**

____

____

10. **Welche Girl-Band könnte Angela Merkel ins Kanzleramt gebracht haben?**

____

____

11. **Wer hat mehr Milliarden auf dem Konto?**
    a) Daniel Ek ☐
    b) Paul McCartney ☐

12. **Welcher Song hilft bei einer Herzdruckmassage?**
    a) »Highway to hell« ☐
    b) »Time to say goodbye« ☐

13. Welcher Vogel hat 2.000 Melodien im Repertoire?

____

____

14. Welches Tier schaffte sich angeblich Franz Liszt an, um seine Fans glücklich zu machen?

____

____

15. Was ist das Besondere am Lied »4'33"« von John Cage?

____

____

Mini-Glossar

A&R-Manager	Abkürzung für Artist & Repertoire. Jemand, der für eine Plattenfirma Künstler*innen und Songs einkauft beziehungsweise betreut.
Aka	(auch a.k.a.), Bedeutung »alias«, »auch bekannt als« oder im Englischen »*also known as*«. Wird häufig genutzt, wenn Künstler mit anderen Künstlernamen hantieren.
bpm	*beats per minute,* Schläge pro Minute; Maßeinheit, um das Tempo von Musik zu messen.
call-and-response	Frage-Antwort-Spiel in der Musik. Eine Textzeile beziehungsweise Melodie werden vorgegeben, eine Person, ein Chor, ein Instrument reagieren. Meist greifen sie das musikalische Thema auf und modifizieren es leicht.
dB	steht für Dezibel. Einheitsgröße, um die Lautstärke eines Klangereignisses wiederzugeben. 50 dB sind für uns angenehm. Bei 120 dB kann es ohne Gehörschutz im Ohr wehtun.

EQ	Abkürzung für Equalizer. Ein Filter auf einem Mischpult, im Computer, um Frequenzen/Tonsignale zu verändern, zu entzerren. Nicht zu verwechseln mit IQ. In der Musik auch nicht unwichtig.
Hz	Einheitszeichen und Abkürzung für Hertz. Physikalische Maßeinheit, um die Frequenz eines Tons anzugeben.
KV	Bedeutet Köchelverzeichnis. Ein Werkverzeichnis für die Kompositionen von Mozart. Eingeführt von Ludwig von Köchel. Damit man die Übersicht behält. Mozart war sehr fleißig.
Major-Label	Große Musik-Plattenfirma wie Universal, Warner oder Sony. Wird oft in Abgrenzung zu »Indie-Label« (Independent) verwendet. Beides sind Kampfbegriffe. Vom Klischee her wird Major oft mit Mainstream und Kommerz verknüpft, Indie-Musik mit gewagteren Experimenten und weniger Geld. Von Indie-Labels rutscht aber auch mal was in den Mainstream. Und ganz viele Major-Veröffentlichungen sind kommerziell hinterher eher Indie.
Merch	Abkürzung für »Merchandise-Produkte«, Fan-Artikel in der Popkultur, die bei Konzerten, im Einzelhandel und online abgesetzt werden.
op.	Steht für Opus. Lateinische Bezeichnung für Kunstwerk einer Komponistin oder eines Komponisten.
Playlist	Song-Zusammenstellung. Kannte man früher als »Mixtape«. Vorkommen meist bei Streaminganbietern wie Spotify, Deezer, Tidal.

Danke

Zunächst möchte ich mich bei allen Leserinnen und Lesern bedanken, die sich für dieses Buch entschieden haben. Ohne Sie wäre das hier ein komplettes Selbstgespräch geworden. Ich habe viel an Sie gedacht. Schön, dass Sie lesen und den Buchhandel sowie Verlage unterstützen. Ich bin fest davon überzeugt, dass man im Streaming-Zeitalter und auch generell mit jedem Buchkauf etwas Gutes tut.

Bedanken möchte ich mich außerdem bei allen Menschen, mit denen ich mich während meines Studiums zwischen Paderborn und *United Kingdom* gewinnbringend austauschen durfte. Hervorheben mag ich an dieser Stelle Stefan Seiler, Alex Komlew, Isabel Ströhle, Steve Swindelli, Prof. Jürgen Arndt, Dr. Freya Jarman, Prof. Anahid Kassabian, Prof. Peter Wicke und Prof. Gesa Jähnichen.

Vielen Dank an Rita Baus, die drei Jahre lang mit viel Leidenschaft, Weitblick, Kreativität und Herzensblut mein Management betreute. Großer Dank geht auch an Claudia Ulhaas, die im Frühjahr 2021 diese Aufgabe übernahm und in der finalen Phase das Buch in einem Zug durchlas, ihren Partner als Testpublikum optimal einbezog und starke Hinweise für den Feinschliff gab.

Dank an Thomas Schmidt von der Literaturagentur Landwehr & Cie. Er hat mit viel Ruhe, Struktur und Freundlichkeit mein Exposé redigiert und das Buchprojekt an den HEYNE-Verlag vermittelt. Die Lektorin Nina Lieke hat trotz intensiver Home-Schooling-Zeit stets den Überblick behalten und mir sehr hilfreiche Impulse gegeben. Ganz zum Schluss gingen wir telefonisch noch mal das gesamte Buch durch. Etwa fünf Stunden lang. So lang hatte ich zuletzt in den 90ern als Teenie über Festnetz mit Jacqueline aus Gelsenkirchen telefoniert.

Bedanken möchte ich mich bei einigen Künstlern und Freunden, die mich schon länger auf meinem Weg begleiten. Mehr als mein halbes Leben kenne ich nun schon den genialen Musikproduzenten Andreas Hötter, der wie kaum ein Zweiter jeden historischen Synthi-Klang zuordnen kann. Danke an Frank Goosen, für alle gemeinsamen Bühnenauftritte und die vielen Telefonate, bei denen es immer, und meist in der Reihenfolge, um Fußball, Literatur und Musik geht und die mich von der Länge her an Jacqueline denken lassen. Danke an meinen lieben WG-Mitbewohner und sehr guten Freund Chin Meyer, für jedes Küchengespräch zur Lage der Nation und zur Lage des wöchentlichen Putzplans. Ein herzliches Dankeschön auch an den Kabarettautor Klaus Joachimmeyer für die über zehnjährige Freundschaft und die stets bereichernden Gespräche. Ganz herzlich richtet sich mein Dank an die großartige Kostümstylistin Steffi Fuge. Von fünf meiner Lieblingskleidungsstücke stammen sechs von ihr. In tiefer Verbundenheit ist jeder Austausch mit ihr eine Bereicherung. Danke an meinen guten, alten Freund Matthias Schlun, den ich seit der Grundschule kenne, sehr schätze und der meine Webseite www.dr-pop.de entwickelt hat.

Vielen Dank an meinen Lieblingsgrafiker Oliver Behrendt für das Buchcover und die Gestaltungen im Buch; immer, wenn ich eine E-Mail mit Anhang von ihm bekomme, weiß ich, gleich kann ich mich freuen. Danke an Matthias Hofmeister, der viele Fotos für dieses Buch so schön geschossen hat. Er ist ein toller Mensch, unerschöpflich kreativ, sprachgewandt und witzig. Für mich einer der wichtigsten Weggefährten meiner beruflichen Laufbahn. Vielen Dank an den großartigen Medienmacher, Gourmetkoch und Schalke-Fan Michael Heß, der gemeinsam mit Rolf Zuckowski sehr viel für die Sicherheit von Kindern im Straßenverkehr geleistet hat. Vielen Dank an Thomas Steinberg für das Ermöglichen unvergesslicher Konzertlebnisse und die vielen Anekdoten aus erster Hand zu den Hits und Weltstars der Musikgeschichte. Dankeschön an Klaus Beyer, den Intendanten des Babelsberger Filmorchesters, für unseren unerschöpflichen, wunderbaren Memes-Austausch.

Danke an alle mir verbundenen Medienschaffenden von WDR2, hr1, SWR3 und insbesondere radioeins vom RBB. Hier habe ich eine wöchentliche, künstlerische Heimat gefunden, mit der ich mich aus vollem Herzen identifizieren kann. radioeins ist und bleibt etwas sehr Besonderes, allem voran wegen Menschen wie Anja Caspary, Michael Dropmann, Nina Klippel, Jürgen König, Frank Menzel, Susan Rosin und Robert Skuppin. Des Weiteren vielen Dank an Jürgen Stark, mit dem ich meine erste Fernsehsendung machen durfte, und Martin Brindöpke von Warner Bros., mit dem ich schon in Edinburgh, Köln,

Bochum oder Berlin beim Kaltgetränk saß, der mich aber immer wieder mit einer neuen persönlichen Anekdote zu Rudi Carrell oder Prince von den Socken haut.

Vielen Dank für die Unterstützung auch an Jesaja Brinkmann, Nicola Einsle, Jennifer Fluck, Jule Prochnow, Michael Mauder, Roland Hahn, Sineb El Masrar, Laura & Bibi, Lea & Pong, Vanessa & Wilma, Martha & Andy. Die Namen nach dem &-Symbol beziehen sich übrigens auf Haustiere, nur im letzten Fall handelt es sich um einen Ehemann.

Der letzte und größte Dank richtet sich an meine Familie. Obwohl es für meine Eltern viel Kraftanstrengung bedeutete, sich eine Existenz in Deutschland aufzubauen und sie außer sieben D-Mark nichts in der Tasche hatten, gaben sie sich in meiner Kindheit Mühe, mein musikalisches Interesse zu fördern. Dass ich meine erste Blockflöte im Alter von 6 Jahren versuchte umzuschnitzen, damit sie etwas cooler aussieht, wurde mir nicht übel genommen. Die ersten Versuche mit 13 am E-Gitarren-Amp – meist zwischen 2 oder 3 Uhr nachts – auch nicht. Danke an Susanne, Henryk, Thomas, Regina und meinen kleinen Neffen Jakob. Lieber Jakob, wenn du mit 13 oder früher Interesse an einem Gitarren-Amp hast, meld' dich.

Euer Markus im Mai 2021

Bildnachweis

Innenteil: Alle Bilder stammen von: »Privatarchiv Dr. Pop«, mit Ausnahme von:

Textteil:
Adobe Stock: S. 5, 15, 35, 61, 97, 165, 181, 209, 249, 289 (veekicl), 22 (Dimitar Marinov), 145 (leremy, north100); Behrendt, Oliver: 303 (nach einer Vorlage von Record sales volume (vinyl LPs) in Germany from 2003 to 2019); Berufsverband Deutscher Anästhesisten E.V. (BDA) / Ein Leben retten (https://www.einlebenretten.de/): 154; iStockphoto: 154 Papier (petekarici); Mauritius Images: 196 (Svintage Archive/Alamy); Wikimedia Commons: 214 (Chrisfred3 (https://commons.wikimedia.org/wiki/File:John_Cage,_Water_Walk.png), https://creativecommons.org/licenses/by-sa/4.0/legalcode)

Bildteil:
Adobe Stock: 1 o. li. (Privatarchiv Dr. Pop unter Verwendung von Adobe Stock/Pixelbuddha), 1 o. re., 2 o. re., 3 o. Bilderrahmen, 5 o., 6 o. (Marcel), 2 o. li., 3 o. re., 4 u. li., 8 o. re. (veekicl), 4 o. (ATKWORK888), 4, 5, 6 Klebestreifen (Piman Khrutmuang), 7 o. (Privatarchiv Dr. Pop unter Verwendung von Adobe Stock/McLittle Stock), 7. u. (Privatarchiv Dr. Pop unter Verwendung von Adobe Stock/32 pixels); Deichtorhallen Hamburg / Hyper! A Journey into Art and Music, artist: Rutherford Chang (https://www.deichtorhallen.de/ausstellung/hyper): 8 u. (Foto: Privatarchiv Dr. Pop); Edition Peters / John Cage Noten © 1993 by Henmar Press, Inc., New York. Abdruck mit freundlicher Genehmigung C.F. Peters Ltd & Co. KG: 2 u. (Foto: Privatarchiv Dr. Pop); Steinberg, Thomas: 3 u.; Wikimedia Commons: 1 u. (dalbera from Paris, France

(https://commons.wikimedia.org/wiki/File:Flûte_paléolithique_(musée_national_de_Slovénie,_Ljubljana)_(9420310527).jpg), »Flûte paléolithique (musée national de Slovénie, Ljubljana) (9420310527)«, https://creativecommons.org/licenses/by/2.0/legalcode); Wikimedia Commons: 2 m. (Theodor Hosemann creator QS:P170,Q1640970 (https://commons.wikimedia.org/wiki/File:Liszt_koncerttremben_Theodor_Hosemann_1842.jpg), »Liszt koncerttremben Theodor Hosemann 1842«, als gemeinfrei gekennzeichnet, Details auf Wikimedia Commons: https://commons.wikimedia.org/wiki/Template:PD-old)